한국어로 내려온
New Bible

새로운
성 경

제153권

10부 | 총10부

하얀마음

하나님 말씀 중에서

1. 사랑의 하나님

- 세상을 창조하신 하나님은 모두를 사랑하신다. 인간만 특별히 더 사랑하지 않고, 우주 만물을 다 똑같이 사랑하신다. 그러니 하나님이 창조하신 천지 만물과 화친하고, 미물까지도 소중히 대하라.

- 하나님은 특정 종파나 민족만을 더 사랑하지 않으신다. 자기 자신만 구원받겠다는 욕심을 버리고, 자기 종파만 구원받는다는 편협한 교리에서 벗어나야 한다. 종파를 초월해서, 모두를 사랑하라.

- 원수까지 사랑하라 했으니, 이 세상에 사랑하지 못할 자가 누가 있겠는가? 종파가 다르다고 해서 부모 형제와 원수처럼 지내는 자는 인간의 근본을 모르는 자다. 가장 가까운 가족부터 사랑할 때 남도 진심으로 사랑할 수 있다.

- 한 사람을 원수같이 생각하던 마음에서 사랑하는 마음으로 돌리면, 자기 자신의 마음이 가장 기쁘고 행복하다. 하나님께서는 인간의 마음속에 무거움이 없이 기쁘고 행복한 삶을 살기를 바라신다.

- 이웃을 "내 몸처럼" 사랑하라 했으니, 마지막 한 장 남은 천국의 티켓도 이웃에게 양보하라. 자기 중심적인 신앙에서 벗어나서 남을 위해 살아야 한다.

- 독초도, 약초도, 이단도 사탄도 천사도 다 필요하기에 존재한다. 독초일지라도 극소량을 사용해서 생명을 살릴 수 있고, 약초라 하더라도 남용하면 생명을 잃을 수 있다.

- 세상 모든 것을 명약으로 활용하는 것은 인간의 지혜에 달렸다. 어떤 것이든 어떤 사람이든 적재적소에 꼭 필요한 명약으로 승화시키라.

- 사탄도 이단도 천사도 모두 하나님의 주관하에 존재한다. 진정한 하나님의 백성은 사탄과 마귀까지도 감화시켜서 천사로 거듭나게 한다.

2. 기도

- 하나님은 인간의 생각까지 모두를 다 알고 계신다. 우리의 소원도 이미 알고 계시기에, 소원의 기도를 할 필요가 없다. 우리가 받을 자격이 되면 내려 주신다.

- 죄를 짓고 아무리 회개를 해도 용서받지 못한다. 도둑질한 자는 용서해 달라고 기도하고, 도둑맞은 자는 도둑을 잡게 해 달라고 기도하면, 공의의 하나님은 누구의 편에 서시겠는가?

- 자기가 잘못한 것은 그 사람에게 직접 갚고 용서를 구하라. 그가 용서하면 하나님도 용서하신다. 땅에서 매면 하늘에서도 매이고, 땅에서 풀리면 하늘에서도 풀리는 이치다.

- "회당에서 기도하지 말고 골방에서 기도하라" 했다. 눈에 보이는 골방이 아니라, 골방과 같이 고요한 마음이다. 잡념을 버리고 하나님을 향해 마음을 집중하며, 사랑하고 용서하는 아름다운 생각만 나오도록 하라.

- "두드리면 열릴 것이다." 하는 것은 육의 소원을 위해 두드리라는 것이 아니라, 진리의 깨달음을 얻기 위해 두드리라는 것이다.

- 기도하는 방법: 생활 속에서 수시로 기도하는 삶을 살아야 한다.

- "저의 죄를 용서하여 주옵소서." 하는 회개의 기도를 하라.
- 범사에 "하나님! 감사합니다." 하라. 현재 가진 것에 감사하며, 과욕하지 말라. 자기 노력 이상의 것을 더 갖고자 기도하는 것은 도둑놈심보다. 공의의 하나님은 각자 노력한 만큼 주신다.
- "하나님 뜻대로 살아가겠나이다." 하며 마음의 각오를 다지라.

- 기도는 하나님의 말씀을 받아서 "행하는 것"이다. 하나님이 계심을 굳건히 믿고, 하늘을 향하여 한 점 부끄럼 없이 사는 삶 자체가 가장 위대한 기도이며, 삶이 곧 예배다.

3. 지도자

- 똑같이 사랑한다는 말을 해도, 순수하게 하는 말은 천사의 말이지만, 사기 쳐서 재산을 가로채려고 하는 말은 사탄의 말이다.

- 종교 지도자가 아무리 훌륭한 설교를 해도, 신도의 재물을 거둬서 더 큰 교회를 짓고 자기의 부귀영화를 바라며 설교하면 사탄의 가르침이 된다.

- "저희 교회는 만원사례요, 믿음은 다 같으니 이웃의 개척 교회에 가서 예배를 드리시오." 하며, 이웃 교회의 부흥을 먼저 생각하여 제 신도를 보내는 종교 지도자가 있다면 그를 따르라. 그가 하나님의 사랑을 실천하는 자다.

- "부자가 천국에 들어가는 것은 낙타가 바늘구멍을 통과하는 것보다 더 힘들다" 하였거늘, 지금의 교회에서는 부자가 되기만을 기도하고 소원하니, 이는 곧 천국을 포기하고 지옥 행 열차의 티켓을 사는 것과 같다.

- 예수는 빈손이었다. 종교 지도자가 예수보다 더 호화롭고 편안하게 살아간다면 잘못된 것이다. 부귀영화와 명예를 바라는 자는 절대로 갈 수 없는 좁고 협착한 길이 종교 지도자의 길이다.

- 종교 지도자는 유리로 비춰 봐 한 점의 부끄러움이 없이 살아야 한다. 의식주도 직접 일해서 해결하고, 예수의 가르침과 행함을 그대로 따라야 한다.

- 종말은 없다. 지금의 잘못 가는 종교 집단에게만 종말이 있다. 보이지 않는 하나님은 보이는 육의 종말은 관여하지 않으신다. 환경 파괴로 인간이 스스로 멸망을 자초하는 것이다. 종파끼리 싸우기 전에, 무너진 인성을 바로잡고 지구의 몸살을 해결하는 데 뜻을 모으는 게 급선무다.

4. 성전이란

- 이 세상 자체가 하나님께서 만드신 성전이다. 자연보다 더 아름다운 성전이 있는가? 보이는 건물이 성전이 아니라, 성스러운 마음가짐이 성전이다.

- 반석 위에 교회를 지으라 했다. 지상의 단단한 돌은 인간이 쪼갤 수 있으나, 마음속의 굳은 결의는 세상 무엇으로도 쪼갤 수 없다. 바르고 굳건한 믿음으로 성경의 가르침을 실천하는 것이 마음의 반석 위에 교회를 짓는 것이다.

- 손으로 지은 건물의 교회에 모여서 복음을 전하는 것이 아니라, 교회를 개인과 가정에 심어 주어야 한다. 무너지고 부서지는 건물을 짓지 말고, 마음속에 영원히 불변하는 참진리의 교회를 지으라.

5. 십계명

- 십계명은 인간이 죽어서 반드시 통과해야만 하는 열 개의 관문이다.

- 부모를 공경하지 아니한 자는 "네 부모를 공경하라." 하는 제5계명의 관문이 열리지 않으니 구원받을 수 없다.
- 살인, 간음, 거짓, 우상 등의 나머지 계명도 마찬가지다.

- 십계명은 하나님의 친필이다. 모기소리만 한 하나님의 음성이라도 들어 보겠다고 여기저기 찾아 헤매지 말고, 십계명부터 암송하고 지키라.

- 십계명은 영혼을 구원하는 양식이며, 십계명을 지키는 것이 구원을 받는 길이다. 인간이기에 지키고자 노력하고 또 노력한다면 지킬 수 있다.

- 십계명을 지키고 천사처럼 아름답게 살아가는 그 마음 하나면 세상에 이루어지지 않는 것이 없다.

6. 보물

- 하나님은 재물이 아니라 우리의 마음을 받으신다. 사랑을 실천하며 천사처럼 변하는 마음이 하나님께 바치는 보물이다.

- 보이지 않는 하나님께 재물을 바치려 하지 말고, 너희를 길러 준 부모에게 용돈 드리고, 찾아뵙고, 효성을 다하라. 그것이 하나님께 효도하는 것이다.

- 하늘에는 선과 악의 창고가 있다. 자기 창고에 선이 많으면 천국으로 구원을 받고, 악이 많으면 심판받아 지옥으로 간다. 그것이 바로 "선한 일을 행한 자는 생명의 부활로, 악한 일을 행한 자는 심판의 부활로" 나오는 것이다.

- "선악과를 따먹지 말라"는 것은 양심을 지키라는 것이다. 선과 악을 구분할 수 있는 양심을 최초에 인간에게 주셨다. 선한 열매는 취하고, 악한 열매는 버리며, 양심에 비추어 부끄럼 없는 삶을 살아가라.

- 가장 작은 거짓말을 하지 않고, 가장 작은 죄를 짓지 않으며, 가장 작은 선행을 하고, 가장 작은 악행을 멀리하는 것이 율법의 일점 일획도 빠뜨리지 말고 다 지키는 삶을 사는 것이다.

7. 우상

- 박물관에 있는 불상은 하나의 예술품이다. 그 조각품에 대고 제 소원을 빌 때 우상숭배가 된다. 십자가라 하여도 그 앞에서 소원을 빈다면 우상숭배하는 것이며, 하나님께 소원을 빈다면 하나님을 우상으로 전락시키는 것이다.

- 지금 기복신앙에 젖어 있는 모든 사람이 우상 앞에 절을 하고 있다. 조각품을 우상이라며 파괴하지 말고, 네 마음속에 있는 욕심의 우상을 무너트리라.

- 생수를 약초가 먹으면 약을 만들고 독사가 먹으면 독을 만든다. 같은 성경을 봐도 선한 지도자는 신도를 천사로 만드는 데 활용한다. 그러나 욕심이 가득한 지도자는 재물을 거두어들여 제가 부귀영화를 누리는 데 악용한다. 그가 바로 성경을 우상숭배의 도구로 전락시키는 거짓 선지자다.

- 성경을 한 획도 빼거나 더하지 말라는 것은, 그 가르침을 빠트리지 말고 온전히 지키라는 것이다. 성경 속에서 자기에게 유리한 구절만 보는 것은, 자기에게 불리한 구절들을 빼 버리는 것이다. 믿음이 제일이요, 행함은 구원과는 관계없다는 것은 자신에게 유리한 쪽으로 성경을 악용하는 것이다.

- 진정한 종교 지도자는 종파에 관계없이 어떤 종파든 어떤 책이든 접하고 보고 깨우쳐 견문을 넓히도록 인도한다. 참진리를 모르고 자신이 없는 자가 남을 이단이라며 배척하고, 신도들의 눈과 귀를 가린다.

8. 예수

- 예수의 재림은 없다. 예수가 다시 온다 해도, 과연 누가 그를 예수라고 믿겠는가? 예수와 같은 삶의 행함이 곧 예수의 재림이다. 각자 모두가 "재림 예수"가 되는, 차원 높은 믿음으로 가야 한다.

- 예수는 "주여 주여 하지 말고, 아버지의 뜻대로 행하라"고 했다. 예수가 전한 하나님의 뜻이 곧 "길이요, 진리요, 생명"이며, 그 가르침이 예수의 보혈처럼 소중한 것이다. 예수를 믿는 것은, 예수의 가르침을 믿고 따르는 것이다.

- 예수는 낮은 자로서 만백성을 섬기고자 했다. 만나는 모든 사람을 다 하나님이라 생각하라. 돈을 벌수록 겸손하고, 높은 지위를 얻을수록 낮아지라.

▪ 예수는 종파를 만들지 않았다. 인간이 만든 종교와 인간의 교리를 따르지 말고, 예수를 통해 전한 하나님의 참진리를 연구하고 따르라.

▪ 예수가 2천 년 전에 만백성을 위해 죽었으니, 지금 이 땅에는 예수의 가르침대로 사는 천사만 존재해야 한다. 예수가 죽어 가면서 바란 것은 만백성이 천사가 되어 예수의 자리를 채워 주는 것이지, 지금과 같이 재물을 바치면서 중언부언 제 소원만을 비는 백성들을 바란 것이 아니다.

9. 구원

▪ 천사가 사는 천국에는 천사만 갈 수 있으니, 천사 같은 마음을 길러야 한다.

- "천국 열쇠를 네게 주리니 땅에서 무엇이든지 매면 하늘에서도 매일 것이라" 했다. 땅에서 천사같이 사는 자가 하늘에서도 천사가 되어 천국에 들어간다. 모든 사람에게 천사같다는 말을 듣는 삶을 살아야 한다.

▪ 천사의 곱고 아름다운 마음은 부모를 공경하고 어른을 어른으로 대접하는 데에서 출발한다. 효도하는 자는 형제와 화목하게 지내기에 가정이 화목해지고, 이웃과 화목해지고, 국가가 화목해지고, 온 인류가 화목해진다.

- 그러므로 지상의 아름다운 소왕국은 가정에서부터 이루어야 한다.

▪ 선택된 14만 명만 구원받는 것이 아니라, 천사처럼 변하고자 하는 14만 명을 기초로 온 인류가 천사처럼 거듭나는 영적인 개혁이 시작되는 것이다.

▪ 천 년에 걸쳐서 하늘에서 이루어진 것같이 이 세상을 낙원으로 만들어, 만백성이 지상의 천국에서 살다가 죽어서 그대로 하늘의 천국으로 들어가는, 영원한 지상 낙원을 건설하는 것이 하나님의 계획이다.

- **이것이 구약과 신약에 이어 "새로운 성경"으로 역사하시는 하나님의 창조의 완성이다.**

▪ 지금의 믿음으로 구원받을 수 있다면 그 길을 가라. 그러나 자신이 없다면 하나님께서 직접 내리신 160권의 "새로운 성경"을 읽고 구원의 길을 보라!

하나님 머리말씀

이 새로운 성경을 읽는 너희 모두는
이 율법에 따라 행하면 영원히 구원받을 것이니라.

너희 인간이 수년, 수십 년, 평생
성서를 공부하고 기도하는 것은
하늘나라 나의 곁으로 오고 싶은 소망일진대,

몇천 년 전의 너희 인성과 생각이
지금의 너희와는 판이하게 다르니,

꺾여 가고 병들어 가는 너희를 고칠 수 있는 길은,
오늘 내가 선지자에게 내리는 새로운 성경과 같이
너희가 변화되는 것뿐이니라.

나의 예수가 태어난 것처럼
내가 아들 선지자를 선택하여
나의 새로운 성경을 온 세계에 전하고자 하니,

묵은 것은 버리고 새로운 것은 취하여,
너희 모두는
'여호와 하나님! 저의 죄를 용서하여 주옵소서.'
하는 기도문으로 기도하고, 죄를 뉘우치라.

이 새로운 성경은
수천 년간 내려온 성서를 요약한 것이니,
너희는 이 책을 정독하여 쉽게 깨달음을 얻고,
이대로 실천하여 하늘에 오르라.

대역자 머리말

■ 하나님의 율법을 지키는 선지자로 선택을 받도다.

저는 남들처럼 그저 열심히 살아온 평범한 사람이었습니다. 그러나 50대 중반에 사업에 실패하여 많은 부채에 시달렸으며, 건강도 악화되어 눈이 잘 안 보이고, 걷기도 어렵고, 두통이 심해서 잠을 이룰 수 없는 고통의 나날을 보냈습니다. 그때 제가 선택할 수 있는 것은 육의 삶을 끝내는 길뿐이었습니다.

죽기 직전에 그동안에 죄를 지은 이들에게 용서를 빌고 인생을 끝내기로 작정하였습니다. 어려서부터 지은 죄를 빌고 빌다 보니 끝이 없었고, 죽음으로도 그 많은 죄를 용서받을 길이 없다는 생각에 하염없이 눈물이 흘렀습니다. 그 순간 '재래식 화장실의 구더기는 죄를 짓지 않는데, 나는 인간으로서 구더기만도 못한 삶을 살았구나.' 하는 생각이 들면서 괴로움에 몸부림칠 때, 갑자기 하나님의 음성이 들렸습니다.

"나는 여호와 하나님이니라. 너는 십계명을 암송하고 내가 내려 주는 메시지를 받아 책으로 만들어 만백성을 구하라." 하시며, 제 눈을 손으로 문지르게 하시고, 아픈 머리와 다리를 손으로 두드리게 하셨습니다. 그러고 나니 눈도 잘 보이고 걸을 수 있었으며 머리의 통증도 말끔히 낫게 되었습니다. 그때부터 십계명을 암송하고 나면 들려주시는 말씀을 기록하였고, 1999년 8월부터 2004년 7월까지 권당 288쪽, 총 160권을 받아서 "새로운 성경"이라는 책으로 펴내게 되었습니다.

그러한 저에게 죽기보다도 힘든 길이 시작되었습니다. 모든 교인들이 저에게 사탄이요, 이단이요, 악마요, 마지막 시대에 온 거짓 선지자라 하면서 공격하였고, 저를 짐승을 보듯이 대하는가 하면, 편협한 종교 지도자들의 선동으로 신도들이 이 책을 직접 읽어 보고 평가할 기회마저 막아 버렸습니다. 그래서 하나님의 말씀을 세상에 내는 데 많은 어려움을 겪으며, 피를 토하는 심정으로 책을 전하고 있습니다.

그러나 아무리 인간의 힘으로 막으려 해도, 하나님의 뜻이 세상에 전해지는 위대한 역사는 계속될 것입니다. 책으로 전해지는 "하나님의 말씀"은 세상 끝날까지 항상 우리와 함께하실 것입니다. 사람은 죽어도, 책에 기록된 말씀은 영원히 남으니까요.

■ 따뜻한 실천

하나님께서는 어려운 사람들에게 삶의 터전을 마련해 주고, 미래를 열어 주는 것을 기뻐하십니다. 어려운 이웃이 스스로 자립할 수 있도록 이끌어 주는 것이 진정으로 이웃을 돕는 것이라고 말씀하셨습니다. 그래서 일자리가 없는 제자들에게 작은 사업장을 만들어 주는 "달란트 사업"을 하고 있습니다. 식당, 반찬 가게 등을 차려 주고, 기존의 어려운 사업장이 자립할 수 있도록 돕고 있습니다(커피숍, 미용실, 의상실 등).

하나님께서는 교회에 나와서 모든 시간과 재물을 쏟기를 원하지 않으시고, 그 시간과 재물을 교육에 투자하여 스스로 미래를 열어 가기를 원하십니다. 그래서 제때 공부하지 못한 제자들에게 학업을 이어 가도록 하였습니다. 중화요리 주방장을 하며 초등학교 검정고시부터 공부하여 2012년에 방통대를 졸업한 36세 남성, 만학도들의 2년제 중학교에 입학해서 2007년에 명지대학을 졸업한 38세 여성, 중학교 검정고시를 시작으로 숭의여자대학을 졸업한 47세 여성 등이 있습니다. 그밖에도 많은 제자들에게 나이를 초월하여 배우고 깨우쳐서 사회 속의 당당한 일원이 되도록 인도하고 있습니다.

학자금 대출로 힘겨워하는 젊은이들을 위해 "따뜻한 바람 장학회"를 발족하여(2016년 12월) 대출받은 학자금 전액을 매월 갚아 주고 있습니다. 또한, 다문화 가정을 위해 "다문화 가족 랜드"를 조성하여, 각종 시설을 무료로 활용하도록 하고 있습니다.

이러한 따뜻한 실천이 아직은 미약합니다. 그러나 책의 수입이 늘고, 저와 뜻을 같이하는 분들이 늘어나면 계속 확대할 것입니다. 지도자로서 신도의 재물을 헌금으로 거둬들여 착복하는 것이 아니라, 하나님께서 기뻐하시는 일에 사용하도록 중매 역할만 하며 살아가고자 합니다. 이런 제가 과연 사탄이고 이단인가요? 하나님께서 기뻐하시는 일이라면, 저에게 사탄이라 하든 거짓 선지자라 하든 굽히지 않고 실천해 나갈 것입니다.

끝으로, 일상의 삶 속에서 "지금 내가 하는 행동이 과연 하나님께서 기뻐하실까, 슬퍼하실까?" 생각하고, 매사에 하나님께서 기뻐하시는 길을 택하기 바랍니다. 교회에 모여서 집단적으로 예배 드리는 것이 아니라, 개인이나 가정 단위로 새로운 성경을 읽어 스스로 깨우치고 그대로 행하면 충분합니다. 그것이 마음속에 성전을 짓고, 신령과 진정으로 예배 드리는 길입니다. 그러면 천국의 문에 들어서게 됩니다.

2017. 2. 1.

하나님 말씀 대역자 김용철

차 례

십계명

이 책은 십계명을 암송하고 나면 내려 주시는 "하나님의 음성"을 듣고 그대로 받아쓴 기록입니다. 하나님께서 십계명을 모세에게 내려 주셨지만, 그것은 만백성에게 내려 주신 것입니다. 마찬가지로 이 책의 모든 말씀도 저에게 내려 주셨지만, 만백성 각자에게 들려주시는 말씀입니다. 여러분도 이 책을 접할 때마다 십계명을 암송하고 나서 정독해 주시기 바랍니다.

제일은, 너는 나 외에는 다른 신들을 네게 있게 말지니라.

제이는, 너를 위하여 새긴 우상을 만들지 말고, 또 위로 하늘에 있는 것이나, 아래로 땅에 있는 것이나, 땅 아래 물 속에 있는 것의 아무 형상이든지 만들지 말며, 그것들에게 절하지 말며, 그것들을 섬기지 말라.

제삼은, 너는 너의 하나님 여호와의 이름을 망령되이 일컫지 말라.

제사는, 안식일을 기억하여 거룩히 지키라.

제오는, 네 부모를 공경하라.

제육은, 살인하지 말지니라.

제칠은, 간음하지 말지니라.

제팔은, 도적질하지 말지니라.

제구는, 네 이웃에 대하여 거짓 증거하지 말지니라.

제십은, 네 이웃의 집을 탐내지 말지니라.

나 여호와가 존재함을 믿는 그 자체가 구원의 길에 들어서는 기본이요, 근본이며, 나의 새로운 성경을 가슴에 안고 정독하는 자, 반석 위에 서서 하늘에 오르는 찬란한 빛을 보게 되는 영광을 얻게 됨이니라. 진정 나를 따르고 믿는 자는 감히 사탄이나 마귀도 근접하지 못하느니라.

〈하나님 말씀〉

2004년 6월

11,590 번째 하나님 말씀

2004년 6월 17일 05시 50분

1 사랑하는 나의 아들아!
2 "네, 아버님! 말씀하옵소서."
3 너를 따르는 제자들이요, 나의 새로운
성경을 읽고 깨우친 백성 너희들은 첫
번째도 나의 새로운 성경을 정독하여
깨우치는 것이요,
4 너희들의 모든 인생에서 가장 중요한
순서를 매긴다면, 첫 번째, 두 번째,
세 번째 모두가 다 나의 새로운 성경,
그것이 그 순위를 차지하고 있음을 알
아야 된다 그리하지 아니하였던가?
5 너희들이 인생의 삶에 있어서 순위를
그리 생각하고 살라 하지 않았던가?
6 그 의미를 너희들은 과연 어찌하여 모
른단 말이더냐?
7 지금 나의 아들을 통하여 내리는 160
권의 새로운 성경이 무엇이더냐?
8 창조주 나 여호와가 모두를 명하여 내
림이니라.
9 너희들이 나에게 오르고자 하며 하늘
에 오르고자 하며 구원을 받고자 하는
그 창조주, 너희들이 말하는 전지전능
한 아버지가 모두를 내리는 것이거늘,
10 어찌하여 너희들이 이것이 소중하고
귀한 것을 그리도 모른단 말이더냐?
11 이보다 더 귀하고 소중한 것이 어디
있던가?
12 너희들에게 귀하고 소중한 것이 있다
면, 진주요, 보석이요, 이와 같은 것은
닦고 갈고 귀히 관리할 것이니라.
13 그것과 바꿀 수 없으며 천배 만배 위
대한 것이요, 그 위대함을 말할 수도
없는 나의 새로운 성경을 너희들은 어
찌하여 그리 소홀히 생각하며, 너희
모두를 다 바쳐 이를 위해 살아간다는
생각을 하지 못한단 말이던가?
14 나의 아들을 따르는 길이요, 그리고
새로운 성경을 접한 백성 너희들이 어
떠한 길이요, 어떠한 영광이요, 어떠
한 은혜 속에서 가는 것인지,
15 첫 번째도, 두 번째도, 세 번째도 목숨
을 다 바쳐 충성을 다하여 모두를 다
역사하는 그와 같은 마음 자세로 가도
너희들이 선택된 은혜에 보답할 길이
없거늘,
16 너의 제자들에게 이와 같은 생각이요,
이와 같은 마음 자세로 거듭나지 아니
하면 결코 아니 됨이라 그리 전하라.

11,591 번째 하나님 말씀

2004년 6월 17일 05시 54분

1 사랑하는 나의 아들아!
2 "네, 아버님! 말씀하옵소서."
3 새로운 성경을 접하고 강론을 들으며
깨우침을 얻었던 백성들이요, 그리고
나의 아들 너를 따라가며 모두를 다
바치고자 했던 그 백성들이 스스로 나
의 성전을 떠나며 나의 새로운 성경을
손에서 놓음이니,
4 어쨌든 그 이유는 누가 무어라 해도,

떠난 그 백성들은 육을 따라가 버린
백성이요, 육의 삶을 위해 살아가는
백성들이니라.
5 너희들은 욕심이라는 것을 가지고 있
어 결코 그 욕심을 채우지 못하며 그
욕심을 버리지 못하여 떠난 백성이라
는 것을 알아야 될 것이며, 욕심이라
는 그 자체를 절대 버리지 못한 자라
는 걸 잊지 말라 그리 전하라.
6 육을 따라가 버린 백성이요, 영혼의
구원을 저버린 백성의 자세라는 것은
그와 같은 대가를 어찌 치러야 되며
어떠한 결과가 오는 것인가,
7 그것은 너희들이 영원히 살 것이라는
그 육의 삶을 마치고 심판대에 섰을
때, 그때 알게 될 것이니라.
8 귀하고 소중한 것을 귀하고 소중한 줄
모르는 그들이 가는 길은 의인의 길이
아니요, 나에게 올라오는 길이 아니
라, 저희들은 가고자 함이 잘못되었음
을 알 날이 머지않았을 것이니라.
9 선한 길이요, 의인의 길을 가고자 하
는 그와 같은 마음이 욕심과 욕망을
채우는 것보다도 소중하고 귀하지 아
니하기 때문이니, 너희들은 한 치 앞
을 보지 못하는 어리석은 백성들이니
라.
10 악의 길을 가고자 하는 백성, 스스로
제가 그 길을 감이니, 그는 바로 나에
게 오르는 길이 아니요, 지옥의 길로
가는 백성임을 알게 될 것이며 그들에
게 알려 줘야 될 것이니라.
11 이제 너를 따르는 모든 제자들과 나의
새로운 성경을 읽고 깨우치고 가는 백
성, 너희들은 알라.
12 절대 너희들은 육신을 따라가는 삶의
길을 가서는 아니 된다 그리 전하라.
13 영혼을 구하는 길이요, 영혼을 구원하
기 위한 그 길을 가는 것이 너희들이
해야 할 일이며 너희들이 살아야 할
길이라는 것,
14 모두가 다 육을 위한 삶이 아니라 영
혼의 구원을 위한 아름다운 삶을 살아
야 된다는 것을, 이를 저버리고 이를
잊고 살면 아니 되느니라.
15 떠나는 백성 그들이 바로 육을 위한
삶을 위해 그 길을 따라가는 어리석은
백성들이니, 그를 어찌해야 되겠는가?

11,592 번째 하나님 말씀

2004년 6월 17일 05시 58분

1 사랑하는 나의 아들아!
2 "네, 아버님! 말씀하옵소서."
3 사랑을 행하고 역사하는 모두가 나의
뜻을 위한 삶을 사는 것이요, 사랑을
행하고 실천하는 자는 모두 하늘의 뜻
을 순종하며 나를 기쁘게 하는 삶을
사는 것이라는 것을 알라.
4 그리고 그는 곧 너희들이 나의 음성을
들을 것이며 나를 보게 될 것이며 거
듭나는 영광을 얻는 그와 같은 삶이니,
5 사랑의 결실을 위하여 모두가 존재하
는 것이며, 너희들은 그 사랑의 결실
을 맺을 수 있기 때문이니라.
6 아무리 너희들이 방대한 역사를 해도
사랑의 결실을 맺지 못한다면 내가 거
둬들일 수가 없음이니, 너희들이 나를
만날 수 없으며 거듭나는 영광을 얻을
수 없음이니라.

7 사랑하는 나의 아들딸들아!
8 사랑을 행하고 역사하는 것만이 구원
의 길임을 너희들은 잊어서는 결코 아
니 됨을 알라.
9 모세가 역사한 것도 무엇이더냐?
10 그도 모든 것을 사랑으로써 역사하고
자 했으며, 예수가 역사한 것도 나 여
호와의 사랑을 이루고자 그가 모두를
행했음을 너희들은 우선 알아야 될 것
이니라.
11 그러니 모든 근본이요, 모두 역사하는
것은 사랑의 결실을 맺기 위하여 내가
이 세상에 존재하도록 한 것이라는 걸
너희들은 깊이 깨우치라.
12 지금 내가 나의 아들을 통하여 제3의
시대를 열어 감은 무엇이더냐?
13 너희들이 수천 년 동안 흘러왔던 사랑
을 가꾼 마음이요, 사랑을 가꾼 그 역
사요, 그 사랑의 결실을 맺고자 하며
그 결과를 거둬들이고자 하는 것이 지
금 오늘의 제3의 시대에 새로운 성경
이 내려가 세상에 전하는 것임을 먼저
알아야 될 것이니라.
14 지금의 나의 아들과 제자 너희들이 사
랑의 결실을 맺기 위해서는 어떠한 것
이 중요하며 어떠한 것을 먼저 해야
되느냐?
15 너희들이 먼저 하고 실천할 것은, 모
든 것을 본을 보여 주는 것이 가장 중
요한 대목임을 이제 너희들은 알아야
될 것이니라.
16 너희들이 정녕 사랑을 실천하는 자요,
행하는 자요, 돌아오는 메아리를 바라
지 아니하며, 그를 듣고자 하지 아니
하며,
17 순수하고 아름다운 마음으로써 육의
세상에 베푸는 사랑이 아니라 육과 영
혼을 더불어 같이 베푸는 그와 같은
사랑으로써 모두를 가슴에 안아야 됨
이니라.
18 대가를 바라는 것, 너희 자신이 생색
을 내기 위하여, 네 이름을 내기 위하
여, 공명을 위하여 하는 그것은 육의
사랑이니라.
19 그 사랑을 가지고 너희들은 나에게 오
를 수 없으며 내가 원하는 사랑을 했
다 할 수 없음이니라.
20 그러니 그와 같은 오늘의 살아온 삶을
다 뒤돌아보며, 지금에 사랑하는 것,
너희들이 베푸는 것도 모두 다 반대
방향에서 역사할 때,
21 육의 사랑을 베푸는 자요, 영혼을 구
하는 영혼의 사랑을 베푼 것이요, 하
늘에 나 여호와의 뜻에 따라 사랑을
베푸는 것이니, 거기에는 결실이 있으
며 수확이 있음을 알라 그리 전하라.

11,593 번째 하나님 말씀

2004년 6월 17일 06시 06분

1 사랑하는 나의 아들아!
2 "네, 아버님! 말씀하옵소서."
3 뿌리가 약한 나무는 뽑히며 쓰러짐이
니라.
4 내가 너를 통하여 160권의 새로운 성
경을 전함이니, 과연 160권이 지금 세
상에 나와 만백성을 구하는 불칼로서
버릴 것 버리며, 자를 것 자르는 그와
같은 역사가 시작했더냐?
5 아직 160권의 새로운 성경이 세상에

나오지도 아니하였음이니라.
6 그러니 완결되지도 아니한 오늘의 이
형국에서 무엇을 얻고자, 무엇을 구하
고자 하는 마음으로써 나의 아들을 찾
으며 나의 성전을 찾는 그 백성들이야
말로 가장 어리석고 가련한 백성들이
니라.
7 그리하여 이루어지지 아니하고 소원
이 성취되지 않는다 하여 떠나는 백
성, 내가 나의 아들을 통하여 너희들
에게 무어라 강론을 했느냐?
8 백 가지의 부속으로써 모든 기능을 발
휘하는 그 기계가 하나의 부속이 없을
때 그 기능을 발휘할 수 없음이니, 그
는 쓸모가 없다 하지 아니하였더냐?
9 지금 내가 나의 아들을 통하여 내리는
160권의 새로운 성경이 세상에 나왔
을 때, 모두를 역사하며 그 기능을 발
휘할 수 있는 것을 너희들은 어찌하여
모른단 말이더냐?
10 160권의 새로운 성경이 세상에 나오
지도 아니하였을 때, 그 뿌리가 약한
그 나무가 과연 태풍이요, 비바람을
견딜 수 있으며,
11 모든 종교 집단의 지도자들이 뽑아 버
리려는 그것을 뽑아 버릴 수 있단 말
이더냐?
12 그러기에 내가 너희들에게 가장 귀하
고 소중한 것이 160권의 새로운 성경
이 세상에 나오는 것이라 하였음이니
라.
13 어쨌든 160권이라는 새로운 성경이
세상에 나와 모든 부속이 다 결합이
되어 완전히 기능을 발휘할 수 있는
하나의 기계로서 완제품을 만들듯이,
14 나의 새로운 성경이 완제품이 되지 아
니하면 기능을 발휘할 수가 없으며,
이를 만들어 역사할 수 없음을 너희들
은 알아야 될 것이니라.
15 인간 세상에서도 100개 중에 99개를
만들었으나, 지치고 힘들어 하나를 만
들지 못하고 쓰러진다면, 모두가 물거
품이 되며 제 기능을 발휘 못 하며,
16 그를 써 보지 아니하였기 때문에 모든
백성들이 그 능력이요, 그 기능이요,
그 위대함을 알 수 없는 것이니라.
17 지금 160권의 새로운 성경이 모든 부
속과 같으니, 160개가 뭉쳐졌을 때 기
능을 발휘할 수 있으며 성능을 발휘할
수 있는 것이니라.
18 아직 모두가 완결되지 않는 기계에 기
능을 원하며 너희들이 상상하는 그 능
력을 원하는 것은 다 욕심이요, 부질
없는 것이요, 160권의 새로운 성경이
나오는 것을 막는 것이니, 성령을 훼
방하는 것이니라.
19 이제 나의 아들을 따르는 제자 너희들
은 들으라.
20 160권의 새로운 성경이 세상에 나오
면서 나의 아들도 성장하며 너희들도
더불어 성장하여 감이니,
21 어느 시점에 너희들이 변화되는 것을
스스로 알듯이, 나의 아들이요, 새로
운 성경이 그 기능을 발휘할 날이 머
지않았음이니, 그때까지 너희들이 기
다리고 인내해야 됨이니라.
22 지금 너희들이 세상을 들끓게 하며 세
상의 모든 자들이 나의 새로운 성경을
갖고 울고불고한다면 과연 어찌하는
가?

23 160권의 새로운 성경은 이 세상에 나
올 수 없음이니라.
24 몇 권의 새로운 성경이 나왔을 때 모
든 백성이 들끓으며 그들이 그 길을
가고자 한다면, 결코 160권이라는 새
로운 성경이 세상에 나오지 못하는 것
이요,
25 이제 160권이 나오는 것이 내가 역사
하는 증거요, 나오지 못했을 때는 이
게 사탄이라 하였음이니, 그들이 어찌
하겠는가?
26 죽어도 160권이라는 것은 세상에 나
오지 못하도록 역사할 것이니, 나의
아들의 가슴에 활을 쏠 것이며, 나의
아들이 세상에 존재하지 못하도록 하
며, 너희들 또한 따라가지 못하게 한
다는 것을 알라.
27 그러니 조용히 160권의 새로운 성경
이 나올 때까지 모두가 완제품이 되
어, 버릴 것 버리며 다스릴 것 다스리
는 그와 같은 역사를 이룰 때까지 너
희들은 조용히 인내해야 되며 조용히
가야 되며 참고 가야 하는 것이라는
것을 어찌하여 모른단 말이더냐?
28 그러니 너희들에게 가장 중요한 것의
순서를 꼽는다면 1번, 2번, 3번이요,
끝까지 다 나의 새로운 성경을 만드는
것이요, 새로운 성경을 접한 것이 영
광이라는 그 의미를 깊이 깨우치도록
그리하라, 어리석은 나의 아들딸들아!

11,594 번째 하나님 말씀

2004년 6월 17일 06시 15분

1 사랑하는 나의 아들아!
2 **"네, 아버님! 말씀하옵소서."**
3 사랑의 행함이요, 실천하는 것이 얼마
나 소중하고 귀하면, 2천 년 전에 나
의 뜻을 받아 내려온 나의 아들 예수
가 그가 가지고 있는 모든 소유물을
다 내놓을 수 있으며, 그 모두를 다 남
을 위해 내놓으며 그를 탐하지 아니하
는 그와 같은 삶을 살 수 있었겠는가?
4 그러면서 마지막에는 하나밖에 없는
그 귀중한 생명을 고통스럽게 내줄 수
있는 것은 과연 이것이 얼마나 귀하고
소중한 사랑이면 그와 같이 역사할 수
있는가?
5 너희들은 그와 같은 것을 알아야 될
것이니라.
6 지금 수천 년 동안 믿음의 길을 온 백
성, 사랑을 행한다는 백성이요, 지금
나의 아들을 따르는 백성, 너희들 또
한 이와 같이 사랑을 행할 수 있겠는
가?
7 이와 같이 자기 자신을 던지는 사랑은
아무나 할 수 없으며, 그 고고하고 순
수한 사랑은 할 수가 없는 것이니라.
8 이것이 오늘의 너희들이 가지고 있는
마음이요, 오늘의 삶이 아니더냐?
9 나 여호와는 지금 나의 아들과 선택된
너희들에게 이와 같은 사랑을 실천할
수 있도록 훈련을 시킴이니라.
10 이 세상에 이와 같은 사랑을 행할 수
있는 것은 나의 새로운 성경을 들으며
그를 가지고 공부하며, 나의 아들을
통하여 내리는 강론의 그 뜻을 따라
변하고 변하는 너희들만이 나의 아들
예수가 자신의 생명을 고통스럽게 내
주며 사랑을 실천하고자 했던 그 삶을

살 수 있음이니,
11 내가 너희들에게 강도 높은 훈련을 지
금 시키고 있음을 알아야 될 것이니라.
12 한두 가지의 훈련으로써 역사함이 아
니라, 수천수만 가지를 훈련하여 너희
들이 견디고 이겼을 때, 그와 같은 숭
고하고 순결한 사랑을 할 수 있음을
알아야 될 것이니라.
13 지금의 종교 집단이요, 믿음의 길을
가고 울고불고 아우성을 치는 그 백성
들, 그들이 과연 그와 같은 사랑을 할
수 있다 너희들은 그리 생각하느냐?
14 그들은 결코 그와 같은 사랑이 없음이
니라.
15 그들은 나로부터 무엇인가를 얻고자,
기적의 역사를 하고자, 그리고 나로부
터 무엇을 이루고자,
16 인간의 힘으로 할 수 없는 것을 나 여
호와의 힘을 빌려 무엇인가 이루고자
하는 그와 같은 기대와 마음이 오늘의
믿음의 길을 가는 백성들의 그 자세이
니라.
17 그를 너희들이 부정할 수 있거든 부정
해 보라 그리 전하라.
18 사랑하는 나의 아들아! 그와 같은 풍
토가 흘러가는 이 세상에 진실한 나
여호와의 뜻이요, 진실한 사랑이 없으
니 이를 모두 쓸어버려야 하며, 그리
하여 천 년에 걸쳐서 새로운 시대의
역사를 이루고자 하는 것이 나 여호와
의 뜻이니라.
19 내가 마지막 제3의 시대에 새로운 성
경을 내려보내면서 마지막으로 거는
기대는 바로 누군 줄 알겠느냐?
20 너희들뿐이니라.
21 나의 아들을 따르는 제자들이요, 나의
새로운 성경을 읽고 깨우친 백성, 너
희들이 예수가 그 모든 소유물을 놓았
으며, 그리고 그 소유물을 갖기 위해
노력하지 아니하였으며, 제 이름으로
아무것도 남기지 아니하며,
22 마지막에는 그를 실천하기 위하여, 사
랑을 역사하기 위하여, 그를 이루기
위하여 귀중한 생명 하나까지도 고통
스럽게 내준 그 순결한 사랑,
23 그와 같은 것을 역사할 수 있는 것은
지금 나의 아들을 따르는 제자 너희들
밖에 없기에 내가 마지막 너희들에게
기대를 걸고 있음을 알라, 사랑하는
나의 아들딸들아!
24 마지막 사랑의 열매를 맺도록 최선을
다하라.
25 마지막 사랑의 열매를 맺지 못하면 내
가 거둬들일 열매가 없음이니, 나는
거둬들이지 못함이니라.
26 그러니 그는 내가 할 수도 없으며, 열
매가 없으면 맺어서 익지 않는 열매를
내가 어찌 거둬들일 수 있겠느냐?
27 그러니 모두는 너희들의 노력 여하에
달렸다는 것을 이제야 알겠느냐?
28 우선 사랑의 열매가 있어야 내가 거둬
들임이니, 너희들이 잘못 가꾸고 잘못
길러 사랑의 열매가 없으면,
29 내가 거둬들이려 해도 거둬들일 수 없
는 것이 너희들과 나의 관계요, 너희
들의 운명이라는 것, 그리고 나 여호
와의 능력이요, 한계라는 것을 너희들
은 알아야 될 것이니라, 사랑하는 나
의 아들딸들아!

11,595 번째 하나님 말씀

2004년 6월 17일 06시 23분

1 사랑하는 나의 아들아!
2 "네, 아버님! 말씀하옵소서."
3 너희는 알아야 될 것이니라.
4 너희들이 죄를 지으며 용서를 빌며 예수가 세상에 역사했던 그 백성과 같다면, 과연 무엇 때문에 나의 아들 예수가 지금 재림하여 너희들을 구원하는 역사를 이룬다 하겠느냐?
5 2천 년 전에 나의 아들 예수가 세상에 나가 나의 백성들을 깨우치고자 했으나, 나의 아들과 같이 동반할 자가 세상에 없다 하지 아니하였더냐?
6 그러니 내가 나의 아들을 통하여, 2천 년 전에 나의 아들 예수와 같은 의인이요, 천사와 같은 백성이 하나도 없었다 하였음이니라.
7 그때도 살아가면서 죄를 짓고 용서를 빌고 울고불고 구하는 그와 같은 백성들의 삶이라 하였느니라.
8 그러니 지금도 너희들이 죄를 지으며 용서를 빌고 울고불고하는 그와 같은 삶을 산다면, 오늘도 정녕 나로부터 구원받을 자격이 있는 백성이 없으니,
9 자격 있는 백성이요, 구할 수 있는 백성이 없거늘, 무엇 때문에 나의 아들 예수가 다시 세상에 재림하여 구원할 수 없는 백성들을 구원하러 온단 말이더냐?
10 그러니 너희들은 여기서 알아야 될 것이니라, 너희들이 얼마나 깨끗하게 살아야 될 것이며, 너희들이 얼마나 바르게 살아야 되는 것인가를.
11 이는 깨끗한 자에게 해당되는 것이 바로 나의 아들 예수의 재림의 역사라는 것을 너희들은 알아야 될 것이니라.
12 나의 아들 예수가 재림할 때는 깨끗하고 순결한 백성이 있어야 하며, 그때 그를 구원하기 위하여 나의 아들 예수가 역사할 것이니라.
13 그렇지 아니하면 2천 년 전보다 지금이 더 사악한 똑같은 백성인데, 어찌하여 너희들을 구원하러 나의 아들 예수가 재림하며 세상에 온다 생각하느냐?
14 천사와 같은 마음을 갖지 아니한 백성들은 해당되지 아니하며, 재림이요, 너희들을 구원하러 온다는 그와 같은 생각을 지워 버리고 생각도 하지 말라.
15 너희들과는 아무런 관계가 없다는 것을 알라.
16 흠이 있고 죄가 있는 백성은 나의 아들 예수가 재림하여 너희들을 구원한다는 것을 기다리지도 말며 그 생각도 다 지워 버려야 되는 것이니, 얼마나 너희들이 어리석은 백성들이더냐?
17 자격을 갖추지 아니한 자가 자리를 차지하려 하며, 자격이 없는 자가 지도자로서 역사하려는 그와 같은 어리석은 삶을 사는 것이 너희들이니, 그 모두가 욕심이요, 욕망에서 이루어지는 것이니라.
18 너희들과는 아무런 관계가 없음을 내가 나의 아들을 통하여 새로운 성경에 전함이니라.
19 천사와 같은 자만이 관계됨을 알라 그리 전하라.
20 너희들이 죄의 온상인 교회에 나가 열

심히 일을 하며 봉사하며 재물을 바쳐
도 그 모두가 다 부질없는 것이니라.
21 이는 곧 나의 뜻을 거역하는 행위임을
너희들은 알아야 될 것이니라.
22 욕심에 젖어 있어, 죄에 젖어 있어 악
취가 나며 타락의 길을 가고 있는 백
성 너희들은 예수를 더 이상 기다리지
말라.
23 지금의 모든 백성들이요, 믿음의 길을
가는 자, 사랑을 실천한다는 백성, 너
희들이 욕심에 젖어 있으며 죄에 젖어
있어 그 모든 악취를 내가 맡을 수도
없는 그와 같은 형국이요,
24 그와 같이 썩어지고 타락하고 부패한
것이 오늘의 믿음의 길을 가는 백성들
이요, 하늘에 오른다 울고불고하는
자, 감히 구원을 받았다 말하는 백성,
너희들의 실체이며, 너희들에게서 그
와 같이 부패된 악취가 세상에 나오느
니라.
25 그 백성들을 위하여 나의 아들 예수는
재림할 필요가 없음이니라.
26 그들은 같이 동반할 수가 없으며 그들
을 구원할 수 없기 때문에,
27 이제 너희들이 그와 같은 의미의 뜻을
알았다면 더 이상 기다리지 말며 더
이상 원하지 말도록 그리하라.

11,596 번째 하나님 말씀

2004년 6월 17일 06시 29분

1 사랑하는 나의 아들아!
2 "네, 아버님! 말씀하옵소서."
3 지금의 모든 종교 집단이요, 믿음의
길을 가는 너희들은 알아야 될 것이니
라.
4 너희들의 오늘의 믿음이 무엇이더냐?
5 성서에 기록하여 전하기를, 최고의 믿
음으로만 구원을 받는다 그와 같은 것
이 너희들의 절대적인 그 믿음이 아니
더냐?
6 성서에 기록하기를 행함이 없는 믿음
은 죽은 믿음이라 그리 전하느니라.
7 그리고 사랑이 아니면 믿음이 아니라,
너희들은 사랑을 위하여 모두를 다 바
쳐야 된다 너희들에게 그리 가르치고
전함이니라.
8 그러나 너희들이 이를 가지고 혼동하
는 백성이 있으며, 한 가지만 가지고
부르짖는 오늘의 신앙이요, 믿음의 길
을 가는 백성들이기에,
9 너희들 자신이 혼란을 초래하며 너희
들이 하늘의 이치를 알지 못함이니라.
10 믿음이라는 것은 내가 무어라 했느냐?
11 기초라 하였음이니라.
12 믿음은 기초요, 또한 행함은 몸통이라
하였느니라.
13 그리고 사랑은 무엇이더냐?
14 뿌리와 몸통이 역사하여 맺어지는 그
결과라 하였음이니, 그는 열매라 하였
음이니라.
15 그리하여 건실하게 맺어진 그 열매를
내가 거둠을 너희들은 알아야 될 것이
니라.
16 너희들은 알아야 하느니라.
17 믿음은 가장 기초적인 것이요, 기초
요, 근본이라는 것을, 뿌리라는 것을
너희들은 알아야 될 것이니라.
18 그리고 그 뿌리가 영양을 공급하여 이
루는 몸통 그는 곧 행함이니, 다 똑같

은 것이요, 그들이 다 하나이니라.
19 사랑은 무엇이더냐?
20 뿌리와 몸통의 그 모두의 노력의 역사로 인하여 이루어지는 결과, 그 열매를 말하는 것이니라.
21 이 모두는 다 하나이니라.
22 그리고 하나의 길로 가는 것이요, 하나하나 제자리를 지켰을 때, 사랑의 열매를 맺을 수 있어 너희들을 거둬들이게 됨이니, 그 모두가 다 귀하고 소중한 것임을 알아야 될 것이니라.
23 이제 나의 아들을 따르는 제자 너희들은 나의 새로운 성경을 갖고 공부하니, 이와 같은 뜻을 알아야 될 것이며 이와 같은 의미를 알고 있을 것이니라.
24 그와 같은 깊은 의미로써 너희들이 깨달으며 모든 것을 깨닫고 역사하는 변화되는 삶이 있을 때, 너희들이 나의 성경의 의미를 알며, 새로 내리는 성경에 숨어 있는 그 깊은 뜻을 또한 알게 될 것이니라.
25 나의 새로운 성경을 갖고 공부하는 백성 너희들은 절대적으로 알아야 될 것이며 그 모두를 알고 넘어가야 될 것이니라.
26 나의 새로운 성경이요, 나의 아들의 강론에 강조하는 것, 그리고 중요하다 말하는 것, 그 모두는 하나가 됨이니,
27 이것은 이렇고 저것은 저렇다 시시비비하는 생각을 하지 말라.
28 마음이 열려 있지 아니하며 가슴이 열려 있지 아니하며, 하늘의 뜻을 알지 못하기 때문에 너희들이 콩이니 팥이니 하며 다 구분하려 함이나,
29 그들이 가지고 있는 역사하는 것은 너희들의 생명을 보존하기 위해 다 필요하듯이, 다 귀하고 소중한 것이라는 것을 너희들은 알아야 될 것이니라.
30 지금 어떠한 백성들이 나의 아들을 등지고 나의 새로운 성경을 던지고 떠나는지 알겠느냐?
31 너희들이 하늘의 뜻을 모르고 행함과 사랑은 저버린 채, 믿음이라는 것으로 구원받는다는 한 가지만 가지고 부르짖고 그것을 가지고 모두가 역사하는 것처럼 알고 있기에,
32 그를 이해하지 못하며 받아들이지 못하는 어리석은 백성이 불멘소리를 하고 떠나가는 것이 너희들임을 알라 그리 전하라.

11,597 번째 하나님 말씀

2004년 6월 17일 06시 38분

1 사랑하는 나의 아들아!
2 "네, 아버님! 말씀하옵소서."
3 믿음이 소중하고 귀하니라.
4 믿음을 시작하는 그 자체가 또한 모두의 근본이기 때문이니라.
5 그러나 너희들은 믿음의 기초를 어찌 선택하며 어떠한 믿음의 길을 가느냐가 귀하고 소중함을 알아야 될 것이니라.
6 나 여호와의 뜻에 의한 참진리의 길을 가는 믿음이라면 너희들이 나에게 올 수 있는 그와 같은 길을 가는 백성이요,
7 그렇지 아니한 믿음의 길을 가는 것은 너희들이 내 뜻을 거역하며 나와는 관계없는 그와 같은 길을 가는 것이니라.

8 그러니 가장 기초요, 가장 귀하고 소
중한 믿음을 선택할 때, 너희들이 함
부로 해서는 아니 되며 그 선택함이
가장 중요하고 귀하다는 것을 알라.
9 너희들이 사랑의 열매의 결실을 맺는
과정 그 모두가 다 무엇이더냐?
10 뿌리가 든든해야 되며 또한 그 몸통이
든든한 나무가 되어 있을 때, 아주 아
름답고 좋은 열매를 맺는 결과를 얻을
수 있는 것이 아니더냐?
11 그러니 너희들이 기초의 믿음이 어찌
되었느냐?
12 악한 자의 믿음의 길을 가면 너희들이
악이요, 독소를 세상에 내보내는 것이
요,
13 천사와 같은 마음의 천사의 길을 간다
면 진정한 참진리요, 하늘의 뜻에 의
한 그 믿음의 길을 간다면, 너희들은
선한 열매를 맺는 결과가 되는 것이라
는 것을 너희들은 알아야 될 것이니라.
14 사랑하는 나의 아들딸들아, 뿌리도 중
요하며 몸통도 중요하며 모두가 다 귀
하고 소중하니라.
15 그들이 없이는 사랑의 열매가 맺어질
수 없기 때문이니라.
16 사랑하는 나의 아들딸들아, 그러나 너
희들은 사랑의 행함이 얼마나 소중하
고 귀한 것인지 알아야 될 것이니라.
17 뿌리가 든든하게 받쳐 주었으며 몸통
이 든든하게 받쳐 주어 너희들이 좋은
열매를 얻었으나,
18 수확의 계절에 열매를 거둘 때 그 뿌
리요, 몸통이 건강하고 빈약한 것은
관계하지 아니하며 그는 보지 아니함
이니라.
19 다만, 악의 열매를 맺었느냐, 선의 열
매를 맺었느냐 그 결과에 따라서 거둬
들이는 그와 같은 역사만 있음을 너희
들은 알아야 될 것이니라.
20 그리하여 믿음과 소망과 사랑 중에,
사랑이 그중에 제일 으뜸이라 한 의미
를 알겠느냐?
21 나의 아들딸 너희들이 '사랑의 노래'
를 부르라 함이니, 바로 믿음과 소망
과 사랑 중에 그 모두의 으뜸이 사랑
이라는 그 의미를 알라.
22 그는 열매를 거둬들이는 것이요, 사랑
으로 인하여 사랑의 열매를 거둬들이
느냐 거둬들이지 못하느냐 이것이 가
장 중요한 것이니라.
23 믿음과 행함이요, 그리고 뿌리와 몸통
은 과연 어떠한 열매를 얻느냐에 따라
서 귀하고 소중한 것이요 그 자체이지,
24 그 결과를 맺는 그 결실로써 믿음과
행함으로써 이루어지는 것은 아니라
는 것이요, 사랑의 결실로만 모두가
거둬지고 맺어진다는 것을 잊지 말도
록 그리 전하라.

11,598 번째 하나님 말씀

2004년 6월 17일 07시 02분

1 사랑하는 나의 아들아!
2 **"네, 아버님! 말씀하옵소서."**
3 믿음이 과연 무엇이더냐?
4 너희들은 사랑의 열매를 맺기 위한 것
이라 말할 것이니라.
5 정녕 그러하니라.
6 신앙이요, 믿음의 그 모두는 다 사랑
의 열매를 맺기 위한 그 길을 가는 것

이기 때문이니라.
7 그러니 사랑의 열매를 맺지 못한다면
무엇하겠는가?
8 그 믿음이요, 신앙은 잘못된 것이며
나의 뜻을 거역하는 것임을 너희들은
알아야 될 것이니라.
9 그리하여 너희들이 믿음의 길이요, 신
앙의 길을 선택함에 있어서 그것이 얼
마나 중하고 귀한 것인지 알아야 될
것이니라.
10 너희들이 믿음을 선택하는 것, 믿음을
시작하는 것이 무엇이라 말하였느냐?
11 나무로 말하면 뿌리와 같은 것이라 하
였음이니라.
12 그러니 그 뿌리를 어찌 심느냐에 따라
서 좋은 수분을 끌어들이며 양분을 끌
어들임으로 인하여 좋은 열매를 맺을
수 있도록 역사하게 되는 기초요, 근
본이기 때문이니라.
13 사랑하는 나의 아들딸들아, 너희들은
들어야 될 것이니라.
14 나 여호와는 결국 너희들이 가꿔 놓은
그 열매를 거둬들이게 되어 있음이니
라.
15 그러니 너희들이 악의 뿌리를 심어 독
소를 만들어 내는 독소의 열매를 맺을
것인가,
16 그렇지 아니하면 너희들이 사랑을 실
천하는 천사와 같은 백성으로서 내가
필요로 하는 그와 같은 열매를 맺을
것인가?
17 결국 너희들로 하여금 독소의 열매를
맺든, 그렇지 않으면 내가 수확을 하
고자 하며 거둬들이는 열매를 맺든,
어떠한 결과든 반드시 나오게 되어 있
으며, 나는 그를 거둬들이게 되어 있
음이니라.
18 독소로 만든 것은 내가 유황불에 던질
것이요, 너희들이 천사와 같은 마음으
로 내가 거둬들일 수 있는 열매를 맺
는 자는 좁고 험한 그 길로 나에게 올
수 있으며 그 관문을 통과할 수 있다
는 것을 너희들은 알아야 될 것이니
라, 사랑하는 나의 아들딸들아!
19 그러니 믿음의 시작이 얼마나 중요하
며 믿음의 첫발이 얼마나 소중한 것인
지 알아야 될 것이니라.
20 오늘의 모든 종교 집단의 지도자요,
그들은 말로써 너희들을 현혹함이니
라.
21 내가 나의 아들을 통하여 너희들에게
무어라 하였느냐?
22 작은 이익이요, 작은 먹이에 눈이 어
두워 구분하지 못한다면, 너희들은 결
코 구원을 받을 수 없다 하였음이니라.
23 그러니 너희들이 한 발짝 한 발짝 뗄
때마다 가시밭길을 떼는 것처럼 생각
하며, 너희들이 말할 때 밤송이를 입
에 문 것처럼 하라 했으며,
24 천 번 만 번 생각해서 행동하고 역사
하라는 나의 새로운 성경에 기록한 그
뜻을, 너희들은 어찌하여 그를 소홀히
하는가?
25 내가 내리고 너희들에 깨우쳐 전한 나
의 새로운 성경을 너희들이 소홀히 하
며 그를 행하고 지키지 아니한다면 내
려보낸 의미가 없음이니 그리 알라 전
하라.

11,599 번째 하나님 말씀

2004년 6월 17일 07시 04분

1 사랑하는 나의 아들아!
2 "네, 아버님! 말씀하옵소서."
3 이제 너를 따르는 제자들은 알 것이니
라.
4 너희들이 작고 큰 것을 역사하든, 그
리고 한 획을 그을 수 있는 위대한 일
을 역사하든, 그 모든 역사함에 있어
서 사랑이 없으면 그 결과는 열매를
맺을 수 없음이니, 다 부질없는 것이
라는 것을 알았을 것이니라.
5 그러니 사랑 없이 행하는 것은 어떠한
것도 나와 관계없다 함을 너희들은 알
겠느냐?
6 너희들이 바다를 육지로 만들며, 육지
를 바다로 만들어 세상을 뒤엎는 역사
를 한다 해도,
7 사랑이 없이 하는 것은 아무런 의미가
없으며 나와 관계없는 길이라 함을 너
희들은 알겠느냐?
8 사랑하는 나의 아들딸들아!
9 그러니 너희 자신을 비우며 욕심을 비
우며, 너희들이 진정한 하늘의 사랑을
행하는 백성으로서 거듭나며, 그와 같
은 삶을 살지 아니하면 아니 됨이 여
기 있다 함을 명심하도록 그리하라.
10 작고 큰 모든 일이 다 사랑하는 마음
이요, 사랑하는 것으로써 행하지 아니
하면 나와 관계없으며 다 무의미하며,
11 그 모두는 내가 거둬들일 수 있는 열
매를 얻을 수 없다는 그 귀하고 두렵
고 무서운 내용을 다시 한 번 너희들
이 기억하지 아니하면 아니 될 것이라
그리 전하라.

11,600 번째 하나님 말씀

2004년 6월 17일 07시 08분

1 사랑하는 나의 아들아!
2 "네, 아버님! 말씀하옵소서."
3 사랑하는 나의 아들을 따르며 새로운
성경을 읽고 깨우쳐 공부하는 백성,
너희들은 알아야 될 것이니라.
4 모든 백성들이 가기 싫어하며 겪기 싫
어하는 고통과 시련이요, 그 어려운
길 그 모두를 즐겁게 견디고 인내하는
백성의 삶이요, 그 길을 가야 하는 것
이 너희들의 삶이라는 것을 명심하도
록 그리하라.
5 고통과 고통의 그 인내 속에서 너희들
이 성장하기 때문이니라.
6 그리고 너희들에게 닥치는 모든 고통
과 시련은 나 여호와가 너희들을 사랑
하기 때문이요, 그래서 완벽한 백성으
로 거듭나도록 하기 위해 나 여호와가
훈련을 시키는 것이라는 것을 너희들
은 알아야 될 것이니라.
7 사랑하는 나의 아들아!
8 "네, 아버님! 말씀하옵소서."
9 인간 세상에서 너희들이 살아가면서
도 부모가 자식을 때림이니 사랑의 매
라는 것이 있지 않더냐?
10 부모가 미워서 때리기 전에, 사랑하기
에 매를 드는 그 부모의 마음을 너희
들은 헤아릴 수 있는가?
11 나 여호와의 사랑의 매임을 너희들은
알아야 될 것이니라.
12 너희들의 오늘의 고통과 시련이 나 여

호와의 사랑의 매이니, 이를 즐거운
마음으로써 견디고 인내하는 삶을 살
지 아니하면 아니 된다 함이니라.
13 사랑하는 나의 아들딸들아!
14 내가 매를 때리니, 너희들의 그 고통
보다도 나 여호와의 마음이 과연 어
떠한 것인가, 때리는 나 여호와의 마
음은 얼마나 아픈 것인가,
15 너희들은 내 마음을 들여다보는 마음
자세로 생각하며 그와 같은 삶을 사는
가?
16 때리는 부모의 마음이 아프듯이 매를
들어 너희들을 다스리는 나 여호와의
아픈 마음을 들여다볼 수 있는 백성으
로 거듭나야 됨을 알라, 사랑하는 나
의 아들딸들아!
17 나의 아들 예수가 2천 년 전에 세상에
와 십자가의 고통을 겪고 갔음이니,
너희들이 더 어렵고 힘든 고통의 길
을 가지 아니하고,
18 나의 아들 예수가 전하고자 역사한 그
사랑을 어찌 알며, 나 여호와의 사랑
을 어찌 알며, 내가 역사하는 것을 어
찌 안단 말이더냐?
19 그보다 더한 고통을 겪고 나서 너희
들이 사랑의 열매를 맺을 수 있으며
사랑의 열매의 결실을 역사할 수 있기
때문에,
20 나의 아들 예수의 죽음의 고통보다도
더 고통스럽고 힘든 고통을 너희들이
겪고 갈 때, 나의 아들 예수의 마음을
알 것이며, 그를 통하여 이루고자 하
는 내 사랑의 의미를 알 것이니,
21 너희들은 여기서 좌절하지 말며, 고통
과 시련을 즐거운 마음으로 견디고 인
내하는 백성으로 되지 아니하면,
22 결코 어렵고 힘들고 협착한 하늘에 오
르는 길을 올 수 없으며 하늘의 좁은
문을 통과할 수 없음이니라, 사랑하는
나의 아들딸들아!

11,601 번째 하나님 말씀

2004년 6월 18일 06시 49분

1 사랑하는 나의 아들아!
2 "네, 아버님! 말씀하옵소서."
3 인간 세상에 너희들이 살아가면서 무
엇을 위해 사느냐 하는 것, 그것이 얼
마나 귀하고 소중한 것인 줄 알겠느냐?
4 방향을 잘못 잡으며 살아가는 목표를
잘 모르며 살아가는 의미를 모르고 살
아간다면, 그것처럼 불행한 일이 없느
니라.
5 지금 나의 피조물 만백성 너희들이 살
아감에 있어서 백 년도 살지 못하는
그 육의 삶에 의하여 모두를 다 바치
고 살아감이니, 그것이 너희들의 어리
석음이요, 잘못되었다 함이니라.
6 너희들은 영원히 사는 것, 거듭나는
영혼의 삶을 위하여 너희들을 다스리
고 가꿔 나가야 되는 것이니라.
7 그리고 나 여호와가 너희들에게 생명
을 주어 세상에 내보냈으니, 자식을
기다리고 있는 어버이의 품에 올 수
있는 길은 너희들이 영혼의 구원의 길
을 위한 삶을 사는 것이 나에게 오르
는 길이라 하였거늘,
8 너희들은 죽으면 육체가 썩는 그 육을
위하여 모두를 바치고 살아가는 삶을
산다면, 그것이 얼마나 불행한 일이며

어리석은 삶이더냐?
9 너희들이 육의 욕심이요, 육의 생각을
버리지 못하며 육을 위해 사는 사람은
한 계단 높은 다음의 세상이요, 영혼
의 세상의 성령을 받아들일 수 없으며
네가 죽어 가는 그 세상을 들여다볼
수가 없는 것임을 알아야 될 것이니
라.
10 미래를 보고 가는 백성과 미래를 보지
못하고 사는 백성의 삶이 얼마나 차이
가 있느냐?
11 너희들이 그러하니라.
12 남에게 좋은 일을 하며 남에게 무엇을
베푼다 해도, 너희 자신의 이익과 너
희 자신의 영달을 위해서 너희에게
돌아오는 이익의 분배를 위해서 한다
면,
13 그것이 아무리 남을 위하는 길이요,
봉사하는 일이라 해도 그는 결국 봉사
가 아니며 남을 위해서 하는 것이 아
니니라.
14 그건 거래이니라.
15 너희들이 바로 그것을 헤어나지 못하
느니라.
16 정녕 봉사요, 희생이라는 것은 바라는
것이 없으며, 돌아오는 것이 없으며,
이익의 분배 없이 하는 것이 봉사와
희생이니,
17 너희들이 그와 같은 것으로써 역사하
지 아니하면서 봉사와 희생한다 하지
말라.
18 그게 육이 죽어 가는 육의 세상에서
육의 한계를 벗어나지 못해 하는 말
이요, 너희들의 삶이라는 것을 알아야
될 것이니라.
19 이제 사랑하는 나의 아들딸 너희들을
위하여 다시 한 번 말하노니, 너희들
은 백 년도 안 되는 죽으면 썩어져 가
는 그 육을 위하여 모두를 다 바치지
말라.
20 새로 나는 것, 거듭날 수 있는 너희들
의 영혼의 생명을 위해서 모두를 다
바치고 살아가는 그와 같은 삶을 살지
아니하면 아니 되느니라.
21 그리했을 때 너희들이 하늘의 이치를
볼 수 있으며, 한 계단 높은 인간의 귀
하고 소중한 삶의 의미를 알 수 있을
것이기 때문이니라, 사랑하는 나의 아
들딸들아!

11,602 번째 하나님 말씀

2004년 6월 18일 06시 57분

1 사랑하는 나의 아들아!
2 "네, 아버님! 말씀하옵소서."
3 너희들이 고통과 시련이 없이는 아무
것도 이루어질 수가 없으며, 깨달을
수가 없으며, 하늘의 이치를 볼 수 없
음이니라.
4 인간 세상에서도 노력하는 고통 없이
는 어떠한 것도 이룰 수 없듯이, 더욱
이 하늘의 이치요, 나 여호와의 뜻을
알고 내 뜻에 의해 살아가는 길을 가
고자 한다면,
5 고통과 시련이 없이는 너희들이 아무
것도 볼 수 없으며 깨달음을 얻을 수
없는 것이니,
6 고통과 시련은 당연한 산물임을 너희
들은 알아야 될 것이니라, 사랑하는
나의 아들딸들아!

7 나에게 오르는 길이 힘들고 어렵다 해
도 결국 영원한 휴식처가 된다는 것,
그리고 영원한 안식처가 된다는 것을
알면 될 것이니라.
8 오늘의 힘들고 고통스러운 삶은 영원
한 편안한 휴식이요, 안식처가 기다리
고 있다는 것을 바라보지 못하며 그를
생각하지 못하면, 너희들은 아무것도
이룰 수 없느니라, 사랑하는 나의 아
들딸들아!
9 미래의 안식처를 위하여 너희들이 오
늘의 모든 고통과 시련을 인내하는 삶
을 살도록 해야 됨이니 그리 알라.
10 너희들이 지치고 쓰러질까 봐 내가 말
하느니, 너희들은 상상할 수 없는 안
식처를 상으로 받는다는 것, 오늘의
고통만큼, 너희들이 인내한 만큼, 너
희들이 악습을 버린 것만큼, 내가 내
린 십계명을 지키고 산 것만큼, 그리
고 새로운 성경을 내려보내니 이를 지
키고 산 만큼 너희들에게 안식처의 그
안락함이 기다리고 있다는 것을 절대
잊지 말라.
11 사랑하는 나의 아들딸들아, 너희들은
약하고 약하니라.
12 약하고 약한 자에게 고통의 훈련으로
써 거듭나게 하지 아니하면, 너희들은
만백성을 구할 수 있는 대업을 역사할
수 없기에, 나의 아들을 따르는 너희
들이 오늘의 고통과 시련의 길을 감이
니라.
13 이는 나 여호와가 바라며 내가 원하는
것이요, 내가 인간을 통하여 역사하고
자 하는 것에 선택된 너희들이기에,
오늘의 고통과 시련을 두려워하지 말
며 나를 원망하지 말라.
14 나약하고 남에게 자랑할 것 없는 너희
들을 내가 왜 선택하여 사랑의 의미와
참사랑을 가르치며, 선한 자의 자세를
가르치며, 의인의 삶의 길을 가르치
며, 내가 새로운 성경 160권을 세상에
내려보내어 너희들이 가슴에 안고 정
독하고 또 깨우치고 또 깨우치라 명한
줄 알겠느냐?
15 너희들만이 갈 수 있기 때문이니라.
16 나약하고 보잘것없다고 생각하는 너
희들이 그래도 나의 아들을 따라 어렵
고 힘든 그 길을 인내하고 갈 수 있기
때문에, 너희들이 나에게 선택된 백성
이라는 것,
17 선택됨이 얼마나 귀하고 소중한 것이
며, 이 시대에 나의 아들과 더불어 숨
을 같이 쉬며 같이 대화하며 살아가는
것,
18 그리고 나의 아들을 통하여 직접 내리
는 나 여호와의 뜻을 너희들이 직접
듣고 깨닫는 것, 그것이 얼마나 보람
된 것이며 얼마나 영광된 것인가를 어
찌하여 모른단 말이더냐?
19 그것을 모르는 백성이 2천 년 전에 나
의 아들 예수를 팔고 등을 돌렸던 제
자들과 같은 자들이 나오게 되는 것이
니, 그리 알아야 될 것이니라.
20 너희들이 육의 세상이요, 육의 욕심이
요, 그리고 기대하는 것, 거래하는 마
음이 없었더라면, 2천 년 전에 나의
아들 예수를 버리는 그와 같은 슬픈
일은 없었을 것이니라.
21 오늘도 너희들이 나의 아들과 더불어
이 세상에 존재하며, 내가 내린 강론

을 들으며 나의 새로운 성경의 그 모
두를 들으며, 하늘에 오르는 길이요,
구원의 길의 모두를 보는 그것으로써
네 목숨을 다하고 충성을 다하여 내
뜻에 따라가겠다는 그 생각을 한다면,
22 너희들이 무슨 불평이 있으며, 무엇이
서운한 마음이 있으며, 무엇이 아쉬운
마음이 있다 하더냐?
23 너희들은 그 은혜를 받은 걸로 하여금
나의 아들을 도와 대역사를 이루는 것
이거늘, 그것에 어찌 불평이 있으며
불만이 있을 수 있단 말이더냐?
24 창조주 나 여호와가, 죽어 나에게 왔
을 때 심판대에 서지도 못하고 지옥으
로 갈 수밖에 없는 그 삶을 살아가는
너희들을 선택하여 오늘의 이와 같은
영광을 주었으니,
25 그 영광을 준 그 아들을 위하여 너희
들이 조금 봉사하고 희생하는 것이 그
리도 억울하고, 거기에 계산이 필요하
며 대가가 필요하며 그 수고로움을 너
희들이 꼭 받아야 되며 얻어야 된다
생각하는가?
26 너희들이 정녕 그와 같은 계산법만 할
수 있고 그 이상의 계산법은 할 수 없
단 말이더냐?
27 사랑하는 나의 아들딸들아, 나의 아들
을 따르는 제자들이요, 나의 새로운
성경을 접한 너희들은 여기서 무너질
수도 없으며 중단해서도 아니 됨이니
라.
28 그러니 너희들 앞에 대한 그 계산법을
떠나서 정녕 나 여호와가 나의 아들을
통하여 내리는 그 계산법을 한번 생각
해 보라.
29 너희들이 강론을 들으며 새로운 성경
을 접하며, 그리고 너희들의 마음이
변하며 세상의 이치를 알며 하늘의 이
치를 알고 살아가는 은혜를 입었다면,
30 그 어리고 못난 그 자식을 위하여 너
희들이 그 자식에게 수고로움을 한다
하여 그 대가를 바라면,
31 그것이 나에게 받은 큰 것보다 더 크
니, 더 다른 상을 주기를 바라며 무엇
을 얻고자 한다면,
32 이것은 너희들만의 욕심의 계산법이
아닌가 내가 너희들에게 묻고 싶어 하
는 말이니라.

11,603 번째 하나님 말씀

2004년 6월 18일 07시 04분

1 사랑하는 나의 아들아!
2 "네, 아버님! 말씀하옵소서."
3 너희들이 나를 위하여 기도하고 경배
하느니라.
4 너희들이 나를 위하여 경배하고 정성
을 다하며 몸과 마음을 다하여 드리는
기도요, 너희들이 나를 위하여 생각한
다면,
5 '아버님! 감사합니다.' 그 말 한마디의
기도를 드릴 때, 온갖 정성으로 마음
의 다짐을 곧게 하여 드리는 그 기도
가 얼마나 아름답고 보기에 고운 모습
이던가?
6 그리고 그와 같이 드리는 기도가 내가
보기에 얼마나 아름답겠느냐?
7 인간 세상에서 자식을 낳아 기르며 너
희들이 말하느니라.
8 재롱부리는 어린 자식을 눈에 넣어도

아프지 않다는 그런 말로 표현함이니,
9 너희들이 정성을 다하고 몸과 마음을
다하여 진실하고 애절한 마음으로 나
에게 기도를 드리고 감사한 마음으로
기도를 드릴 때, 그를 바라보는 나 여
호와의 마음이 어떠하겠는가?
10 너희들이 육의 세상에서 자식을 눈에
넣어도 아프지 않다는 그와 같은 정성
이요, 그 기쁨보다도 더한 마음으로써
내가 그를 받아들인다는 것을 너희들
은 알겠느냐?
11 그러나 너희들이 정성을 다하지 아니
하며, 형식적이요, 지나가는 마음으로
써 어찌할 수 없이 남들이 보고 있기
에, 너희가 교회를 다니며 믿음의 길
을 가는 자이기에 고개 숙여 기도를
한다면,
12 너희들이 음식을 놓고 앞에 기도하는
것, 사람들 앞에 기도하는 모습을 보
이는 것이 모두가 얼마나 진실되고 정
성 어린 기도냐에 따라서 나 여호와가
기쁨으로 받아들이는 것이요, 나를 욕
되게 하는 기도가 된다는 것을 알라.
13 이제 나의 아들을 따르는 제자 너희들
은 단 한마디 '아버님! 감사합니다.'
그 말을 한다 해도 모든 정성과 마음
을 모아 모두를 다 바치는 마음으로
그리하라.
14 형식적인 기도요, 흘러가는 그 기도는
천 번 만 번 해도 나를 욕되게 하는 것
이요, 단 한 번의 기도를 드린다 해도
너희들이 눈물 어린 진정한 감사의 마
음으로 나를 찾는다면, 나 여호와의
기쁨은 너희들이 상상할 수 없을 것이
니라, 사랑하는 나의 아들딸들아!
15 이제는 나의 아들을 따르는 제자들이
요, 그리고 나의 새로운 성경을 읽고
깨우친 만백성, 너희들은 기도하는 자
세요, 살아가는 모든 모습에 정성을
다하며 정성스러운 모습으로 아름다
운 삶으로써 모두를 행하는 삶으로 변
해야 되는 것이니라.
16 행동이 변하면 마음이 변하느니라.
17 또 마음이 변하면 깨달음이 변하느니
라.
18 악은 악을 낳고 선은 선을 낳음이니,
아름다운 행위요, 정성을 다해 기도한
다면, 정성을 다하여 기도하는 너희들
의 마음이 더 훈련되고 굳어져 감이니,
19 그때 너희들의 정성의 기도가 얼마나
아름다운 것인가 너희들이 알 때 나도
알게 됨이니라, 사랑하는 나의 아들딸
들아!

11,604 번째 하나님 말씀

2004년 6월 18일 07시 12분

1 사랑하는 나의 아들아!
2 "네, 아버님! 말씀하옵소서."
3 나 여호와가 너희들을 하루아침에 단
번에 완벽한 지도자로서 변화시켜 쓸
수도 있으며 만백성을 다스리는 지도
자로서 내세울 수도 있음이니라.
4 그러나 그는 결코 있을 수 없는 것이
며 하늘의 법도가 아님이니라.
5 그렇다면 나 여호와를 어찌하여 공의
의 하나님이라 할 수 있으며 내가 정
의로운 창조주라 할 수 있겠느냐?
6 나는 누구나 다 똑같이 기회를 주며,
누구는 내가 은혜를 주며 특혜를 주어

역사하고 쓰는 그와 같은 것은 결코
있을 수 없음이니라.
7 나 여호와의 하늘의 법도는 그러한 것
이 없음이니라.
8 너희들도 다른 백성들과 같이 그 길을
가야 될 것이며, 그 속에서 변화되는
삶이요, 깨닫는 삶을 얻는 것이 진정
한 너희들 것이 아니더냐?
9 남으로부터 받는 깨달음이요, 내가 너
희에게 내리는 은혜로써 얻는 것은 고
통과 시련이 같이 동반하여 너희들이
스스로 깨우친 것이 아니기에,
10 너희들은 값진 줄을 모르며 그 소중함
을 모르며, 때에 따라서 무너질 수 있
는 것이기 때문에,
11 그와 같은 백성은 결코 만백성을 구하
는 지도자로서 거듭날 수 없음을 알아
야 될 것이니라.
12 너희들이 좁고 협착한 오르기 힘든 길
을 스스로 오면서 겸손과 고통과 시련
을 모두 체험하여 너희 것으로 만들면
서 그 속에서 변화되는 삶을 사는 것
만이 진정한 지도자로서 거듭나는 길
임을 절대 잊지 말라.
13 그러니 오늘의 시련이요, 오늘 겪는
모든 것에 대하여 너희들 자신이 두려
워 주저앉고 물러난다면, 지도자로서
거듭날 수 없는 것이요,
14 그 모두를 딛고 일어서면서 자신이 죄
인이며, 자신이 부족한 것이 어떠한
것이 부족한가를 스스로 알고 그를 고
치고 시정하여 보강하며 피나는 노력
의 삶을 사는 것,
15 그 삶 속에서 너희들이 어찌 살았느냐
에 따라 그 대가로써 모두를 얻고 잃
는다는 것을 잊지 말라, 사랑하는 나
의 아들딸들아!
16 나는 너희들에게 어떠한 은혜요, 혜택
도 주지 아니하며, 단 한 번에 천사와
같은 삶을 살 수 있도록 내가 능력을
부여함도 아님이니라.
17 사랑하는 나의 아들에게도 그와 같은
역사를 이루지 아니하였거늘, 내가 어
찌하여 그와 같은 역사를 이룰 수 있
다 생각하며 하늘의 법도가 그리될 수
있다 생각하는가?
18 결코 그는 있을 수 없음을 너희들은
알라.
19 너희가 충실한 삶의 생활 속에서 살면
서 움직이는 사랑의 그 열매요, 너희
들 자신이 그 열매를 맺지 아니하면
아니 되기 때문이니라.
20 너희들이 내가 거둘 수 있는 사랑의
열매를 여는 것은 무엇이더냐?
21 너희들이 씨를 뿌리고 너희 자신을 가
꾸고 보살펴 그 진통과 고통을 겪으면
서 내가 거둘 수 있는 사랑의 열매를
맺는 것은 너희들의 고유의 권한이요,
자유의지에 달린 것이니라.
22 다만, 너희들이 갈 수 없는 것을 명했
을 때 나 여호와가 공의의 하나님이
아니나, 너희들은 갈 수 있으며 행할
수 있으며 인간이기 때문에 그와 같은
삶을 살 수 있기 때문이니라.
23 너희들이 밝은 세상에 천지를 보지 아
니하고 살 수 없다 하나, 너희들이 눈
을 감아 버리면 모든 자연의 세상을
보지 아니하는 것이 아니더냐?
24 너희들이 이 세상을 보지 아니하며 이
세상과 더불어 살아갈 수 없다 하나,

눈을 감으면 아무것도 볼 수 없고 보
이지 않는 것처럼,
25 너희들이 마음 한 자리 비우면 천사가
되는 것이며 하늘에 오르는 백성이 되
는 것이요, 마음 하나를 버리지 못하
면 너희들이 사탄이요, 이단으로서 살
아가는 그 이치요, 의미를 알라.
26 눈을 감으면 세상이 보이지 않는 것처
럼 너희들의 마음도 일순간에 그리 변
화되어 버리면, 모두를 얻을 수 있으
며, 모든 광명 천지를 볼 수 있다는 것
을 알라.
27 지금 너희들은 눈을 감고 사는 자들이
니, 눈을 뜨라는 것이 나 여호와의 뜻
이요, 160권의 새로운 성경을 나의 아
들을 통하여 이 어렵고 힘든 길을 역
사하는 것도 그 모두 다 눈이 감겨져
있는 너희들은 눈을 뜨라 함이니라.
28 곧 바로 무어라 하였느냐?
29 너희들은 지금 죽은 자요, 죽음의 세
상에서 사는 자이니,
30 너희들이 죽음에서 구원받는 것, 거듭
나는 것이, 너희 육이 무엇이기에 육
이 죽은 다음에 이루어지겠는가?
31 너희의 육의 죽음은 나에게는 의미가
없음이니라.
32 너희들이 말하는 인간의 죽음으로 그
때 다시 거듭나는 것이 아니요, 지금
의 너희들의 삶이 죄를 짓고 살기에
무덤 속에 있는 자요, 죽은 자라 하였
음이니라.
33 그러니 그 죽은 자들 속에서 눈뜬 자
가 어디 있겠느냐?
34 그러니 너희들을 살리고자 하며 너희
들의 눈을 뜨게 하고자 하는 것, 눈을
뜨고 광명 천지를 보라 함이니라.
35 눈을 감으면 세상이 보이지 않듯이,
눈을 뜨고 하늘의 뜻이요, 광명의 천
지를 정녕 너희들이 보도록 하라는 것
이 나 여호와의 뜻임을 알라.

11,605 번째 하나님 말씀

2004년 6월 18일 07시 18분

1 사랑하는 나의 아들아!
2 "네, 아버님! 말씀하옵소서."
3 지금 너희들이 하고 있는 일이 무엇이
더냐?
4 너희들이 하고 있는 사업이 인간 세상
의 사업이라 생각하면, 너희들보다 더
큰 역사요, 더 큰 사업을 이루는 백성
이 어디 있으며 그 길을 위하여 역사
하는 백성이 어디 있단 말이더냐?
5 지금 수천 년 동안 흘러오면서 젖어
든 나의 피조물 만백성 그들의 악습과
그들이 잘못 살아온 그것이요,
6 더욱이 우리 부자의 이름을 팔아 오늘
까지 잘못 이끌어 오는 종교 집단의
지도자 그 모두를 단죄하며 그들이 거
듭나는 그 변화를 이루니,
7 이보다 더 큰 개혁이요, 이보다 더 큰
변화의 역사를 시도하는 사람이 어디
있으며 그를 이끌어 가는 사람이 과연
어디 있단 말이더냐?
8 그것뿐이더냐?
9 모든 인성이요, 너희들이 가지고 있는
인간의 생각이요, 그 마음까지도 모두
를 다 개혁하는 이와 같은 위대한 개
혁의 역사가 어디 있으며, 이보다 더
큰 역사가 어디 있단 말이더냐?

10 너희들은 백 년도 못 살고 죽어 가는 육의 삶에 재산이요, 부귀영화를 누리는 것이 너희들의 사업이요, 인간의 삶의 목적이라 그리 생각하지 말고,

11 지금 대개혁의 바람 속에 대개혁의 바람을 이루고 있는 그 사업이 얼마나 위대하고 방대한 사업이며, 여기에 선택된 것이 얼마나 위대하고 귀한 백성인지 알겠느냐?

12 모두를 심판하는 거기에 심판자로서 너희들이 거듭나지 아니하였더냐?

13 바로 나의 아들을 따르는 제자 너희들이 심판관이라 하였음이니, 그 심판관이 무엇이더냐?

14 옳고 그른 것을 처벌하는 것만이 심판관이라 하더냐?

15 잘못된 것을 바로 가르치고 깨우치는 것도 선생이기 전에 더 무서운 심판관임을 너희들은 알아야 될 것이니라.

16 모든 종교 집단의 썩고 썩은 것을 지금 대개혁을 이루니, 그 종파의 수가 얼마나 많으며 거기에 맹종하는 백성들이 얼마나 많이 있더냐?

17 그 모두를 다 뒤엎으며 그 모두를 다 불사르며 유황불에 던져 버려 개혁을 이루는 그와 같은 역사를 하니,

18 그보다 더 큰 사업이 어디 있으며 그보다 더 큰 역사함이 어디 있단 말이더냐?

19 너희들은 해 볼 만한 사업이 아니더냐?

20 내가 인간적인 면에서 너희들에게 인간적으로 묻노라.

21 이와 같이 방대한 대개혁이요, 위대한 사업을 한다면, 너희는 한번 여기에 모두를 다 바쳐 볼 만한 가치가 있는 사업이 아니더냐?

22 작은 나라요, 작은 집단에 권력을 쥐는 것, 그리고 혁명을 하는 것, 개혁을 하는 것, 반란을 하는 것, 거기에도 너희들이 모두를 다 바치고 역사하는 것이며, 거기에 의의가 있고 또 보람이 있는 것이니라.

23 그러니 너희들은 이 세상의 모두를 다 개혁하며 이 모든 틀을 바꾸는 그 역사의 소용돌이 속에서 그 대명을 수행하는 것이 얼마나 소중하고 귀하고 보람 있는 일인가, 인간적으로 한번 생각해 볼 수는 없는가?

24 인간 세상에서 이보다 더 큰 개혁이요, 이보다 더 큰 사업이요, 이보다 더 큰 일이요, 이보다 더 큰 보람된 일이 있으면 한번 말해 보라 하라.

25 남자로서, 여자로서 세상에 인간으로 태어나서 누구도 할 수 없는 엄청난 대개혁을 이루는 그것은 한번 해 볼 만한 일이 아니던가?

26 그리고 모험할 만한 일이 아니던가?

27 한 번 정도는 너희들이 모두를 다 바쳐 해 볼 만한 일이 아니더냐?

28 모두가 잘못되었으며 모두가 방황하며 이대로는 인간 세상에 하늘나라요, 땅에서 하늘의 나라가 이루어질 수 없다는 것을 너희들은 다 알고 있음이니,

29 알고 있기에 그를 바로잡기 위하여 대혁명의 역사를 이룬다는 것, 인간으로서 해 볼 만한 것이며, 한번 태어난 생명을 가진 사람으로서 해 볼 만한 일이 아니더냐?

30 내가 인간적인 질문을 너희에게 함이니라.

31 더욱이 이는 말로써 이루는 것이 아니
요, 말로써 개혁하는 것이 아니라, 나
여호와가 너희들에게 자료를 주었으
며, 새로운 성경을 주었으며, 160권의
새로운 성경을 책으로써 근거하여, 너
희들이 나가서 다스리고 싸워서 이길
수 있는 모두를 다 주었거늘,
32 이를 접한 백성들이 어찌하여 그리 나
약하며, 아직도 꿈에서 깨어나지 못하
며, 너희들이 해야 할 일이 무엇이며,
대명이 무엇인지 모르고 이리도 너희
들이 방황한단 말이더냐?
33 인간적으로 해 볼 만한 가치가 있으며
해 볼 만한 사업이며, 목숨을 바쳐 모
두를 이룰 만한 대개혁의 사업이 아니
더냐?
34 더구나 나 여호와요, 하늘의 뜻을 개
혁하는 너희들이 어찌하여 지금도 너
희 자신이 깨어나지 못하고 그리 불안
해하며 초조해하며 용기와 자신이 없
는 삶을 살아가는 어리석은 백성들이
란 말이더냐?
35 나 여호와를 더 이상 괴롭히지 말며,
나 여호와를 더 이상 근심케 하지 말
며, 나를 더 이상 슬프게 하지 말라.
36 두 주먹 불끈 쥐고 자리를 차고 일어
나 이 대개혁에 너희들이 참여한 것에
목숨을 바치고 충성을 다하여 이를 이
루도록 하여,
37 만백성을 구하며 하늘로부터 나에게
은혜를 받으며 나에게 기쁨을 선사하
는 너희들이 되도록 하라.
38 그 용기를 갖도록 그리 전하라, 사랑
하는 나의 아들아!

11,606 번째 하나님 말씀

2004년 6월 18일 07시 27분

1 사랑하는 나의 아들아!
2 "네, 아버님! 말씀하옵소서."
3 너희들이 인간 세상에 살아가면서 환
자에게 먹이는 약을 지으러 가는 자와
그 약을 달이는 자의 정성에 따라서
그 약을 마시는 환자의 정성에 따라서
달라진다는 말을 서슴없이 함이니라.
4 그뿐이더냐?
5 너희들이 떡을 지음에 있어서 '정성을
다하여 떡을 지었을 때 그 떡이 잘 익
는다.' 그리 서슴없이 말하느니라.
6 그뿐이더냐?
7 똑같은 재료로써 똑같은 사람이 음식
을 만듦에 그가 정성을 쏟음으로 인하
여 그 음식의 맛이 다르다는 말을 하
느니라.
8 그것이 바로 무엇이더냐?
9 너희들이 정성을 다하며 혼을 다함이
니, 너희들의 영혼의 그 능력으로써
그 모두가 만들어지고 이루어진다는
것을 어찌하여 깨닫지 못하더냐?
10 너희들이 육으로써 만드는 그저 흘러
가는 마음으로 만드는 것과 너희들이
혼을 다하고 정성을 다하여 만들면 너
희들의 영혼이 그 역사를 이루어 준다
는 것을, 그와 같은 의미요, 깨달음을
알아야 할 것이니라.
11 거기에는 혼이 있고 영혼이 깃들어 있
기 때문이라는 것을 너희들은 알아야
될 것이니라.
12 이제 너희들이 그와 같은 은혜를 입은
백성들이요, 하늘의 이치를 볼 수 있

으며, 영혼이요, 성령을 움직일 수 있
는 능력이 또한 있음을 알아야 할 것
이니라.
13 온갖 심혈을 기울이고 정성을 들일 때
거기에는 너희들의 혼이 심어지며, 영
혼이 거기에 너희를 돕고 역사하도록
이끌어 가기 때문에 모든 변화가 있음
이니, 육의 세상에서 흘러가는 말이
근거 없는 말이 아님을 알라.
14 정성을 다하여 만들었을 때 너희들의
혼이 거기에 심어짐이니, 그 모두가
변화되는 것이요,
15 너희들이 정성을 들인 만큼 혼이 너희
들을 도와줌이니, 그 떡이 익을 것이
며, 음식 맛이 다를 것이며, 그 약으로
써 병자를 고칠 수 있는 것이니, 정성
을 다함이 얼마나 중요한 것인지 알겠
느냐?
16 영혼이 너희를 도울 수 있는 능력을
얻어 냄이라 그리 생각하고 살도록 그
리하라.
17 사랑을 하는 것, 그리고 너희가 모두
를 구원하는 것, 나의 아들을 따르는
제자 너희들은 나의 160권의 성령을
접하고 가는 것을 그와 같은 마음으로
하여, 혼과 영혼이 너희들을 도울 수
있도록 최선을 다하라.
18 그러면 모두가 다 얻어질 것이며 모두
가 이루어질 것이니라.
19 너희들이 정성을 들이지 아니하고 노
력하지 아니한다면, 영혼이 너희들을
돕지 않을 것이며 너희들의 혼이 돕지
아니할 것이니라.
20 너희들이 그와 같은 이치를 안다면,
오늘의 160권의 법전을 만드는 데 너
희들의 혼을 심으며 영혼을 거기에 다
부을 수 있도록, 그 영혼과 혼이 너희
들을 도울 수 있도록 노력하는 마음
자세를 가지고 거듭나라.
21 그렇지 아니하면 너희들이 이룰 수 없
을 것이요, 그렇게 한다면 못 이룰 것
이 없을 것이니라.
22 인간이 이루고자 하는 것도 이루거늘,
인간의 그 위에 있는 영혼이요, 혼이
너희들을 돕고자 함이니,
23 이는 내가 너희를 돕는 역사가 됨이
니, 거기에서 못 이룰 것이 어디에 있
으며 이루지 못할 것이 어디 있단 말
이더냐?
24 그러니 모든 백성 너희들은 삶에 있어
서 정성을 다하라.
25 그리고 너희들의 몸과 마음을 다 바쳐
충성을 다하고 열과 성의를 다하라.
26 그리하여 너희들의 영혼이 감동하여
내가 그들에게 움직일 수 있도록 허락
을 내릴 수 있는 모든 정성을 다하는
삶을 살도록 하라.
27 160권을 만드는 제자들이요, 160권을
가지고 만백성에게 전하는 너희들이
있기 때문에, 하늘의 비밀을 내가 이
와 같이 기록하여 너희들에게 전함이
니, 혼이, 영혼이 너희들을 도울 수 있
도록 최선을 다하라.
28 너희들이 정성을 들이면 떡이 잘 익으
며, 정성을 다했을 때 모두를 역사할
수 있다는 것, 그 의미를 너희들은 알
고 있지 않으냐?
29 그와 같은 것을 알면서도 어찌하여 정
성을 다하지 않느냐?
30 혼이 동원되었을 때, 똑같은 재료를

가지고 똑같은 사람이 만들어도 그 음식 맛이 다르며 음식의 진가가 다르다는 것을 알면서, 정성과 혼을 다하여 역사하는 일을 하지 아니하는 것이 너희들이니,
31 게으르며 태만하며 충성치 아니하고 최선을 다하지 아니하여 너희들이 아무것도 얻지 못하며 보지 못함이니, 이것이 하늘의 비밀이니라.
32 충성을 다하고 정성을 다했을 때 너희들의 영혼이 너희들을 도움이니, 그는 나의 허락에 의한 것이요, 내가 너희를 돕는 것이라는 그 무서운 사실을 알라.
33 기도하는 자, 무엇을 깨우치고자 도를 닦는 자, 그들이 마음을 비우고 정성을 다했을 때, 무서운 파괴력이요, 역사하는 것은,
34 내가 너희들의 정성이요, 너희가 나에게 바치는 혼을 내가 알기에 너희들에게 능력을 부여해 주며 기회를 주는 것이며 그 상을 내려 줌이니, 나는 누구든 구분하지 않느니라.
35 정성을 다하고 혼을 다하여 노력할 때는 얻을 수 있음을 알라, 사랑하는 나의 아들딸들아!

11,607 번째 하나님 말씀

2004년 6월 18일 07시 33분

1 사랑하는 나의 아들아!
2 "네, 아버님! 말씀하옵소서."
3 너를 따르는 제자 '김윤수' 그 여인에게 나의 뜻을 전하도록 그리하라.
4 그가 사람을 가르치며 제자를 가르침이니, 하나의 문제를 놓고 설명을 하고 또 설명을 해도 그걸 알아듣지 못할 때, 제 마음이 얼마나 답답하다 생각했는가 한번 그에게 물어보라.
5 그러면서 알지도 못하는 자가 열심히 하지 아니하며, 알지도 못하는 자가 아는 체를 한다면, 네가 선생으로서 그 마음이 어떠한 것인지 물어보라 그리 전하라.
6 그러니 그에게 전하라.
7 네가 지금 알려 해도 알지 못하는 것이 있으며, 네가 알려 해도 알지 못하는 한계가 있음이니라.
8 그러니 네가 알지 못하는 것을 알려 하지 말며, 알지 못하는 것을 지금 알려 하지 말라 그리하라.
9 가르치고 또 가르치고 이해를 시키면 결국 그를 알아듣듯이, 너는 스스로 기다리고 기다리며 네가 이 길을 가면 네가 모두를 알 때가 있음이니라.
10 간단한 문제 하나를 풀지 못하는 답답한 그 학생처럼 네가 지금 그와 같이 답답한 속에 있음을 너는 알아야 될 것이니라.
11 알지 못하는 것, 이해하지 못하는 것을 지금 네가 알려 해도 알 수 없느니라.
12 계속 가르치고 가르쳐야 알 때처럼 네가 스스로 고통을 겪고 스스로 견디고 역사할 때 그 모두를 얻을 수 있음이니라.
13 다만, 내가 너를 선택하여 나의 아들을 보살피라 했음이니, 너는 그 상을 반드시 받았음을 알아야 될 것이니라.
14 내가 너에게 그 대가의 상을 내리지

아니하고 나의 아들을 따르라 한 적이
없으며, 그와 같이 내가 공평하지 못
한 처사를 하지 아니함이니, 너는 받
음이 있음이니 그리 알라.
15 네가 지금 아직은 모르느니라.
16 그리고 네가 아직은 깨달을 수가 없음
이니라.
17 모르는 것을 억지로 알려 하지 말며,
모르는 것을 억지로 해답을 찾으려 하
지 말라.
18 묵묵히 나의 성경을 정독하며 강론을
듣고 세월이 지난 다음에 그 모두를
알게 될 것이니라.
19 그때는 나로부터 받은 은혜가 어떠한
것이며 상이 어떤 것이며, 네가 어리
석었음을 알게 될 것이니,
20 네가 등을 지고 떠나는 것, 네 마음이
돌아서는 것, 그것이 어떠한 결과를
갖는다는 것을 너는 모를 것이니라.
21 내가 너를 특별히 사랑하기에, 내가
너를 귀히 여기기에, 네가 바로 갈 수
있기에, 나의 새로운 성경에 네 이름
석 자를 기록하여 만백성에게 전함이
니,
22 후세는 네가 살아온 그 길을 말할 것
이니라.
23 네가 남아 나의 아들을 따라갔을 때
오늘의 공이요, 네가 역사한 것을 상
세히 기록하여 후세들이 그를 볼 것이
며 그와 같은 뜻을 알 것이며 그와 같
은 제자가 있었음을 알게 될 것이니
너는 그리 알라.
24 모르는 것을 알려 하지 말라.
25 세월을 기다리고 인내하라.
26 그러면 알 것이니라.
27 모르는 제자를 네가 등 돌리고 버리면
되겠느냐?
28 계속 가르치고 가르치면 그가 알아듣
고 깨닫지 않겠느냐?
29 그 이치를 지금 네가 겪고 있음을 알
아야 될 것이니라.

11,608 번째 하나님 말씀

2004년 6월 18일 07시 36분

1 사랑하는 나의 아들아!
2 "네, 아버님! 말씀하옵소서."
3 너희는 알아야 되느니라.
4 하늘에 들어오는 그 문이 얼마나 좁고
좁은 문인 줄 알겠느냐?
5 너희들이 생각하기에는 크게 열려 아
무나 시장 바닥을 드나들듯이 그저 들
어왔다 나가는 그와 같은 문이라 착각
하지 말라.
6 너희들이 들어오는 문은 작고 그 길
또한 협착하기에 얼마나 어렵고 힘든
길인 줄 알겠느냐?
7 그저 아무나 들어갈 수 있게 열어 놓
은 큰 집 대문처럼 마음대로 들어오는
넓은 문이 아님이니라.
8 좁고 힘든 길이요, 협착한 길을 걸어
와야만 그 문을 들어올 수 있음이니라.
9 그리하여 나의 아들딸들에게 작은 거
짓말도 하지 말며 농담의 거짓말도 함
부로 하지 말라 했음이니라.
10 농담의 거짓말도 이익에 관계되는 그
와 같은 농담의 거짓말이 얼마나 너희
들에게 큰 죄가 되는 줄 알겠느냐?
11 그리하여 내가 너희들에게 작은 사랑
하나도 소홀히 하지 말며 그를 버리지

말며 지워 버리는 그와 같은 행위를
하지 말라 하지 않았더냐?
12 그러니 그것을 반대로 돌아다보라.
13 작은 사랑 하나라도 놓치지 말고 소홀
히 하지 말며 꼭 행하고 실천하는 삶
을 살라 함이니라.
14 그 작고 큰 것으로써 너희들이 그 작
고 힘든 문을 들어오는 것이 아니요,
15 작고 큰 것이 없이 너희들이 베풀며
사랑을 행하며 작은 것도 소홀히 하지
않는 그와 같은 마음을 가지고 사는
백성들이 바로 나에게 오를 수 있는
삶을 살아가는 백성이기 때문이니라.
16 너희들이 지금 모든 걸 소홀히 살아가
면 나에게 오를 수 없음이니라.
17 그러니 삶의 길을 작은 것까지도 모두
행하며 놓치지 아니하며, 큰 것, 작은
것을 다 귀히 여기고 함부로 하지 않
는 것, 사랑을 베풀 수 있는 것을 소홀
히 하지 말고 삶을 살아가도록 그리하
라.
18 너희들은 작은 사랑을 실천함으로 인
하여 나의 백성들을 구할 수 있는 기
본이 되며 기초가 거기서 다스려지며,
만백성을 구하는 거듭나는 역사를 볼
수 있으며 그 역사를 얻을 수 있기 때
문이요,
19 너희들로 하여금 만백성을 구하지 아
니하면 구할 수 없기에, 너희들은 모
두를 다 하나도 오류가 없이 완벽하게
가야 되는 것이 너희들의 삶이라는 것
을 절대 잊지 말며, 모두를 지우라.
20 눈을 감으면 세상을 볼 수 없듯이, 모
든 마음을 열면 광명 천지를 보니, 그
광명 천지를 보게 되면 너희들이 역사
하지 못하고 행하지 못함이 없음을 알
라, 사랑하는 나의 아들딸들아!

11,609 번째 하나님 말씀

2004년 6월 18일 07시 43분

1 사랑하는 나의 아들아!
2 "네, 아버님! 말씀하옵소서."
3 인간 세상에서 살아가면서 너희들이
남을 불러 그 노동력으로써 일을 시킬
때, 과연 그 대가를 주지 아니하고 시
키는 자가 어디 있느냐?
4 너희들이 모든 대가를 반드시 지불하
며 남의 노동력을 사용하는 것이 아니
더냐?
5 그리고 남을 부렸을 때는 반드시 그
대가를 지불하는 것이 인간 세상에 너
희들이 살아가는 법도이니라.
6 하물며 나 여호와가 나의 아들을 돕는
너희들을 불러 씀에 너희들에게 그와
같은 대가요, 인건비를 주지 아니하였
으며 그 보상을 하지 아니하고 내가
너희들을 불러 쓴다 생각하느냐?
7 모든 나의 아들을 따르는 제자라 명한
자, 너희들은 들어야 될 것이니라.
8 너희들이 지금 나의 성전에 와 나의
아들을 통하여 내리는 강론을 들으며
나의 새로운 성경을 가지고 너희들이
공부하고 깨우치는 것,
9 너희들이 한 번 올 때마다 그 대가를
이미 내가 미리 다 주었으며 너희들에
게 그 인건비를 다 지불했음을 알라.
10 인건비보다도 더 귀하고 소중한 사랑
을 다 주었으며, 고비마다 넘길 수 없
는 걸 넘길 수 있도록 내가 너희들에

게 그 대가를 지불하고 지금 내가 불
러 쓴다면 너희들은 과연 어찌하겠느
냐?
11 나의 아들을 돕는다 하여 그것을 너희
들이 자랑으로 생각하지 말며, 그 대
가요, 보수를 받으려 한다는 것은 너
희들의 계산법이 잘못되었음을 알아
야 될 것이니라.
12 내가 새로운 성경에 기록하여 너희들
에게 전함이니, 너희들이 나의 성전에
와 앉아 있는 것, 그리고 나의 아들이
내리는 강론을 듣는 것, 그리고 새로
운 성경을 만드는 제자 너희들은 다
들으라.
13 내가 너희들을 불러 앉혀 쓸 만큼 내
가 모든 은혜요, 상으로써 너희들에게
주었음을 알라.
14 대가 없이 내가 너희들을 불러와 쓰도
록 하지 아니하며, 대가 없이 나의 아
들을 돕도록 하는 것이 아님을 너희들
은 알아야 될 것이니라.
15 어찌하여 대가를 받은 자가 그 대가만
큼 하지 아니하고 떠나며 등 돌리고
가려 하는가?
16 이와 같은 이치를 너희들이 알아야 될
것이니라.
17 나는 무상으로 너희들을 불러 쓴 사실
이 없으며, 무상으로 나의 아들을 돕
게 한 일이 없음이니, 그를 알도록 그
리하라.
18 내가 너희들에게 무어라 하였느냐?
19 남의 재물을 가지고 있음이니, 능력이
있는 자에게 없는 자가 와서 그를 달
라 요구할 때, 그는 나 여호와가 있는
자에게 그의 재산을 보관시켜 둔 것이
니, 너희들은 주는 자가 되라 하였거
늘,
20 그와 같이 공평한 공의의 하나님이요,
너희들이 말하는 전지전능한 아버지
가 나의 아들이 가는 길을 돕는 그 길
을 역사하며 같이 가는 너희들에게 그
대가를 주지 아니하며 지불하지 아니
하고 너희들을 쓸 수 있단 말이더냐?
21 나의 아들을 돕는 너희들에게 내가 그
수고비요, 대가를 주지 아니하고 불러
쓰지 아니함을 알라 그 제자들에게 그
리 전하라.
22 너희들은 이미 모두를 다 받았느니라.
23 그러니 버리고 떠나든 떠나지 않든,
그 대가를 지불하든 말든 그것은 너희
들의 자유에 달렸으니, 네 계산법대로
그리하라.
24 받은 만큼 너희들이 모두를 다했다면
떠나도 됨이니라.
25 너희들이 품삯을 받은 만큼 일하고 너
희 집으로 돌아가듯이, 너희들이 나로
부터 받은 만큼 일했다고 생각하는 자
는 떠나도 관계없음이니 그리 알라 전
하라.
26 사랑하는 나의 아들아!
27 아버지인 나 여호와가 너를 돕는 그
모든 백성들에게 도운 만큼 그들이 도
와서 역사하는 것만큼 미리 나 여호와
가 그 대가를 지불했음을 알라, 사랑
하는 나의 아들아!
28 그냥 무상으로 데려오는 자가 아니요,
그대로 무상으로 나의 성전에 앉혀 놓
는 자들이 아니니,
29 나의 성전에 와 앉고 안 앉는 것에 네
가 너무 부담 갖지 말며, 미안한 생각

하지 말며, 네 마음이 흔들리는 그와
같은 일을 하지 말라.
30 그들에게 모두를 아버지가 다 지불했
으며 그 품삯을 주었음이니, 어리고
부족하고 못난 나의 아들을 도와 역사
하고 노력하는 만큼 나는 열배 백배
너희들에게 주었음을 알라 그리 전하
라.

11,610 번째 하나님 말씀

2004년 6월 18일 07시 48분

1 사랑하는 나의 아들아!
2 "네, 아버님! 말씀하옵소서."
3 새로운 성경을 듣고 내가 나의 아들을
통하여 내리는 새로운 성경을 만들고
전하는 그 모든 일은 이 세상에 어느
누구도 너희들을 따를 수 없으며, 너
희들보다 귀하고 소중한 백성이 없음
을 알아야 될 것이니라.
4 나의 성령을 가지고 기록하여 만들고
전하는 너희들을 보고 지금의 모든 종
교 집단의 지도자요, 그와 같은 자들
이 사탄이라 아무리 아우성치고 뭐라
하든,
5 마귀라 하며 너희들에게 삿대질하며
핍박을 하든, 마귀요, 사탄의 괴수라
너희들을 핍박하고 욕을 하든, 너희들
을 능멸하려 대든다 해도 너희들은 전
혀 관여하지 말라.
6 저희들이 아무리 무어라 한다 해도 인
간의 교리를 가지고 공부하는 자들이
요, 인간이 가르치는 신학이라는 교육
의 수준에서 저희들이 무엇을 깨달았
다는 그와 같은 능력을 갖고는 절대
너희들을 대적할 수가 없으며, 너희들
을 이길 수가 없으며, 너희들을 깰 수
가 없는 것이니라.
7 반드시 저희들이 무너질 것이니라.
8 너희들이 바위를 계란으로 치면 과연
어찌 되는가?
9 우선 계란이 깨짐이니라.
10 그와 같은 형국이 될 것이니, 너희들
은 그를 알라 그리 전하라.
11 그와 같은 형국이 이루어지는 것을 지
금 저희들이 그리하고 있음이니라.
12 인간의 교리를 가지고 인간의 신학적
인 공부를 가지고 배운 능력과 그 기
능으로써는 절대 너희들을 공격할 수
없으며 무너트릴 수 없다는 것을 알라.
13 어떠한 형태의 변화가 생기고 일어난
다 해도 절대 너희들은 동요하지 말라.
14 그리고 새로운 성경을 만들고 전하는
데 최선을 다하며, 이를 읽고 정독하
라.
15 그리고 정 힘들고 어렵거든 너희들이
나에게 기도하라.
16 '아버님 저의 죄를 용서하여 주옵소
서. 아버님 뜻대로 살아갈 수 있는 용
기를 주옵소서.'
17 그와 같은 정성을 다한 애절한 기도를
할 때, 너희들은 모두를 얻을 수 있는
지혜를 얻게 될 것이니라.
18 이 세상은 나 여호와의 주관하에 이루
어지며 내가 역사함이니, 안 이루어지
는 것이 없을 것이며 이루어지지 아니
하는 것이 없으며,
19 아무리 방대하고 큰 조직이요, 역사한
것이라도 하루아침에 무너지지 아니
한 것이 없음이니, 너희들은 그와 같

은 이치를 깨닫고 최선을 다하라.
20 내가 이룰 수 없는 것이 없다면 내가
파괴하지 못할 것도 없다는 것을 알라.
21 나 여호와가 그와 같음을 너희들은 알
고 있지 않으냐?
22 그러니 너희들이 나의 새로운 성경을
만드는 데 동요하지 말며 흔들리지 말
며 최선을 다하는 노력을 보일 때,
23 네가 가지고 있는 능력이요, 너희들이
가지고 있는 모두를 다 바쳐 나의 새
로운 성경을 만들고 전하고자 노력하
는 그 모습을 볼 때, 나 여호와의 기쁨
이 이루 말할 수 없으며,
24 너희들이 정성을 들인 만큼 내가 너희
들에게 힘을 실어 주며 너희들에게 지
혜를 준다는 것을 절대 잊지 말라.
25 정성을 다했을 때 안 될 것도 된다는
그 의미가 거기에 있음을 너희들은 이
제 알지 않았느냐?
26 사랑하는 나의 아들딸들아, 너희들이
야말로 이 세상에서 가장 정의로운 백
성으로 거듭나야 될 것이니라.
27 한 점의 부끄러움이 없이 살아가는 삶
이요, 나의 계명대로 살아가는 백성들
이요, 나의 새로운 성경대로 살아가는
백성은 오로지 너희들밖에 없음이니,
28 너희들이 바로 하늘의 뜻을 역사하는
것이요, 내 뜻을 따라 이 세상을 개혁
하는 것은 너희들밖에 없다 함이 여기
에 있음을 알라, 사랑하는 나의 아들
딸들아!

11,611 번째 하나님 말씀

2004년 6월 18일 07시 55분

1 사랑하는 나의 아들아!
2 "네, 아버님! 말씀하옵소서."
3 나의 아들을 통하여 160권의 새로운
성경이 세상에 내려가기 전에, 너희들
이 이에 맞춰서 더불어 같이 나의 새
로운 책이요, '하나님! 말씀하옵소서.',
'하늘에 오르는 길'이라는 그 책이 같
이 나오도록 하라 하였음이니,
4 너희들은 그 말을 듣고 불안해했으며
공포에 떨었으며, 결코 이는 이룰 수
없으며 역사할 수 없는 것을 나 여호
와가 너희들에게 말한다 그리하느니
라.
5 그러나 정성을 다하여 들여다보면 그
길이 있으니, 내가 너희들에게 무어라
말하였느냐?
6 나 여호와가 나의 아들을 통하여 나의
새로운 성경에 기록하는 내용이요, 그
리고 그를 통하여 너희들에게 전하는
모두는 이룰 수 있는 것이며 역사할
수 있는 것이며, 이미 그것이 진행되
고 있음이라 내가 그리하지 아니하였
더냐?
7 그러니 너희들이 십계명을 지킬 수 없
다는 그 백성들과 다른 것이 무엇이더
냐?
8 내가 직접 친필로 써 내린 그 십계명
을 지킬 수 없다는 것이 죄의 가장 큰
온상이었으니,
9 나의 아들이 160권의 새로운 성경을
마칠 때, 너희들도 더불어 새로운 나
의 160권의 책이 세상에 바로 나올 수

있도록 모두 연필을 같이 놓을 수 있
도록 그 모두를 다하라 그리하였으니,
10 너희들은 이는 이룰 수 없는 것을 하
라 함이요, 이는 할 수 없는 것을 나
여호와가 하라 한다 하여 생각도 하지
아니하며 계획도 하지 아니하며 노력
도 하지 아니하는 것이 나의 아들을
따르는 제자 너희들의 마음의 상태요,
너희들의 믿음이니라.
11 그러기에 너희들이 나의 아들 예수를
팔고 버렸던 그 제자들과 다른 점이
없다 하였음이니라.
12 내가 너희들에게 그리할 수 있으며 그
리하라 했다면, 내가 모든 준비를 다
해 놓았음이니라.
13 그러니 너희들이 정성을 다하고 마음
을 다하여 그를 찾으면 될 것을 찾지
도 아니하는 것이니라.
14 내가 있다면 너희들이 찾아야 될 것이
아니더냐?
15 너희들이 어린 시절에 선생을 따라 야
유회를 감이니, 선생이 보물을 숨겨
놓은 것을 찾으라 하여 종이에 써서
여기저기에 감춰 놓고 상품을 그득히
쌓아 놓았음이니,
16 너희들은 그 선생이 상품 숫자만큼 그
이름을 종이에 써서 숨겨 놓지 아니하
고 찾으라 한단 말이더냐?
17 결코, 선생은 그러하지 아니하니라.
18 너희들 앞에 보이는 그 상품의 숫자만
큼 그 이름을 정확히 기록한 그 선생
은 나무 밑에, 돌부리 밑에, 흙 밑에
그를 숨겨 놓고 사랑하는 제자들이 그
를 찾아오기를 바라는 것처럼,
19 너희들은 어찌하여 내가 너희들에게
무엇을 하라 했을 때 내가 그를 준비
해 놓지 아니하고 내가 말로써 허황되
고 부질없는 것을 나의 아들을 통하여
너희들 앞에 그 모습을 보인다 생각하
느냐?
20 내가 너희들에게 명한 것은 할 수 있
으며 찾는 것은 너희들이니라.
21 어린 시절에 선생이 숨겨 놓은 것을
찾는 것은 선생이 찾더냐?
22 그것은 다 그 제자들이 찾아서 상품을
받아 가듯이, 나는 준비되었다 했음이
니, 준비된 것을 찾아 준비하는 것은
너희들에게 달렸으니, 너희들이 게을
리하지 말며 소홀히 하지 말라.
23 이것이 나의 아들을 가장 가까이 따르
는 제자 너희들이 잘못된 것이요, 바
로 가까이 따르는 제자들이 예수를 팔
았듯이 너희들이 나의 아들을 팔 수
있는 자들이니라.
24 그리하여 등 돌리고 떠나는 것이 바로
무엇인지 아느냐?
25 지금 너희들이 나의 아들을 파는 자
요, 나의 아들에게 등을 돌리는 것과
예수에게 한 행위와 똑같은 것이니,
그것이 뭐가 다르단 말이더냐?
26 나는 명한 것을 세상에 모두 다 준비
했으며, 너희들이 정성을 들여 찾으면
찾을 수 있으며 할 수 있는 것이 다 되
어 있음을 알라.
27 모두가 다 그리되어 있으니, 그를 하
기 위하여 너희들이 어떠한 머리를 쓰
고 어떠한 노력을 해야 되는가?
28 이제 나의 아들 주변에 있는 너희들은
머리를 모아 연구하도록 그리하라.
29 연구하고 노력하면 모두가 다 거기에

있음이니라.
30 무엇이 두려우며 무엇을 겁먹는가?
31 너희들이 재정으로써 계획을 세우며
재물이 필요하면 내가 줄 것이니라.
32 너희들이 정성을 다하여 연구하고 계
획한 것은 내가 그것이 정답이므로 나
여호와가 너희들에게 혼을 심어 줄 것
이니, 너희들 스스로 하늘의 지혜를
얻어 못 이루는 것이 없거늘,
33 계획하지도 아니하고 생각하지도 아
니하고 접어 두는 너희들이 어찌하여
십계명을 지킬 수 없다는 그 백성보다
도 더 모자란 백성이며, 어리석은 백
성이며, 잘못된 백성이라는 깨달음도
얻지 못하느냐?
34 오늘 이후부터 나의 성경에 기록되어
있는 것, 나의 아들이 너희에게 전하
는 이야기, 그 모두는 너희들이 최선
을 다하여 찾아보고 연구하라.
35 그러면 모두를 할 수 있을 것이니라.
36 그러니 나의 아들이 160권이 끝날 때
160권의 책이 더불어 세상에 같이 나
올 수 있는 그 길을 가도록 하라.
37 그것이 가까이 있는 너의 제자들이 할
수 있는 길이니 찾으라.
38 정성을 들여 다하라.
39 정성을 다하면 익지 않는 떡도 익는다
하지 않느냐?
40 정성을 다하면 낫지 못하는 환자도 낫
는다 하지 않았더냐?
41 정성을 다해야만 그저 만드는 음식도
그 맛이 다르다고 하지 않았더냐?
42 어찌하여 그와 같은 위대한 역사의 가
르침을 모른단 말이더냐?
43 너희들의 생활로써 너희들 것으로 만
들지 아니하면 천날 만날 수천수만 가
지를 들어도 다 필요 없는 것이니라.

11,612 번째 하나님 말씀

2004년 6월 18일 08시 00분

1 사랑하는 나의 아들아!
2 "네, 아버님! 말씀하옵소서."
3 이제 나의 아들을 따르는 제자 너희들
의 각오와 자세가 달라지지 아니하면
아니 되느니라.
4 나의 아들을 따르는 제자 너희들은 천
년을 살면서 무의미한 삶을 살며, 내
뜻을 이리 피하고 저리 피하는 그와
같은 삶을 사는 것은 아니 됨이니라.
5 너희들이 단 하루를 살다 죽는다 해도
나 여호와가 명한 그 뜻을 이루며, 내
가 너희들에게 명한 것을 지키고 행하
기 위하여 최선을 다하다 너희들이 하
루를 살다 죽는다 해도, 그 죽어 온 나
의 아들딸은 내가 기억할 것이며, 너
희들은 받을 상이 있을 것이니라.
6 그러나 너희들이 많은 세월을 살면서
도 이리 피하고 저리 피하며 내 뜻을
거역하며 살았다면 아무런 의미가 없
음이니라.
7 나의 아들을 따르는 제자 너희들은 내
가 명한 것을 지키라.
8 나의 아들이 기도를 모두 다 받아 내
릴 때, 160권의 새로운 성경이 세상에
나올 수 있도록, 너희들이 오늘 하루
살다 내일 죽는다 해도 이것을 만들기
위해 정성을 다하며 최선을 다하라.
9 그리하여 너희들이 이것을 만들어 냈
을 때, 이 세상의 모두는 너희의 위대

함을 알 것이며, 너희들 스스로 하지
못할 것이 없다는 것을 알게 될 것이
니라.
10 너희들이 살면서 내 뜻을 지키지 아니
하며 그를 외면하며 등 돌리고 사는
것은 너희들은 잘못된 사람이요, 나를
기만하는 것이며 거짓된 삶을 사는 것
이니라.
11 이제 나의 아들을 따르는 제자 너희들
은 들으라.
12 어떠한 삶을 사느냐가 가장 중요한 것
이니라.
13 하루를 살더라도 내 뜻에 의해 깨끗하
게 살다 순결한 마음 자세로 죽음을
선택하며, 그 죽음을 두려워하지 아니
하고 가는 자는 내가 영원히 기억할
것이며 그 상이 있을 것이니라.
14 그러나 육의 삶을 위하여 너희들이 이
리 핑계 대며 저리 이유를 달며 이리
피하고 저리 피하며, 인간 세상에서
말하는 약게 살아가는 백성,
15 너희들이 그 육의 삶을 끝마친 다음에
나를 바라보려 해도 나를 볼 수 없으
며, 네 아버지가 어디 있는지 너희 아
버지를 볼 수 없는 그 황당함 앞에,
16 오늘의 네가 어찌 살았으며 나의 아들
을 따랐으며 법전을 만드는 데 최선을
다했으며 노력을 다했다, 울고불고 나
를 원망하지 말라.

11,613 번째 하나님 말씀

2004년 6월 18일 08시 05분

1 사랑하는 나의 아들아!
2 **"네, 아버님! 말씀하옵소서."**
3 너희 인간이 살아가면서 그런 말을 하
느니라.
4 '사람이 죽으라는 법은 없다.' 그리 말
을 하지 않더냐?
5 그러니라, 죽으라는 법은 없는 것이니
라.
6 나 여호와가 너희들에게 생명을 내려
주는 것은 살라 하였음이니, 죽으라
하여 내가 너희들에게 생명을 내려 준
것이 아님이니라.
7 다만, 여기서 너희들은 깨우치라.
8 너희들이 어려운 고비에서 살아날 수
있고 헤어날 수 있는 것은 정성을 다
했으며 최선의 노력을 다했기 때문에
그를 얻음이니라.
9 그것은 내가 너희들에게 내리는 사랑
이며 내가 너희들을 도움이니라.
10 다만, 너희들이 나를 믿고 안 믿는 그
와 같은 형국에서 이루어지는 것이니,
너희들의 손으로 지은 교회에 나와서
기도하고 경배하는 것으로써 이루어
졌다 안 이루어졌다 그와 같이 하지
말라 함이니라.
11 모두 나의 아들딸이니라.
12 믿고 안 믿는 것은 너희들이 육의 세
상에서 믿고 안 믿는 것이요, 너희들
의 영혼은 벌써 나의 아들딸이라는 것
을 알고 있으며 그 모두를 다 믿고 있
는 것이니라.
13 그러니 너희들이 어떠한 마음으로 살
아가느냐 하는 것이 중요하니라.
14 너희들이 교회라는 곳이요, 그리고 믿
음이라는 그 죄의 온상에 와서 어떠한
사람이 하나의 기적을 얻으면 그는 내
가 보호한 것이요, 믿음이라 하나, 그

들보다도 더 많은 기적의 역사를 이루
느니라.
15 믿지 않는 자가 죽으라는 법은 없다고
생각하는 그와 같은 기적의 역사가 이
루어졌다면, 과연 너희들은 무어라 말
하느냐?
16 그러니 나는 너희들에게 말하느니, 너
희들은 나의 아들딸이니라.
17 그리고 너희들이 그것을 이루고자 얼
마나 최선을 다하고 노력하느냐?
18 너희들이 노력했을 때 내가 상을 주는
것이요, 그 대가를 주는 것이니, 정성
을 다하라 함이 여기 있는 것을 알지
않느냐?
19 이제 나의 아들을 따르는 제자 너희들
은 그 의미요, 그 뜻을 알 것이니라.
20 그러니 너희들이 하나서부터 열까지
모두를 역사함에 정성을 다하라.
21 더욱이 나의 뜻을 따라 내 뜻을 역사
하며 만백성을 구하는 이 길을 가는
너희들이 얼마나 최선을 다하며 얼마
나 노력을 다하고 정성을 다해야만 되
는 것인가?
22 이것은 너희들이 알 수 있는 길이니
이제 알았으면 그 길을 위하여 최선을
다하라.
23 그리하면 너희들이 그 모든 것을 행할
수 있는 지혜를 줄 것이거늘, 어찌하
여 나로부터 지혜를 받는 은혜를 받지
않는단 말이더냐?
24 너희들이 한 것만큼, 노력한 것만큼
내가 너희들에게 내린다 하지 않았더
냐?
25 너희들이 노력한 것이 없이는 나 여호
와는 너희들에게 줄 수 없음이니라.
26 그러니 정성을 다하라.
27 정성을 다했을 때 하늘은 결코 너희들
을 죽게 하지 아니하며 너희들을 끝나
게 하지 아니함이니라.
28 그리하여 너희들이 '하늘이 무너져도
솟아날 구멍이 있다.' 하며 그와 같은
기쁨을 얻는 것은 바로 너희들이 최선
의 노력을 다했기에 내가 주는 상이니,
29 나의 새로운 성경이요, 만백성을 구하
는 대명이요, 대개혁을 이루는 너희들
이 최선의 노력을 다하지 아니하면 내
가 어찌 주겠느냐?
30 최선의 노력을 다하라.
31 인간 세상에서 '하늘이 무너져도 솟아
날 구멍이 있다.'는 그 은혜를 입는 것
처럼,
32 너희들은 열배 백배 천배 만배 더 정
성을 다하고 모두를 다하여 나의 새로
운 성경이요, 이 새로운 성경이 세상
에 나오는 데 모두를 다 바치라.
33 그러면 다 얻을 것이니라.

11,614 번째 하나님 말씀

2004년 6월 18일 08시 09분

1 사랑하는 나의 아들아!
2 "네, 아버님! 말씀하옵소서."
3 참진리요, 하늘의 뜻이요, 나 여호와
의 뜻은 모두가 다 세상에 내려와 바
닥에 깔려 있다 하지 않더냐?
4 그저 너희들이 챙기고 네 것으로써 만
들 수 있는 지혜만 있으면 된다 하였
느니라.
5 너희들이 인간 세상에 살아가면서 하
는 말이 있지 않더냐?

6 '하늘은 스스로 돕는 자를 돕는다.'는
것, 이는 너희들이 정성을 다하고 모
두를 다 바쳐 역사하고자 노력할 때,
그에게는 반드시 상이 있으며 그가 소
원하는 것은 이루어진다는 뜻임을 어
찌하여 모른단 말이더냐?
7 '하늘은 스스로 돕는 자를 돕는다.' 하
늘은 스스로 노력하는 자를 돕는다,
이것이 하늘의 법도며 하늘의 뜻이니
라.
8 그러니 너희들이 나의 새로운 성경을
만들어 내는 것은 인간의 사업도 아니
요, 인간의 욕심을 위해 하는 것도 아
니지 않더냐?
9 그리고 한 시대의 어떠한 것에 변화를
이루는 것이 아니요, 한 시대의 어떠
한 기적적인 역사요, 과학 문명의 발
전을 여는 데 기틀을 닦는 것도 아니
니라.
10 모두를 다 바꿔 하늘의 뜻대로 이 지
상을 다시 만드는 것이니라.
11 수천수만 가지, 수억 가지 생각을 가
지고 있는 인간의 형태요, 그 인간의
모습, 그리고 지금까지 왔던 헤아릴
수 없이 많은 종파와 종교 집단을 모
두 다 뽑아 유황불에 던지면서,
12 하늘의 백성이 이 지상에 존재하도록
다시 거듭나게 하는 그 역사를 함이
니, 너희들이 얼마나 노력하고 얼마나
정성을 들여야 되는가?
13 하늘은 스스로 돕는 자를 돕는다 했으
니, 이 대명의 위대함을 알며 이 소중
함을 알며 이 귀함을 알면, 너희들이
목숨을 내걸고 충성을 다할 것이며 있
는 힘을 다하여 가도록 그리하라.
14 그리하면 하늘의 지혜를 얻을 것이니,
그때는 너희들이 실타래를 풀 수 있는
그 끈을 찾듯이 모두가 다 풀려나가는
것이거늘,
15 어찌하여 너희들이 나의 지혜요, 내
뜻을 받아 역사하려 하지 아니하고 인
간의 생각이요, 인간의 뜻으로써 이루
어 보려고 몸부림을 치느냐?
16 인간의 생각으로써는 한계가 있으며
인간의 지식으로써는 한계가 있다 했
음이니라.
17 종교 집단이 가르치고 깨우치는 것도
인간의 교리요, 인간의 한계로써 모두
를 역사하기 때문에 이루어지지 아니
하며 잘못 간다 하였거늘,
18 너희들이 나의 성령이요, 나의 뜻을
받아들이는 현명함을 얻지 아니하고
인간의 뜻으로써 무엇을 이루려 하느
냐?
19 정성을 다하라, 정성을 다 쏟으라.
20 그리고 최선을 다하라, 그리고 최선의
노력을 다하라.
21 그것이 하늘의 지혜를 얻는 것이요,
인간 세상의 생각을 뛰어넘는 것이니
라.
22 뛰어넘어 보는 것은 눈을 떠 광명 천
지를 보는 것과 똑같으니라.
23 앞을 못 보는 자가 눈을 떠 세상을 보
는 것보다 더 위대한 것을 얻게 될 것
이며, 그보다 더 정확하게 볼 수 있는
것이 바로 앞을 못 보는 백성이 눈을
뜨고 광명 천지를 보며, 말로 듣고 생
각했던 세상의 사물을 모두 다 볼 수
있는 것보다 더 위대한 것이요, 그보
다 더 큰 역사를 얻는 것,

24 이것이 바로 성령으로 임하는 것이요,
하늘의 지혜를 얻는 것이니, 모든 정
성을 다하라.
25 너희들의 몸이 부서질 때까지 죽을 때
까지 오늘 쓰러진다 해도 모두를 다하
여 정성을 다하여 충성을 다하라.
26 그러면 너희들이 쉽게 갈 수 있는 길
이며 쉽게 이룰 수 있는 모든 답이 다
네 주변에 있다는 것을 잊지 말라.
27 나의 진리요, 나의 뜻이 네 주변에 있
듯이 모든 역사하는 것이 다 너희들의
주변에 있음을 알라, 사랑하는 나의
아들딸들아!

11,615 번째 하나님 말씀

2004년 6월 18일 09시 46분

1 사랑하는 나의 아들아!
2 "네, 아버님! 말씀하옵소서."
3 나의 피조물 만백성 너희들이 양심에
의한 삶을 살며 진실된 삶을 살고 살
아야 된다 수없이 그리 말하느니라.
4 그러나 너희들이 양심에 따라서 도덕
적으로 한 점의 부끄러움이 없는 삶을
살아가는 백성들이 과연 얼마나 있으
며, 너희들 자신이 얼마나 곱고 아름
답게 살아가나 너 스스로 한번 보도록
그리하라.
5 너희들이 양심적으로 산다면, 물질 앞
에 양심을 팔아 버리며, 깨끗하고 아
름답게 산다는 너희들의 그 삶이 재물
앞에 이해관계 앞에 모두가 다 무너지
는 것이 인간 너희들의 마음이니,
6 너희들이 하늘에 오르는 길이요, 나에
게 오르는 길을 온다는 것, 그 자체가
과연 무엇이더냐?
7 너희들이 그 어렵고 힘든 길을 옴에
있어서 사탄들의 유혹이요, 마귀들의
유혹이요, 눈에 보이는 이익에 따라
수시로 무너지는 것이며 스스로 등을
돌리는 것이 너희들이니라.
8 그러니 나의 피조물 만백성 너희들이
나에게 올 수 없으며 나를 볼 수 없다
함을 알아야 될 것이니라.
9 그러니 너희들이 인간 세상에 사는 그
삶이 곧고 바르게 사는 그 훈련 속에
서 나의 성령이요, 내 뜻에 따라 어렵
고 힘든 그 길을 싸워 이기고 올 수 있
는 것인가 하는 것을 너희들은 여기서
배워야 되고 깨달아야 됨을 알아야 될
것이니라.
10 모든 백성들이 진정한 믿음이요, 참진
리요, 나의 뜻에 의해 살아간다 하나,
실상 그와 같이 살지 못하는 것, 양심
적으로 산다면서 양심적으로 살지 못
하는 것처럼,
11 진실된 믿음이요, 신앙의 길을 간다
해도 너희들이 곧고 바른길을 가지 못
하는 자들이요, 내 뜻에 따라 역사하
지 못하는 것이 너희들이라는 것을 알
아야 될 것이니라.
12 사랑하는 나의 아들딸들아, 너희들이
살아감에 있어서 어떠한 삶을 사느냐
하는 것, 그것은 너희들 자신에게 달
렸음이니라.
13 그러니 너희들이 무너지지 아니하는
삶이요, 쓰러지지 아니하는 삶을 사는
것, 그리고 흔들리지 않는 삶을 살아
가는 것이 너희들에게 얼마나 귀하고
소중한 것인가를 알아야 됨이니 그리

알라.

11,616 번째 하나님 말씀

2004년 6월 18일 09시 52분

1 사랑하는 나의 아들아!
2 "네, 아버님! 말씀하옵소서."
3 믿음의 길을 가는 그 백성들이 지금 어떠한 길을 가느냐?
4 숫자 싸움이요, 숫자 놀음에 의하여 모두를 역사하느니라.
5 방대한 신도들의 머리 숫자를 가지고 있는 자, 방대한 조직을 가지고 있는 자, 그와 같은 자들이 진리요, 하늘의 뜻을 역사하는 것처럼 모두가 둔갑된 것이 지금 나의 피조물 만백성 믿음의 길을 가는 백성들이니라.
6 사탄이요, 이단이라 말하다 그 조직이 저희들보다 더 방대해지면 감히 거기에 대적하지 못하는 너희들처럼,
7 지금의 믿음의 길을 가는 종교 집단의 지도자 너희들이 무엇으로써 큰소리를 치며 무엇으로써 참진리요, 하늘의 뜻이라 하는 줄 알겠느냐?
8 진리의 뜻을 따르는 것이 아니요, 내 뜻에 따라 가르치고 깨우치는 것으로써 너희들이 힘을 주며 자신 있게 가르치는 것이 아니라,
9 얼마나 큰 교회요, 죄의 온상을 지었으며 얼마나 많은 신도들이 너희들 앞에 고개 숙여 너희들이 말하는 강론에 '아멘, 할렐루야!' 하며 울고불고하느냐, 그것으로써 모든 기준을 따지는 것이 오늘의 형국이니,
10 그러니 거기에 진리가 어디 있으며 나 여호와의 뜻이 어디 있다 생각하느냐?
11 그러니 너희들이 지금 그 집단의 힘과 숫자만 가지고 저희들과 같은 종파가 아니요, 같은 믿음이 아니면,
12 바로 사탄이요, 이단이라 규정하고 그들을 몰아붙이는 것이 참진리요, 나 여호와의 뜻에 의하여 그걸 가지고 평가하고 그리 말하는 것이 아니니라.
13 그러니 가르치는 자는 살기 위해서 그와 같은 짓을 한다 해도, 믿음의 길을 가는 백성 너희들은 어찌하여 자신이 그를 들여다보지 못하는가?
14 진정한 믿음이요, 참진리를 가지고 따지는 것이 아니요, 숫자 놀음만을 가지고 적은 자는 사탄이요, 이단이라 말을 함이니,
15 그것이 오늘의 종교 집단의 지도자요, 믿음의 길을 가는 백성 너희들이 하고 있는 행위임을 알아야 될 것이니라.
16 무조건 숫자가 많은 자는 진리요, 그리고 숫자가 많은 종파에 귀속되지 않는 것은 사탄이요, 이단이라 하는 것이 오늘의 너희들임을 알라.
17 지금의 종교 집단과 지도자 너희들이 나의 뜻대로 행하고 있지 아니하기 때문에 바로 사탄이요, 이단이라는 것은 너희들 자신이라는 것을 알아야 될 것이니라.
18 내가 나의 아들을 통하여 나의 새로운 성경에 기록하여 전함이니라.
19 지금 나의 아들을 통하여 내리는 '하늘에 오르는 길'이요, '하나님! 말씀하옵소서.'라고 펴내는 책이요, 그를 깨우치고 그 속에 들어 있는 것을 공부하지 않는 너희들은 진리의 길이 아님

을 알라.
20 2천 년 전 나의 아들 예수가 세상에
왔을 때 사탄이요, 마귀라 물러가라
그리 외쳤듯이, 그리고 그가 전하는
것, 그가 가르치는 것, 그것이 하늘의
뜻이요, 진정한 믿음이라 말했듯이,
21 2천 년이 흐른 지금 나의 아들이 너희
들에게 그리 말하느니라.
22 내가 내리는 160권의 새로운 성경을
읽지 아니하고는 너희들이 사탄이요,
이단의 행위를 하게 됨이니,
23 새로 내려오는 이 성경을 가지고 이단
이요, 사탄이요, 마귀요, 거짓 선지자
라 말하지 말라.
24 너희들이 바로 사탄이요, 이단자요,
마귀라 나의 아들이 그리 기록하여 전
함이니, 너희들은 이 무서운 사실을
알아야 될 것이니라.
25 이단이요, 사탄은 지금의 종교 집단의
지도자요, 믿음의 길을 가며 구원을
받았다는 백성 너희 자신이라는 것을
알라.
26 이단이요, 사탄인 백성들이 어찌하여
참진리요, 나의 뜻에 의하여 하늘에
오르는 길을 가르치는 나의 아들이요,
그 제자들이요, 새로운 성경을 놓고
감히 이단이요, 사탄이라 그리 말하는
가?
27 참진리를 세상에 전하는 것을 방해하
는 자들이요, 성령의 방해죄를 짓는
것이 너희들이라는 것,
28 지도자나 그 우두머리들이야 내가 말
하지 않겠지만, 구원을 받겠다고 몸부
림치며 모르고 끌려가는 백성 너희들
은 너 자신을 들여다보며 새로운 성경
이요, 이를 한번 접하도록 하라.
29 너희들이 정녕 진정한 지도자요, 진리
를 가르친다면, 이 세상의 모두는 나
여호와의 뜻에 의하여 기록되며 전해
짐이니, 새로 나온 성경을 읽고 깨우
쳐 그를 보라, 그 속에서 너희들이 배
울 것은 배우고 버릴 것은 버리라 해
야 될 것이니라.
30 내가 너희들에게 말하느니, 사탄도 나
여호와의 뜻과 거의 똑같이 만들고 역
사한다 했으니, 어찌하여 그 결과의
마지막을 보지 아니하고 그 속에 있는
아름다운 뜻을 보지 아니하며 무조건
사탄이요, 이단이라 그리 말하는가?
31 자신 있는 종교 지도자는 그리 말할
것이니라.
32 '그것도 한번 뒤져 보라, 그리하여 잘
못된 것이 무엇이고 참진리가 무엇인
가 그를 한번 보고 연구하고 들여다보
라.
33 그리고 지금 우리 교회에서 이끌어 가
는 방법이 과연 잘되어 있는 것인가
잘못되었는가,
34 새로 나온 성경이요, 그 지도자가 가
르치는 방법과 내가 가르치는 것을 한
번 견주어 보라, 그리하여 어느 것이
옳고 어느 것이 진리인가 보도록 하
라.'
35 그리 당당하게 던져 줄 수 있는 것이
바로 진정한 지도자요, 진정한 나의
목자로서 내 뜻에 의하여 가는 백성일
것이니라.
36 그리 말하지 못하는 자, 그리 던지지
못하는 종교 지도자는 다 가짜며 사탄
의 노예가 되어 있음을 알라.

37 정녕 저희들이 내 뜻에 의하여 가르치
는 참지도자라면 그리 흔들릴 것이 아
니요, 그들이 넘어지지 아니할 것이니,
38 너희들이 보고 스스로 평가하여 선택
하라 그와 같이 하여 나의 새로운 성
경을 읽고 전하라 하지 않고 그들에게
왜 읽지 못하도록 하며 보지 못하도록
하는가?
39 봐서 안 되며 읽어서 안 되며, 사탄의
것이니 무조건 지옥이라 그리 가르치
니,
40 이것이 당당하지 못한 자세요, 너희들
이 바로 서지 못한 자들이라는 것을
증명함이니, 그리 알라 전하라, 사랑
하는 나의 아들딸들아!

11,617 번째 하나님 말씀

2004년 6월 18일 09시 56분

1 사랑하는 나의 아들아!
2 **"네, 아버님! 말씀하옵소서."**
3 지금의 모든 종교 지도자 너희들은 자
신이 죄인이기 때문에 감히 남을 용서
해 주며 면죄부를 주는 그와 같은 기
도요, 그와 같은 짓을 하지 말라.
4 그리고 너희들이 지은 교회에 와 재물
을 바치고 나오기만 하면 구원을 받는
다는 그 면죄부를 팔아먹지 말라.
5 너희들이 능력이 어디 있으며 그 권한
이 어디 있는가?
6 너희들은 그와 같은 능력도 없으며 그
와 같은 권한을 너희들에게 준 사실이
없음이니라.
7 그러니 그러한 행위를 중단해야 될 것
이니라.
8 너희들이 어찌했는가?
9 지금의 너희들이 교회라는 것을 왜 지
었으며 어찌하였느냐?
10 너희 선배인 네 앞에 간 종교 집단의
지도자들이 고해성사를 받으며, 죄지
은 자가 죄지은 자 앞에서 그를 함으
로 인하여 그 죄에 따라서 대가를 받
고 그 죄를 용서해 주며 면죄부 증서
를 주어 팔아먹는 그와 같은 행위를
하는 것을 보고, 오늘의 교회라는 것
이 생겼으며 바로 오늘의 종교 집단이
생긴 것이 아니더냐?
11 그것이 잘못되어 들고일어나 이와 같
은 새로운 교회라는 것을 만든 너희들
은 지금 어떠한 것이더냐?
12 인간인 지도자라는 자에게 와서 고해
성사라는 것으로 고백하여 그 죄의 중
량에 따라서 그 죄의 작고 큼에 따라
서 그를 면죄해 주고 대가를 받아들이
는 것같이,
13 지금 너희들이 믿기만 하며 십일조를
잘 내며 헌금을 많이 내면 구원을 받
는다 그리 가르치는 것이 면죄부를 팔
아먹는 것과 똑같은 행위를 하는 것이
아니더냐?
14 그러니 너희들이 내 뜻에 의한 역사가
아니요, 새로 난 백성이 아님이니라.
15 그와 같은 행위를 하는 것은 잘못되었
다 하여 뛰쳐나온 자들이 감히 그 행
위를 또 함이니, 너희들이 그 후예요,
뿌리라는 것을 증명함이니 그리 알라.
16 어떠한 죄도 재물과 말로써 갚을 수
없으며, 회개한다 하여 울고불고하는
것으로써 구원받으며 지울 수가 없는
것이니라.

17 너희들이 종교 지도자에게 고해성사
를 할 때 너희들의 죄가 씻어지며, 재
물을 바치며 그 종교 지도자 앞에 가
서 울고불고함으로 그가 중언부언하
는 소리를 듣고 구원을 받으며 거듭났
다는 착각을 벗어나라.
18 그건 다 개구리 울음소리만도 못한 것
이요, 그들의 사악한 행위요, 사탄의
명령이니라.
19 나의 백성들 너희들은 들으라.
20 너희들을 지금 죽음의 계곡으로 몰고
가는 것이 너희들이 몸담아서 구원을
받았다 울고불고하는 그 집단에서 그
행위를 함이니,
21 그 무서운 행위 속에서 벗어나지 못하
면 정녕 나에게 오를 수 없으며, 구원
의 역사를 너희들은 얻을 수 없음이니
라.
22 내가 너희들에게 모두를 전해 주었느
니라.
23 성경을 하나하나 읽으면 너희들이 하
늘에 오르는 길이요, 하늘에 오르는
방법이 무엇인가를 가르쳐 주었고,
24 내가 나의 아들을 통하여 최종적으로
너희들에게 가훈을 내려 가정에 걸어
놓고 그대로 살라 하지 않더냐?
25 한 점의 부끄러움이 없는 모범적인 삶
을 사는 것, 그것이 하늘에 오르는 길
이요, 구원을 받는 길이라는 것을 명
심하고 잊지 말라 그리 전하라.

11,618 번째 하나님 말씀

2004년 6월 18일 10시 01분

1 사랑하는 나의 아들아!
2 "네, 아버님! 말씀하옵소서."
3 성경이라는 것은 무엇이더냐?
4 인간 세상에서 너희들이 만든 것이 아
니요, 하늘의 이치요, 하늘의 뜻에 의
하여 역사한 것이니라.
5 하늘의 뜻에 의해 역사한 나 여호와가
내린 것을 너희들이 마음대로 손질했
으며 변조하여 만들었다면, 과연 그
죄가 어떠하겠는가?
6 그리고 그 성경으로 하여금 흔들리는
깨우침이요, 흔들리는 가르침으로 가
는 그 백성들이 얼마나 억울한 삶을
사는 것인가 너희들은 생각해 봤느냐?
7 성경과 내가 내린 십계명이요, 그리고
제3의 시대에 나의 아들을 통하여 새
로 내리는 이 성경은 모두 참진리요,
그것이 무엇이더냐?
8 하늘의 뜻이요, 하늘에 속한 것인 것
을 너희들이 어찌 이를 모르고 감히
함부로 생각하며, 인간의 교리요, 인
간의 생각으로써 그 뜻을 안다 그리
말하느냐?
9 인간 세속에 속한 것이 아님을 너희들
은 알라.
10 같은 책이라 하여 같은 종이에 글씨로
써져 있다 해도 그 내용이 다 다르거
늘, 어찌하여 똑같은 인간 세상의 것
이라 말하느냐?
11 나의 아들을 통하여 내리는 160권의
새로운 성경은 인간 세상에 속한 것이
아니요, 하늘나라에 속한 것이요, 나
여호와의 뜻이요, 내가 역사한 것에
속한 것이라는 것을 너희들은 알아야
될 것이니라.
12 이를 모르는 자, 그와 같은 깨달음이

요, 이치를 모르고 알지 못하는 자들
이 아무리 읽고 정독한다 해도 알 수
가 없는 것이니라.
13 인간의 이성과 상식과 지식을 뛰어넘
어 하늘의 세계에 속한 것임을 너희들
은 알아야 될 것이니라.
14 그러니 인간 세상의 이성과 상식과 지
식이요, 그 모두는 근접할 수 없으며
알 수 없는 하늘에 속한 참된 이치요,
진리라는 것을 알라.
15 그러니 너희들이 인간의 상식으로써
이 모두를 헤쳐 보고 아무리 뒤져 봐
도 알 수 없다는 것을 알아야 될 것이
니라.
16 다만, 성령으로 임한 백성만이 이를
볼 수 있다 하지 않았더냐?
17 너희들의 지식과 상식으로 이 모두를
헤쳐 보겠다고 한다면, 이는 곧 너희
들이 나에게 도전함과 같은 것이니라.
18 그러니 교만하며 자만함에 빠져 있는
행동이며, 얼마나 너희들이 무모한 짓
을 하고 있는 것인 줄 알겠느냐?
19 인간 상식이요, 지식으로써 이를 헤쳐
보려 하지 말며, 너희들이 천사와 같
은 마음이요, 아름다운 삶으로써 마음
을 비우고 사랑하는 마음으로 먼저 살
도록 하라.
20 그리하면 너희들이 이를 정독할 때 모
두를 알게 될 것이니라.
21 그러니 너희들이 인간의 상식으로써
알려고 도전하며 그것으로써 모두를
해결하며 풀어서 세상에 전한다면,
22 인간의 교리로써 만백성을 구한다면
너희들은 내 앞을 막는 자요, 나에게
도전장을 낸 자요, 나를 능멸하는 자
라는 것을 너희들은 알아야 될 것이니
라.
23 이제 너의 제자들에게 전하라, 그는
하늘의 선생이라는 것을.
24 나의 아들을 따르는 제자 그들은 하늘
의 선생이니라.
25 그러니 하늘의 선생이라는 그 의미를
너희들은 알고 있어야 될 것이니라.
26 그는 인간의 상식이요, 교리를 벗어나
내 뜻에 의하여 역사하는 자들이기 때
문이니라.
27 성령으로 임하는 가르침을 얻었기 때
문이니라.
28 그리고 나의 나라의 뜻을 알 수 있기
때문이니라.
29 그리고 그들이 전하는 것은 나의 하늘
의 뜻을 전하기 때문이니, 하늘로부터
선택된 선생이라는 그 의미를 알겠느
냐?
30 지상에서 아무리 선생이라 해도, 너희
들의 지식과 상식으로써는 하늘의 뜻
을 가르칠 수 없음이니,
31 하늘의 선생이요, 하늘을 대신하여 가
르치는 지도자라 하는 것, 이것이 얼
마나 축복된 명함이요, 축복된 자리인
것인가를 너희들은 스스로 알아야 될
것이니라.

11,619 번째 하나님 말씀

2004년 6월 18일 10시 40분

1 사랑하는 나의 아들아!
2 **"네, 아버님! 말씀하옵소서."**
3 너희들이 인간 세상에 살아가면서 그
리하느니라.

4 '노세, 노세 그저 즐겁게 노세, 젊어서
놀고 놀며 젊어서 즐겁게 놀며 젊어서
즐겁게 살자.'
5 너희들이 그와 같이 노래 부르며 그와
같은 말을 하느니라.
6 과연 이 의미가 무엇이더냐?
7 너희들이 젊어서 일하고 역사하고 기
반을 닦아야 할 그 시간에 놀고 즐기
는 곳에 모두를 바친다면 힘없는 노후
에는 어떠한 결과가 오겠느냐?
8 지금 믿음의 길을 가는 종교 집단의
지도자 그 모두가 다 '노세, 노세, 젊
어서 노세.' 그와 같은 행위를 하고 있
는 것이 오늘의 종파들이니라.
9 인간도 젊어서 놀기를 즐기면 노후에
갈 곳이 없으며 안식처가 없으며 휴식
처가 없는 가장 비참한 삶이 아니더냐?
10 오늘의 종교 집단 너희들이 참진리요,
그 길을 깨우치는 것은 좁은 길이요,
노력하는 길이니라.
11 참진리요, 믿음의 길이요, 나 여호와
의 뜻에 따라서 살아가고자 노력하는
것은 젊어서 노후를 대비하여 열심히
공부하고 노력하는 백성의 삶과 같으
니,
12 그보다 더 열배 백배 공을 들여 해야
하는 것이 진리요, 하늘의 뜻에 따라
야 되는 것이거늘, 모든 종교 집단 지
도자들 너희들이 왜 '노세, 노세 젊어
노세.'인 줄 알겠느냐?
13 재물을 바치며 십일조를 바치며 헌금
을 바치고 그리하면 구원을 받는다,
그러니 너희들은 걱정하지 말라 그리
가르치니,
14 이것이 바로 '노세, 노세, 젊어서 놀
아.' 하다가 늙어서 병들어 갈 곳 없고
은신처 없는 삶을 사는 백성과 같으니
라.
15 너희들이 재물을 바치고 헌금을 바치
는 데만 모두를 다하며 그렇게 쉽게
생각하고 간단하게 생각하다가, 막상
심판대에 섰을 때는 갈 곳이 없으며
나에게 올 수 없으며 오갈 데가 없는
그와 같은 신세가 되니,
16 바로 모든 종교 집단들이 십일조를 내
라, 헌금을 내라, 무엇을 바치라는 것
은 '노세, 노세, 젊어서 노세.' 젊어서
향락을 즐기고 살자는 그와 같은 자들
과 똑같은 것을 가르치니,
17 사탄이요, 마귀의 자식이라 내가 함을
너희들은 다시 한 번 깨우쳐 알도록
그리하라.

11,620 번째 하나님 말씀

2004년 6월 18일 10시 43분

1 사랑하는 나의 아들아!
2 "네, 아버님! 말씀하옵소서."
3 나 여호와의 아들이요, 나의 뜻을 가
지고 간 그 귀중하고 소중한 나의 아
들을 너희들은 과연 어찌하였느냐?
4 인간으로서 견딜 수 없는 고통스러운
죽음으로써 모두를 몰고 갔으며, 그를
너희들의 뜻대로 시행하지 아니하였
더냐?
5 그러니 그 시대의 백성들이야말로 하
늘의 뜻을 모르며 나 여호와의 뜻을
모르며 참진리를 받아들이지 못한 결
과가 아니더냐?
6 그러니 그 시대는 그와 같이 어리석고

모자란 백성들이었느니라.
7 그리하여 어리석고 불쌍한 백성들, 알
아듣지 못하는 백성들이 그 무서운 일
을 저질렀으며 그 결과로써 모두를 끝
냈음이니라.
8 여기서 나의 아들을 따르는 제자들이
요, 그리고 나의 새로운 성경을 읽고
깨우친 백성, 그리고 이단이요, 사탄
이라 하며 죽기 아니면 살기로 믿음의
길을 가는 백성 너희들은 들으라.
9 그 시대의 백성들은 어리석고 듣지 못
한 지금의 너희들과 똑같으나, 그들은
그 고통을 겪기 전에 나의 아들 예수
가 혼자 모든 고통을 겪고 그 모두를
감내하고 갔음이니라.
10 그러나 지금 나의 아들을 통하여 내리
는 새로운 성경은 나 여호와의 성령이
요, 마지막 시대에 마지막 심판이요,
내가 내리는 것이기에,
11 나의 아들을 핍박하는 자, 나의 새로
운 성경을 핍박하는 자, 이를 받아들
이지 아니하는 백성, 너희들은 지금
나의 아들이 그 모두를 죽음으로써 안
고 가는 것이 아니라,
12 너희 자신이 스스로 하나하나 그 모든
고통을 받는다는 것, 마지막 심판의
때이기 때문에 그때의 백성과 다르며,
너희들은 그 모두를 다 겪고 가야 된
다는 것을 알라.
13 2천 년 전에 나의 아들 예수가 전하는
내 뜻을 받아들이지 않은 그 백성들은
나의 아들이 처참하고 고통스러운 죽
음으로써 모두를 대신했으나,
14 이제 지금의 시대에는 너희들이 그 모
든 대가를 치른다는 것, 지금의 나의
아들이 짐을 지며 모든 대가로 피 흘
려 고통을 인내하며 오는 것이 아니라,
15 예수의 고통보다 더 무서운 고통의 결
과를 각자 치르고 받는 백성이라는 것
을 알아야 될 것이니라.
16 내가 하늘의 뜻을 너희에게 가르쳐 줌
은 이를 듣고 깨우친 백성은 거듭나는
길을 올 수 있기 때문이니라.
17 너희들은 이제 예수보다도 더 고통스
러운 모든 결과를 갖게 되며 받게 된
다는 것이 지금의 백성과 2천 년 전의
그 어리석은 백성들과 다름을 알라.
18 그러니 2천 년 전의 어리석고 불쌍한
백성들이 받아들이지 못하며 진리를
모른 것은 나의 아들의 처참한 죽음으
로써 모두를 다 끝냈다 하나,
19 오늘의 백성 너희들은 예수보다도 더
고통스럽고 무서운 그 모두를 너희들
이 져야 되며 그 책임을 지며 각자가
그 체벌을 받는다는 것을 잊지 말라.
20 사랑하는 나의 아들을 따르는 제자 너
희들은 이 뜻을 만백성에게 전하며,
너희들 또한 너희들 자신이 잘못 갔을
때 모든 고통을 직접 받는다는 것을
잊지 말도록 그리 전하라.

11,621 번째 하나님 말씀

2004년 6월 18일 10시 49분

1 사랑하는 나의 아들아!
2 "네, 아버님! 말씀하옵소서."
3 네 입에서 나오는 그 한마디는 죽지
않고 세상에 살아난다 하였음이니, 어
찌하여 네가 그 의미를 잊어버리며 그
생각을 지워 버리고 산단 말이더냐?

4 나 여호와의 철렁하는 그 마음을 알겠
는가?
5 네가 말 한마디, 행동 하나를 잘못함
으로 손뼉을 치며 그를 즐겨 하는 것
은 사탄이니,
6 네가 말 한마디 잘못할 때마다 나 여
호와의 가슴이 철렁 내려앉는다는 것
을 모르느냐?
7 인간 세상의 부모도 그러하니라.
8 자식이 잘못하고 잘못 갔을 때 그 부
모의 마음이 얼마나 철렁하고 가슴이
아픈가?
9 객지에서 삶을 사는 자식에게서 소식
이 없을 때, 그 부모의 마음도 아프나,
소식이 없다가 소식이 올 때 잘못됨을
전해 듣는 그 부모의 가슴이 철렁함은
어떠하겠는가?
10 만백성을 구하기 위하여 내가 보낸 나
의 아들이 말 한마디요, 행동 하나를
잘못했을 때, 내 가슴이 얼마나 철렁
하는지 알겠느냐?
11 작은 거짓말이요, 농담의 거짓말도 하
지 말라 하였으니, 작은 말 한마디도
그 모두가 살아서 움직이기에 네가 그
와 같은 말을 해서는 아니 되느니라.
12 네 몸에서 나오는 모든 것이 악을 행
하는 것이요, 사탄을 즐겁게 하는 것
인가, 나 여호와의 뜻을 위하여 가는
것인가, 너는 그를 구분하지 아니하고
함부로 말하고 이야기해서는 아니 됨
이니라.
13 사랑하는 나의 아들아, 나 여호와를
더 이상 울리지 말라.
14 사랑하는 나의 아들아!
15 이제는 네가 변해야 될 것이며, 이제
는 생각하라.
16 그렇지 아니하면 아니 됨이니라.
17 모든 백성 너희들에게 내가 무어라 하
였느냐?
18 자신을 다 버리고 '나'를 버리는 삶을
살라 하지 아니하였더냐?
19 너를 버리고 너희 자신을 모두 버려야
됨이니라.
20 아무리 농담이요, 웃는 이야기라 해도
거기에는 뼈가 있으며 살이 있다는 것
을 알라.
21 그러니 잠재의식이 또 만 분의 하나라
도 있을 것이니라.
22 너희들이 말을 하여 만 분의 일의 생
각이라도 가지고 있다면, 그것이 잘못
된 것이 아니더냐?
23 억만 분의 일이 있어서도 아니 됨이니
라.
24 농담과 진담이요, 해야 할 말과 하지
아니할 말을 구분하지 못하는 것이 너
희들이니라.
25 이와 같은 하늘의 법도를 알도록 그리
하라.
26 사랑하는 나의 아들아!
27 자신을 모두 버리고 살아가면 되느니
라.
28 너희들이 자신을 버리지 못함은 왜 그
러한 결과가 오는지 알겠느냐?
29 너희들이 자신을 먼저 생각하는 삶을
사는 백성이요, 그리고 너희들이 쓸데
없는 대화를 하는 것은 모두가 다 이
해관계가 달렸기 때문이니라.
30 그러니 자기 자신을 먼저 생각하는 삶
을 사는 것은 이 아름다운 천지자연을
색안경을 쓰고 보는 것과 같으니라.

31 세상을 색안경을 쓰고 보는 것과 같음
이니, 이 때문에 너희들이 잘못 간다
함이니라.
32 모든 것을 자신의 기준에 의한 삶으로
써 엮어 가기 때문이니라.
33 사랑하는 나의 아들딸들아!
34 옳고 그른 것을 자신의 중심에 의하여
모두를 다 결정하는 것이 색안경을 쓰
고 세상을 보는 사람과 같은 결정이니
라.
35 아름답고 추한 것도 제 기준에 의해서
보게 되지 않더냐?
36 그러니 정당한 것이 아니요, 제 기준
에 의해서 보기 때문에 아름답고 추한
것이요, 정의로움이요, 거짓된 것을
구분할 수 없으며 구분되지 아니함이
니라.
37 모두가 제 이익에 따라서 제 기분에
따라서 제가 모두를 하기 때문이니라.
38 많고 적은 것, 그 모든 것을 판단하는
것도 다 제 마음에 의하여 결정하게
됨이니,
39 이것은 진리가 아니요, 하늘의 뜻이
아니요, 인간이 사는 도리로써 역사하
지 못하기에 모두를 다 버리라 함이니
라, 사랑하는 나의 아들아!
40 모두를 다 버리고 나면 너희들이 거짓
된 말도, 작은 농담도, 쓸데없는 말 한
마디도 하지 아니하고 살아가는 너희
자신이 편해짐을 알게 될 것이니라.
41 그러다 보니 참진리와 비진리의 제 수
준이 무엇인가를 알지 못하며, 어떠한
형국에 있는 줄도 모르고 너희들이 하
게 되는 행동이니라.
42 너희들은 모르나 나 여호와는 앎이니
라.
43 그러니 나 여호와가 나의 아들을 통하
여 내리고 전하는 것을 명심하여 고치
고 행하는 것밖에 다른 길이 없음을
알라.
44 너희들이 참진리요, 비진리를 제 수준
에 의하여 결정하고 그와 같은 행위를
하는 것처럼 어리석은 백성이 없음이
니, 그와 같은 행위를 하는 것은 눈먼
자가 살아가는 삶과 같다는 것을 잊지
말라.
45 모두가 눈이 멀어 있으며 듣지 못하며
앞을 보지 못하는 백성으로 오늘을 살
아감이니라.

11,622 번째 하나님 말씀

2004년 6월 18일 10시 53분

1 사랑하는 나의 아들아!
2 "네, 아버님! 말씀하옵소서."
3 네가 가야 할 길과 네가 역사할 길을
알겠느냐?
4 "네, 아버님! 저 자신이 부끄럽사오며
저 자신이 어찌할 바를 모르겠사옵나
이다.
5 아버님! 저의 죄를 용서하여 주옵소
서."
6 사랑하는 나의 아들아!
7 모든 백성들이 지금 다 색안경을 쓰고
살아가느니라.
8 제 나름대로 색깔에 맞는 안경을 골라
쓴 이와 같은 형국이니, 그 색안경을
벗어던지도록 하며, 광명천지를 보도
록 하라는 것이 내 뜻이니,
9 너 하나의 희생으로써 만백성을 구하

는 길이라면, 네가 좀 더 세련된 모습
이요, 아름다운 모습이요, 남들에게
모범된 말이요, 행동을 할 수 있는 그
삶을 어찌하여 다스려 나갈 수 없단
말이더냐?
10 이제는 네가 갈 수 있지 않겠느냐, 사
랑하는 나의 아들아!
11 모든 백성들이 쓰고 있는 색색이 쓰고
있는 안경을 모두 벗겨야 하는 것이
너와 너의 제자들이 해야 할 길이니
라, 사랑하는 나의 아들아!
12 나는 너를 믿으며 내가 너를 사랑함이
니라.
13 사랑하는 나의 아들아!
14 이제 나의 백성들의 모든 색안경을 벗
겨 주도록 하라.
15 그 안경을 벗어야만 광명천지를 볼 수
있으며 그대로 모두 비침이니라.
16 나의 은혜요, 나의 사랑이요, 자연의
아름다움이 머리끝에서 발끝까지 모
두를 다 감싸고 있는 그 사실을 볼 것
이며, 그 순수하고 아름다운 모습을
그대로 볼 수 있는 것이니라.
17 그러니 그 모두를 벗겨 주도록 하라.
18 어리석고 불쌍한 그 백성들, 색안경을
쓰고 보는 그 모습이 세상의 이치라
하여 서로가 치고받고 싸우는 것, 얽
히고설킨 분쟁이요, 경쟁이 색안경을
쓰고 세상을 보고 살아가기 때문이니
라, 사랑하는 나의 아들아!
19 그 모두를 다 벗겨 주도록 그리하라.
20 그 지혜가 곧 하늘의 지혜니라.
21 모두를 벗어던지고 세상을 보는 그 지
혜가 모두 하늘의 지혜이니, 그 지혜
를 얻는 것은 나의 160권의 새로운 성
경 속에 그 모든 답이 있으며 그 길이
거기에 있다 함이니라.
22 그리하여 이를 내려보내며, 이를 읽고
깨우쳐 하늘에 오르는 길을 보라 함이
니라.
23 사랑하는 나의 아들아!
24 지금 쓰고 있는 색안경을 모두 벗도록
하며, 벗어던져 세상의 사물을 제대로
볼 수 있으며 제대로 느낄 수 있도록
하는 것은 너와 너를 따르는 제자들이
요, 너희들이 만들어 낸 새로운 성경
밖에 없음이니라.
25 세상이 모두 자기 색깔대로인 줄 알고
착각 속에 살아가는 그 불쌍하고 가련
한 백성들이 광명천지요, 아름다움을
보도록 그리하라.
26 그것이 하늘에 오르는 길이요, 진리의
길을 볼 수 있음이니, 나의 새로운 성
경을 읽고 깨우쳐 그 속에 있는 뜻을
음미하여 제 것으로 만들도록, 그리하
여 은혜와 축복을 받도록 최선을 다하
여 지도하도록 그리하라.

11,623 번째 하나님 말씀

2004년 6월 18일 10시 57분

1 사랑하는 나의 아들아!
2 "네, 아버님! 말씀하옵소서."
3 수천 년 동안 흘러오면서 뿌리를 내리
고 지금 세상을 다 덮고 있는 모든 종
파요, 종교 집단들이 무어라 말하느냐?
4 저희들이야말로 선택된 자요, 선택된
목자요, 나 여호와로부터 기름 부음을
받았다는 자들이니라.
5 나 여호와로부터 성령이 임하며 기름

부음을 받았다는 그 지도자들이 얼마
나 무서운 짓을 하고 있으며 얼마나
무서운 과오를 범하고 있는지 알고 있
느냐?
6 그들이 그와 같이 말하는 것은 무엇이
더냐?
7 저희들의 머릿속에 들어 있는 것, 저
희들이 생각하는 것, 저희들이 행동하
는 것은 하늘의 지식으로써 그득히 채
워진 자요, 나 여호와의 뜻으로써 모
두 채워졌다 말하는 자들이 아니더냐,
사랑하는 나의 아들아!
8 나의 목자로서 기름 부음을 받았다는
것은 저희들이 행동하는 것이 모두 다
나 여호와의 뜻에 의하여 역사하며,
나 여호와의 지식으로써 그 머리에 그
득히 채워져 선택된 백성이라 그리 말
하니,
9 이것이 얼마나 무서운 일이요, 이것이
얼마나 잘못되며, 이로 하여금 나의
피조물 만백성들이 죽음의 길로 가고
있는지 알겠느냐?
10 사랑하는 나의 아들아! 저희들이 하
는 말이 그러니라.
11 모두는 나 여호와의 뜻에 의하여, 내
지식에 의하여 내 뜻으로 채워진 것으
로써 행동을 함이니,
12 나 여호와가 하는 말이요, 내가 하는
뜻인 양 나의 피조물 만백성에게 그렇
게 반강제로 겁을 주어 감언이설로써
그들을 끌어가며, 맹종 맹신을 하도록
하여 따르도록 강요하고 그리 이끌어
가느니라.
13 그리하면서 그 대가로 그저 이름만 붙
여 대면 받을 수 있는 고지서 없는 헌
금 봉투를 거둬들이는 그와 같은 사악
한 행위를 하는 것이 오늘의 종교 집
단의 지도자들이니, 그것이 아니면 아
니라 그리 말하라.
14 내가 기록하여 전하는 것이 잘못되었
다면 그들이 나에게 항변할 것이며,
나의 아들을 핍박해도 내가 너희들을
벌하지 아니할 것이니라.
15 그러나 너희들은 알라.
16 기름을 부은 것은 그 뜻이 무엇이더냐?
17 나 여호와의 뜻으로써 채워진 것이며,
모든 것을 내 뜻에 의해서 따라서 하
는 것이거늘,
18 무조건 따르고 맹종 맹신하라, 그리고
그 대가로써 재물을 바치라 하며 거둬
들일 수 있는 만큼 거둬들이는 행위를
하고 있는 것이 너희들이요, 오늘의
종교 집단이요, 믿음의 길을 가는 백
성들이요, 지도자가 하는 행위니, 그
를 어찌한단 말이더냐?
19 지금 저 자신이 사탄이 되어 구원을
이끌지도 못하는 자가 구원을 할 수
있다 울부짖고 지도하며 단상에 서서
강변하는 그와 같은 자는 구원도 모르
며 나와 관계없는 자들이라는 걸 내가
여기에 전함이니, 모든 백성들은 깊이
깨우쳐 그리하도록 하라.
20 그 소리를 듣지 말라.
21 그 소리를 믿고 따르고 있는 백성들,
너희들을 그대로 놔둬도 덜 받을 죄
를, 그들에 의하여 그들이 이끄는 곳
에 발을 들여놓음으로 하여 너희들은
돌이킬 수 없는 더 많은 죄를 지으며
용서받을 수 없는 그 죄를 짓고 있는
것이니, 그 대가가 얼마나 무서운 것

인가를 너희들은 알아야 될 것이니라.
22 구원을 받을 수 있다 몸부림치고 가는
것이 구원을 받지 아니하기 위하여 가
는 길이라는 것을 알라.
23 그대로 놔두면 나에게 구원을 받을 수
있는 백성들의 가는 길을 가로막으며,
교회라는 종교 집단들이 지금 그들을
이끌어 감이니,
24 오늘의 모든 종교 집단의 지도자요,
가르치는 것, 믿음의 길을 가는 광신
도들, 너희들 앞에는 참진리가 없으며
하늘에 오르는 길이 막혀 있음을 알
라, 그리 전하라.

11,624 번째 하나님 말씀

2004년 6월 18일 11시 01분

1 사랑하는 나의 아들아!
2 "네, 아버님! 말씀하옵소서."
3 구약의 시대에 그 백성들은 어찌하였
는가?
4 너희들은 나의 아들 예수를 죽게 하여
내 진리가 세상에 전해지지 못하도록
했음이니라.
5 그러니 그 후예인 지금의 종교 집단과
지도자 너희들이 어떠한 행위를 하느
냐?
6 그 신도들까지도 하나의 힘이 되어 하
늘에 오를 수 있는 그 문을 닫아 버렸
으며 하늘에 오를 수 있는 그 길을 뭉
개 버리는 그와 같은 짓을 하고 있음
을 알고 있느냐?
7 그 길을 막고 있는 자들이 너희들이니
라.
8 내가 오죽 답답하면 너희들에게 예를
들어 가르쳤겠느냐?
9 부모를 찾아가기 위하여 자식들이 가
는 것을, 그 마을 사람들이 부모를 만
나려면 통행세를 내라며 길을 막고 행
패를 부리는 행위와 같이
10 지금 모두를 바쳐야만 나에게 오를 수
있다는 말도 안 되는 행패를 부리는
것이 종교 집단 지도자 너희들이라 내
가 예를 들어 가르쳤거늘,
11 이 대목을 읽고 깨우친 백성 너희들이
어찌하여 거듭나는 삶을 살지 못한단
말이더냐?
12 모두가 문을 닫아 버렸으며 그 길을
뭉개 버렸으며 그 길을 찾지도 못하고
보지도 못하도록 하는 행위만 한 것이
오늘의 종교 집단의 지도자요, 그 신
도들이 한 행위임을 너희들은 알아야
될 것이니라.
13 그러하기에 지금의 형태로는 하늘의
뜻과 진리가 없으며, 너희들은 그것으
로써는 절대 구원을 받지 못한다 함이
여기에 있음을 알아야 될 것이니라.
14 사랑하는 나의 아들딸들아!
15 모든 종교 집단의 지도자들, 그리고
구원을 받았다는 백성들이 나의 뜻을
모르고 있음이니라.
16 내 뜻을 모르고 살아가니, 그 불쌍한
백성들을 위하여 내가 너희들에게 무
어라 말하였느냐?
17 세상을 바로 보려거든 거꾸로 서서 보
라 하였음이니라.
18 거꾸로 보지 아니하면 돌아가는 것을
알 수 없는 것이니라.
19 그러니 너희들이 그와 같은 형국으로
보지 아니하고 지금 살아가기 때문에,

오늘의 너희들이 사탄이요, 마귀를 세
상에 육성하는 것이요,
20 내가 천 년에 걸쳐서 아름다운 역사를
이루기 시작하는 이 지상의 낙원까지
도 너희들이 악으로써 덮으며 죄로써
덮으며, 모든 사탄과 마귀들이 지배할
수 있는 그와 같은 세상을 만들고 있
는 것이,
21 오늘의 종교 집단의 지도자요, 맹종
맹신하며 구원을 받았다고 울고불고
하는 그 백성들, 너희들이 하늘에 오
르는 길을 뭉개 버렸으며 하늘에 오르
는 문을 닫아 버리는 그와 같은 행위
를 한 자들이라는 것을 알라, 사랑하
는 나의 아들딸들아!

11,625 번째 하나님 말씀

2004년 6월 18일 11시 04분

1 사랑하는 나의 아들아!
2 "네, 아버님! 말씀하옵소서."
3 지금의 모든 종교 집단의 지도자들이
예수를 믿음으로써 구원을 받으며, 믿
지 아니하면 지옥을 간다 하여 너희들
이 길거리에 나가 울고불고 소리를 지
르며 길거리에서 찬송을 부르며,
4 '나를 보라, 나를 따르라, 예수를 믿으
라, 그렇지 않으면 지옥을 간다.' 그리
말하느니,
5 그리고 죄의 온상인 교회에 사람들을
끌어들이기 위하여 온갖 방법을 다 동
원하느니라.
6 그러면서 너희들은 그것이 나 여호와
의 뜻이요, 나의 복음을 전파하는 행
위라 그리 말하며, 그것만이 너희들이
구원을 받을 수 있는 백성이라 그리
말하고 그리 이끌어 가느니라.
7 그렇지 아니하면 절대 구원을 받을 수
없다 그리 말하니, 정녕 구원받지 못
하게 하는 사악한 짓을 너희들이 하고
있다는 것을 알고 있느냐?
8 너희들이 그와 같이 끌어들여 죄의 온
상인 너희들에게 와 사탄이 강론하는
것, 사탄이 가르치는 것을 듣고 배우
지 아니한다면,
9 너희들로부터 짊어진 그 죄에 대한 것
은 그들에게 있지 아니할 것이며, 가
벼운 죄로써 그들이 나에게 와 심판을
받게 될 것이니라.
10 그러나 가벼운 죄로써 나에게 심판을
받을 수 있는 그 백성들마저도 너희들
이 끌어들임으로 하여 그들에게 그 죄
가 가중되며 그 죄를 용서받지 못하
며, 때로는 성령을 훼방하는 그 무서
운 죄를 짓게 하니,
11 그리하여 구원을 받을 수 있는 백성까
지도 구원을 받지 못하게 하는 것이
오늘의 너희들이 하고 있는 일이라는
것을 알겠느냐?
12 지금 앞을 보지도 못하는 지도자라 하
는 자들이 앞을 보지도 못하는 나의
피조물 만백성들 앞에서 무엇을 하느
냐?
13 앞을 볼 수 있는 눈을 뜨고 살아가는
백성들까지도 끌어들여 그들의 눈을
멀게 하며 보지 못하게 하여 너희들과
같이 가두고자 하여 이끌어 가는 자들
이니라.
14 오늘의 모든 종교 집단의 맹신하는 너
희들은 앞을 못 보는 자요, 눈이 감긴

자들이니라.
15 그와 같은 자들이 눈을 뜨고 살아가는
백성들을 눈을 감게 하며 앞을 보지
못하도록 만들어, 그들을 너희들과 지
옥으로 가는 동반자로 삼아 지금 끌고
가는 그 사악한 행위만 계속하고 있음
이니,
16 여기에 끌려들어 가는 백성 너희들은
스스로 네가 지옥으로 가는 길을 간다
는 것을 잊지 말라.

11,626 번째 하나님 말씀

2004년 6월 18일 11시 08분

1 사랑하는 나의 아들아!
2 "네, 아버님! 말씀하옵소서."
3 오늘의 종교 집단 지도자들이 참진리
를 연구하며 참진리에 따라 나의 피조
물 만백성을 구원하는 길이 아니요,
너희들이 얼마나 사악한 자들이요, 얼
마나 잘못된 줄 알겠느냐?
4 나는 너희들이 존재하는 것 자체도 보
기 싫으며, 너희들이 존재하는 이 아
름다운 지구도 보고 싶지 않은 것이
나 여호와이니,
5 그 사악한 짓을 하고 있는 것이 오늘
의 종교 집단의 지도자요, 맹종 맹신
하는 신도들이 울고불고하는 그 모습
이니라.
6 너희들은 참진리의 길이요, 어렵고 좁
고 힘든 길을 가는 것, 그리하여 나에
게 오르는 길을 달려오는 것이 아니
라, 지금 어찌 살아가는가?
7 너희들은 참진리의 믿음이 아니라, 그
저 십일조를 바치는 것, 이름을 붙여
그저 헌금을 거둬들이는 것, 그것으로
써 지금 하늘에 오르는 길이요, 나에
게 오르는 길이라 그리 말하고 있음이
니라.
8 그리하여 헌금을 내는 것, 십일조를
잘 내는 것이 구원을 받는 것이요, 그
것만이 하늘에 오르는 길이라 하여 거
기에 매달리도록 나의 피조물 만백성
을 세뇌시켰으며 그들을 그리 만들어
놓았음이니라.
9 그러니 지금의 믿음이 참진리요, 하늘
의 뜻을 연구하는 것이 아니라, 재물
을 잘 거둬들이는 것이 유능한 지도자
요, 재물을 잘 바치는 것이 참진리요,
믿음의 길을 가는 백성이라 그리하니,
10 잘 받아들이고 잘 거둬들이는 것, 그
것이 하늘에 오르는 길이요, 너희들이
변화되는 길이요, 천사가 되는 길이라
지금 착각하는 이와 같은 삶에서 깨
어나지 아니하면 너희들은 결코 나를
볼 수 없음이니라.
11 이제라도 재물을 모으고 바치는 것이
참진리요, 진정한 믿음이요, 나 여호
와의 기쁨의 길이라 하여 재물을 거둬
들이는 그와 같은 행위를 하지 말라.
12 재물을 거둬들이는 것이 믿음의 우선
이 아니요, 참진리의 길을 가는 것이
우선이라는 것,
13 십일조를 바치는 것이 믿음의 우선이
아니요, 참진리의 믿음이 우선이라는
것은 너희들이 진정 나 여호와의 뜻을
위해 살아가는 것이 진정한 믿음이라
는 것을 알라 지금 가르치라.
14 믿음과 진리의 길을 가는 것이 무엇인
가를 지금 모르고 있는 어리석은 백성

들에게,
15 믿음이라는 것은 참진리의 길을 가는 것이요, 어렵고 힘든 길을 인내하며 나에게 오르는 것이 우선이요, 재물이요, 금화와 은화를 바치는 것이 우선이 아니라는 것을 전하라.
16 이를 모르는 백성, 너희들은 거듭날 수 없으며 나에게 오를 수 있는 길이 없다는 것을 알도록 그리 전하라.

11,627 번째 하나님 말씀

2004년 6월 18일 19시 03분

1 사랑하는 나의 아들아!
2 "네, 아버님! 말씀하옵소서."
3 지금까지 많은 나의 성령이요, 그 뜻을 받아 네가 만백성을 구하는 새로운 성경이요, 하늘에 오르는 이 책을 만들어 전함이니,
4 과연 지금 모든 믿음의 길을 가는 백성들을 볼 때, 그들이 어떠한 형태라 너는 생각하는가?
5 "네, 아버님! 저는 잘 알 수는 없으나, 한 가지부터 만 가지가 모두 다 잘못되었으며, 아버님의 뜻에 따라 역사하고 행하는 것이 하나도 없사옵나이다.
6 지금의 모든 백성들이 아버님의 뜻에 따라서 한 가지라도 행했더라면, 오늘과 같이 험악한 세상은 되지 아니하였으며, 굶주리는 백성이요, 고통과 시련에서 살아가는 백성은 결코 있을 수가 없사옵나이다.
7 그것이 잘못된 것이며, 그들을 볼 때 하나부터 만 가지 중에 하나도 행하고 실천한 것이 없나이다.
8 눈으로 보는 것, 저희들이 행해야 될 것, 가장 편안하게 할 수 있는 것, 그와 같은 것도 하나도 지키지 아니하고 살아가는 자들이 무엇을 지켰으며 무엇을 바로 가겠사옵나이까?
9 보이지 않는 곳까지 그들은 다 엉망일 것이며, 보이지 않는 곳은 더 썩어 있는 그들의 믿음이라 생각되옵나이다.
10 아버님께서 말씀하시기를, 이 세상의 모든 것은 아버님 것이라 하셨으며, 주인은 따로 있으며, 관리하는 자라 하셨사옵나이다.
11 그리고 성서에 기록하여 전하기를 가진 자가 없는 자에게 나눠 주는 것, 그리고 베풀어 주는 것, 그것이 사랑이며,
12 인색하지 아니하게 살며, 인색한 마음을 가지고 사는 것은 아니 되며, 자기가 가지고 있는 것을 어려운 이웃에게 나눠 주며 사는 것이 하늘의 뜻이요, 하늘에 오르는 길이라 그리 전하였거늘,
13 지금 그를 실천하지 아니하는 것이 종교 집단의 지도자라 저는 그리 생각하옵나이다.
14 종교 지도자부터 썩었으며 모든 백성이 다 썩어 그 악취가 하늘을 진동하며 세상을 덮었사옵나이다.
15 지금의 믿음의 길을 가는 백성들의 숫자를 헤아려 본다면 믿지 않는 백성보다 더 많을 것이며, 그들이 가지고 있는 재산이야말로 믿지 않는 백성보다 더 수없이 많은 재산을 소유하고 있다 생각하옵나이다.

16 그러니 그 백성들이 아버님의 뜻을 따
라 그걸 나누어 주며 베푸는 그와 같
은 사랑을 행했더라면,
17 그 한 가지만 모든 백성들이 행하고
실천했더라도 이렇게 배고픈 백성은
없으며, 기아에 허덕이는 백성은 없으
며, 고통 속에 살아가는 백성은 없을
것이라 그리 생각하옵나이다.
18 온 세상이요, 이 지구상을 다 털어서
말을 한다 해도, 가난하고 굶주려 죽
어 가는 백성들을 구제할 수 있으며
그들을 살릴 수 있다 생각되옵나이다.
19 저희들이 호의호식하며 살아가면서
세상 곳곳에서 가난에 허덕이고 기아
에 허덕이며 죽어 가는 백성들을 그
들은 볼 수 있으며 느끼고 있사옵나이
다.
20 그리고 그 현장들을 보고 있는 것이
오늘의 현실이옵나이다.
21 그러나 가진 자들이 그를 베풀며, 믿
음의 길을 가는 자들이 나누는 것이
사랑이요, 배고픈 자를 배불리 해 주
는 것이 사랑이라면,
22 그것 한 가지만 실천해도 그들의 재
산이요, 가지고 있는 것으로 기아에
허덕이고 굶주려 가는 그 백성들을 살
리고 남을 재물이요, 영향력이 충분히
있사옵나이다.
23 그것도 행하지 아니하고 실천하지 않
는 것이 그와 같은 백성들이요, 그들
의 믿음이니, 이게 바로 하나부터 만
가지까지가 다 잘못되었음이니,
24 보이지 않는 믿음이야말로 그들이 얼
마나 엉터리요, 얼마나 잘못 가는 것
인가, 저는 그리 깨닫고 있사옵나이다.
25 동양의 작은 이 나라에도 지금 수많은
교회라는 게 섰으며, 성당이라는 게
섰으며, 법당이라는 게 섰으며, 성전
이라는 것이 수없이 있사옵나이다.
26 모든 종파 종교 집단들이 있사옵나이
다."
27 나를 찾고 나를 경배한다는 그와 같은
백성들이 지금 얼마나 많은 것인가를
너는 알고 있지 않으냐?
28 "네, 알고 있사옵나이다.
29 아버님을 경배하며 아버님의 뜻에 따
라 살아간다는 그 많은 자들이 얼마나
많은 교회가 있으며, 얼마나 많은 성
당이 있는지 저는 알고 있사옵나이다.
30 그들이 아버님의 뜻에 따라 하나만 실
천하고 나눔을 베풀었다 해도, 그들이
가지고 있는 것을 이웃에게 나눠 주었
다면,
31 이 세상은 도둑이 없으며, 강도가 없
으며, 재물 때문에 사람을 죽이고 살
리는 일도 없으며, 부모를 버리는 일
도 없으며, 부모가 자식을 버리는 그
와 같은 일은 있을 수 없을 것이옵나
이다.
32 모든 믿음의 길을 가지고 있는 자들이
소유하고 있는 그 재산이요, 그리고
믿지 않는 자들이 가지고 있는 재산을
비교할 때,
33 가지고 있는 자들이 더 많은 몇 배의
양을 가지고 있으며 그들이 가난한 자
를 다 구원할 수 있다 생각하옵나이다.
34 많이 가진 자가 나눠 주었을 때 그 고
통은 다 면할 수 있는 것이거늘, 그것
하나도 행하지 아니하고 욕심으로 그
득 차 움켜쥐고 있으며, 제 창고에 쌓

아 놓고자 마음의 문을 닫고 있는 그
와 같은 자들이기에,
35 그것이 바로 믿음이 아니요, 참진리가
아니요, 이 동양의 작은 나라의 길거
리에서 '예수를 믿으면 천국이요, 믿
지 아니하고 불신하면 지옥으로 간
다.'는 그와 같은 자가 부끄럽고 추한
모습인 것을 모르옵나이다.
36 성서에 가지고 있는 재산을 나눠 주라
했듯이, 아버님께서 나눠 주며 가난한
자를 도우며 같이 살라 했던 그 엄한
명령 하나라도 지키고 있다면,
37 이 세상은 천국이 되었을 것이며 하늘
에서 이루어진 것같이 지상의 낙원이
되었을 것이거늘,
38 그것 하나도 행하지 아니하며 보고
들으면서도 행하지 않는 것이 오늘의
믿음이요, 종교 집단의 지도자이옵나
이다.
39 모든 지도자들은 사랑하는 아버님의
백성들의 욕심의 마음을 역이용하여
십일조요, 10분의 1만 바치라 하여 거
둬들이옵나이다.
40 그들이 10분의 1만 가지고 만백성을
구하는 것이요, 네 이웃을 도우라 한
다면, 그 10분의 1을 가지고 만백성을
도왔다면, 이 세상은 지금보다도 더
아름다운 것이요, 천국이 되었을 것이
옵나이다.
41 그러니 그들이 거둬들이기 위해서, 그
들이 편안한 삶을 살기 위하여 남들을
도와주고 남들에게 베푸는 것까지도
막으며 그리하지 못하도록 하는 것이
오늘의 종교 집단의 지도자 그들이 곧
사탄이요, 마귀의 자식이 아니옵나이
까?
42 그들이 10분의 1을 저희들에게 바치
라 하지 말며 남들에게 나눠 주라 하
면 될 것을, 저희들이 받아들이고 거
둬들이니,
43 남에게 베풀고 나눠 줄 수 있는 그 여
유의 재물까지도 그들이 가로채는 그
와 같은 형국이니,
44 그게 사탄이요, 마귀가 되어 지금 행
하고 있는 자요, 그들이 세상을 덮음
이니, 그들의 말에 '아멘!'이요, '할렐
루야!' 찾으면서 바위보다 더 굳어진
오늘의 그 집단들,
45 그들이 바로 저희들을 공격할 것이며
저희들을 무너트릴 것이며 저희들이
세상에 존재하지 못하도록 무섭게 몰
아닥치는 것, 그와 같은 행위를 서슴
없이 하는 것이 그들의 행위옵나이다.
46 그러니 하나부터 만 가지가 다 잘못되
었으며, 하나도 바로 선 것이 없으며,
하나도 바로 가는 것이 없는 것이 오
늘의 세상의 이치라 저는 그리 생각하
옵나이다, 아버님!"
47 사랑하는 나의 아들아! 그러하니라.
48 그것이 바로 오늘의 현실이고 오늘의
삶이니, 나 여호와의 마음이 얼마나
아프며, 내가 얼마나 이를 보기가 역
겨운 줄 알겠느냐?
49 너희들은 그리 가서는 아니 될 것이며
그리 행해서는 아니 될 것이니 그리
알라.
50 그리하여 재물을 보기를 벌레처럼 보
며, 네가 그리 느끼며 가는 마음이 아
름다운 마음이라 함이니라.

11,628 번째 하나님 말씀

2004년 6월 18일 19시 10분

1 사랑하는 나의 아들아!
2 "네, 아버님! 말씀하옵소서."
3 성경을 가지고 공부를 했으며, 그 성
경에 기록하여 전하기를 나눠 주는 것
이며 베푸는 것이라 그리하였느니라.
4 그러니 그를 배우고 가르친 그 종교
집단이요, 믿음의 길을 가는 자들이
그를 행하지 아니하며 인색하기 끝이
없으며 제 창고에 쌓아 놓기에 쉬지
않음이니,
5 바로 알아서 행해야 될 그들이 그를
역행하는 세상이 되었으니, 이 세상이
어떻게 평화가 있으며 행복이 있으며
아름다움이 있단 말이더냐?
6 모르는 백성은 모르기에 그냥 간다고
하자.
7 그를 알고 있는 백성들이 모르는 백성
보다 더 많이 있는 이와 같은 세상에
서, 그들이 제 인색함이요, 욕심 때문
에 그 모두를 움켜쥐고 입을 다물고
봉하고 있으며,
8 그를 봉하도록 하여 그들에게 십일조
라는 그 10분의 1만 거둬들이면 하늘
에 오를 수 있으며 축복을 받는다는
것이 오늘의 종교 집단의 지도자들이
요, 그들이 하고 있는 그 추한 행위이
니, 이 세상이 말세요, 도둑이 들끓는
세상이 될 수밖에 더 있더냐?
9 지금의 종교 집단의 지도자들이 몇천
년이 흘러오면서도 저희들이 재물을
거둬들이는 데만 모두를 바친 것이요,
그리고 저희들은 참진리요, 하늘의 뜻
이 아니라 거짓된 행위만 지금까지 해
왔음이니라.
10 지금이라도 그들이 거짓된 행위를 버
리지 못하면 나의 피조물 만백성이 구
원의 길을 오지 못하는 것이니라.
11 그들은 선보다도 악습이요, 악행에 숙
달되었으며 훈련된 자들이요, 거기에
모든 취미를 붙인 자들이요, 그것밖에
는 사는 의미를 모르는 자들이니,
12 계속 악습을 자행하고 있는 것이 오늘
의 종교 집단의 지도자들이니라.
13 그리고 저희들이 편안한 길이 하늘에
오르는 길이라 울고불고하는 그 백성
들이 더불어 살라 하면서 이 세상을
이렇게 아래위로 혼탁하게 만들어 놓
은 결과가 되었음이니라.
14 나 여호와의 참뜻이요, 참진리를 모르
면서 저희들은 십일조요, 각종 헌금을
거둬들이는 데만 모두를 다 역사한 것
이요,
15 신학의 공부요, 깨달았다는 종교 지도
자 너희들은 재물을 거둬들이는 박사
학위요, 그 학위를 몇 개나 가지고 있
느냐, 너희들이 거기에 얼마나 조예가
깊으며 얼마나 능력을 발휘하는 박사
가 되었느냐, 그것으로써 평가하며 평
가받는 그와 같은 세상이 되었으니,
16 지금 너희들이 재물을 거둬들이는 박
사 학위를 따기에 혈안이 되었으니,
17 모든 종교 집단 지도자들이 나의 피조
물 만백성에게 십일조요, 각종 헌금이
라 하여 영수증 없이 갈취하는 그 박
사 학위를 너희들이 몇 개씩 가지고
있는지 알겠느냐?
18 수십 개씩 가지고 있는 것이 오늘의

종교 지도자 너희들이니라.
19 물질을 앞세운 열성도를 가지고 얼마
나 많은 양을 바치느냐, 얼마나 수시
로 갖다 바치느냐, 있는 것 없는 것 다
털어서 바치느냐,
20 그 열성도를 가지고 그들이 섬기는 것
이 나 여호와를 믿고 안 믿는 것이라
잣대로 재어 그들에게 공포심을 자아
내며,
21 바치지 아니하면 편안할 날이 없도록
그리 만들어 간 것이 오늘의 종교 집
단 너희들이 아니더냐?
22 그러면서 더욱이 하늘에 오르고 못 오
르는 것을 그것으로써 심판하는 것처
럼, 너희들이 심판관이 된 것처럼 그
와 같은 사악한 행위를 하고 있는 것
이 너희들이라는 것을 알라.
23 너희들이 각종 헌금을 거둬들이는 수
없이 가지고 있는 박사 학위를 다 버
리지 아니하는 만큼, 그 박사 학위를
가지고 있는 것만큼, 너희들이 영원히
사는 세상에서 그를 치러야 된다는
것, 그 대가를 지불해야 된다는 그 무
서움이 기다리는 것을 그들에게 먼저
전해 주라.

11,629 번째 하나님 말씀

2004년 6월 18일 19시 16분

1 사랑하는 나의 아들아!
2 "네, 아버님! 말씀하옵소서."
3 지금의 모든 종파요, 종교 집단이 문
을 닫아야 하늘에서 이루어진 것같이
이 세상에서 이루어지며 사랑을 베푸
는 세상이 됨이니라.
4 사랑을 베풀고 실천하고 가르친다는
그 종교 집단들이 사랑을 막고 있으
며, 하늘에서 이루어진 것같이 이 세
상에 이루어짐을 모두 막음이니라.
5 너희들이 하늘에 오르는 길이요, 천국
에 가는 길이라 하여 재물을 갈취하고
거둬들이지 아니한다면,
6 종교 집단 지도자 너희들이 바로 서서
바로 가르친다면, 이 세상은 지금 지
상의 낙원이 되었을 것이니라.
7 법당이라는 곳에 갖다 바치는 것을,
거기에 있는 자들이 이 모두는 법당에
바치지 아니하며, 내가 있는 곳에 가
져오지 말며, 네 이웃에게 나눠 주며
어려운 백성이요, 가난한 백성에게 나
눠 주는 것이 극락세계에 가는 길이라
그리 가르쳤다면, 그들은 나눠 주기
위해 정신이 없을 것이니라.
8 모든 종교 집단이요, 목사라 하는 너
희들이 얼마나 사악한 자며 간악한 자
들인 줄 알겠느냐?
9 너희들에게 십일조를 바쳐라, 재물을
바쳐라 그리하지 말고 그것을 네 이웃
에게 나눠 주고 네 이웃에게 베풀어
주라,
10 그러면 너희들이 하나님의 음성을 들
을 것이며, 하나님을 만나게 될 것이
며, 하나님을 보게 될 것이며, 스스로
천국의 나의 나라에 올 수 있으니,
11 사랑을 베풀라, 그리고 교회에 바치지
말라, 더 큰 교회를 짓는 데 내지 말
라, 그저 불쌍한 이웃에게 도와주라
그리 말하고 그리 전해서,
12 만백성이 서로 도와주는 사람이요, 도
와주기에 혈안이 되었다면, 지금 이

세상은 자연히 아름다운 세상이 되었
을 것이니라.
13 신부라 하는 자들이요, 같은 종교 집
단에 있는 자, 너희들이 모두를 성스
러운 체하지 말며, 거둬들이지 아니하
며 받아들이지 아니하며,
14 이웃에게 나눠 주며 가난한 자에게 직
접 나눠 주도록 하라, 그것이 천국이
요, 하늘에 오르는 길이라 너희들이
그리 가르치고 전했다면,
15 이 세상은 믿는 자가 더 많으니, 나눠
주는 자가 더 많으며 베풀고자 하는
자가 더 많으니, 이것이 하늘의 나라
요, 천국이요, 하늘에서 이루어진 것
같이 지상에서 이루어지는 것이거늘,
16 그 간단한 이치를 모두 다 막아 버린
자요, 그 모두를 망가뜨린 자들이 오
늘의 종교 집단의 지도자들이니라.
17 그러니 내가 그것을 지금 다 뽑아 불
태우고자 하며, 그 문을 모두 닫고자
하며,
18 바로 이와 같은 세상이요, 주고자 하
여 병이 나는 백성이 되고, 주고자 하
여 몸살이 나는 자, 주고 하늘에 올라
가고자, 제가 가볍게 하여 하늘에 오
르고자 하는 자, 가볍게 해서 아버님
께 가고자 하는 백성들이 나눠 주고
또 나눠 줌이니,
19 이제는 받을 자가 없을 것이며, 받고
자 하는 자가 없을 것이니, 모두가 나
눠 주고 나눠 주는 그와 같은 세상이
되었다면,
20 너희들은 오로지 받아들여 교회를 지
으며 성당을 지으며 법당을 짓고 회당
을 짓는 게 아니라, 그것을 가지고 이
웃에게 주라, 남에게 주라 그리 가르
치고 했다면, 이 세상은 완벽한 천국
이 되었을 것이니라.
21 그를 역행하는 짓을 했기 때문에 내
뜻을 거역한 자요, 하늘에 오르는 자
가 없으며 내 뜻에 따라 행하는 자가
없다 함이니라.
22 그리하여 이와 같은 세상을 만들고자,
이와 같은 뜻으로 역사하고자 내가 모
두를 지금 나의 아들을 통하여 160권
의 새로운 성경을 내보내며 내가 새로
운 시대를 열어 감이니라.
23 그저 나눠 주라, 베풀어 주라 그리 가
르치면 되는 것을, 제가 챙기고 도둑
질하고 갈취하고 제 앞에 가져오라 하
여,
24 더 큰 법당을 웅대하게 짓기 위하여,
더 큰 교회를 웅대하게 짓기 위하여,
궁궐 같은 성당을 짓기 위하여 온갖
추악한 짓이요, 작태를 부려 가면서
너희들이 하는 것이니라.
25 오늘 이 순간부터 나의 법전이 잘못되
었으며, 나의 새로운 성경이 잘못되었
으며, 나의 아들이 잘못 가르치고 잘
못 간다 하지 말고,
26 너희들의 성전 앞에, 너희들의 법당
앞에, 너희들의 성당 앞에 서서 재물
을 가지고 오는 자에게,
27 네 이웃에게 주며 가난한 자에게 주
라, 여기에 들여오지 말라, 돌려주라,
그것이 하늘에 오르는 길이라 그대로
가르치고 전했더라면,
28 그 모두가 돌아서서 어렵고 불쌍한 자
를 찾아 도와줄 것이니, 이 세상은 하
늘에서 이루어진 것같이 천국으로 벌

써 이루어져 있을 것이니라.
29 그를 막은 자요, 그걸 역행한 자들이
기 때문에 오늘 이와 같은 험악한 세
상이 되었음을 알라 그리 전하라.

11,630 번째 하나님 말씀

2004년 6월 18일 19시 23분

1 사랑하는 나의 아들아!
2 "네, 아버님! 말씀하옵소서."
3 너희들은 알아야 될 것이니라.
4 죄의 온상인 성전이나 교회를 화려하
게 장식하는 데 모두를 다 바치며 그
를 위하여 너희들이 살아오지 않느냐?
5 그러니 너희들은 사랑이 없는 자들이
니라.
6 내가 나의 아들을 통하여 너희들에게
무어라 말하였느냐?
7 성서에 기록하여 내가 너희들에게 말
하기를, 나눠 주며 베풀며 살라 하였
느니, 믿는 자가 믿지 않는 자보다 가
난한 자가 더 많거늘,
8 너희들이 베풀지 아니하고 나눠 주지
아니하였기에 이 아름다운 세상이 지
옥이 되었으며 범죄의 세상이 되었다
하지 않더냐?
9 모든 종교 집단의 지도자들은 거둬들
이기 전에, 모든 불쌍하고 가련한 이
웃에게 돌려주라, 그들에게 주는 것이
하늘에 오르는 길이요, 극락세계를 가
는 길이라 그리했다면,
10 나눠 주기 위한 자들이 이 세상에 들
끓을 것이라 그리하지 않았더냐?
11 남의 것을 훔치고 도둑질하기 위해서
들끓는 그와 같은 세상이 아니라, 그
들은 찾아볼 수도 없으며,
12 서로가 주려 하고 안 받으려고 하는
마음을 가지고 사는 것이 나의 백성들
이요, 주고자 하여 찾는 사람이 줄 사
람이 없고 찾기가 어려운 그와 같은
세상이 되었을 것이니,
13 이것이 바로 천국이요, 바로 이것이
하늘나라이니라.
14 그러니 그 모두를 막아 버린 것이 너
희들이라 하지 않더냐?
15 그러니 저희 교회요, 저희 성당이요,
법당을 화려하게 장식하는 데 모두를
다 바치고 거기에만 혈안이 되었으니,
16 그것이 무슨 종교 지도자요, 나 여호
와의 뜻에 의해 역사하는 자요, 만백
성을 구하여 가르치는 자들이라 하더
냐?
17 너희들이 교회의 담장 너머에서 살아
가는 불쌍한 사람들의 삶을 들여다봤
는가?
18 그들의 어려움을 너희들이 본 적이 있
는가?
19 그 백성을 돕는 것이 너희들이 하늘에
오르는 길이요, 교회라는 곳, 법당 옆
에, 그리고 성전 옆에, 성당 옆에 있는
가난하고 어려운 사람들이 너희들의
담 밑에서 어렵게 살아가는 그들을 행
복하게 해 주는 것, 그들이 기쁨을 얻
게 하는 것이 너희들이 먼저 해야 할
일이라는 것을 알라.
20 이제 믿음의 길을 가는 백성 너희들은
들으라.
21 너희들이 집의 담장을 높이 쌓지 말라.
22 그리고 남들이 넘겨다보지 못하도록
그리하지 말라.

23 너희들의 집 담장 밑에 살아가는 가난
하고 불쌍한 그 백성들을 도와 그들이
행복한 삶이요, 아름다운 삶을 살아갈
수 있도록
24 인간으로서 태어난 것이 행복하며, 네
이웃이 있어서 행복하며, 아침저녁으
로 매일 만날 수 있는 사랑하는 사람
이 있으며, 돕고자 하는 사람이 있기
에,
25 인간의 삶을 느끼며, 하나님이요, 나
여호와가 존재하며, 나에게 감사하며
스스로 고개 숙여 기도할 수 있는 백
성들이 되도록 너희들이 그리 돕고 살
아가는 것이 가장 중요한 것이요, 그
것이 하늘에 오르는 길이니라.
26 너희들이 성경책을 옆에 끼고 교회에
나가는 것, 그것이 구원을 받는 것이
아니라, 너희들은 사탄에게 뇌물을 주
며 사탄에게 힘을 실어 주는 자요,
27 사탄에게 뇌물을 줘 너희들을 지옥행
으로, 그것도 가장 가혹한 지옥으로
태워서 끌고 가 달라 애걸복걸하는 것
이 너희들 믿음의 길을 가는 자요, 성
경책을 가지고 가는 자들이니라.
28 그 성경책을 가지고 가기 전에 네 담
장 밑에 살아가는 네 이웃의 가난하고
불쌍한 사람에게 행복을 나눠 주는 것
이 나에게 오르는 길이요,
29 검정 성경책을 가지고 공부한다고 가
는 것이 구원의 길이 아니라는 것을
그 어리석은 백성들에게 깨우쳐 주도
록 그리하라.

11,631 번째 하나님 말씀

2004년 6월 18일 19시 41분

1 사랑하는 나의 아들아!
2 "네, 아버님! 말씀하옵소서."
3 성령으로 임하지 못한 종교 지도자,
나의 아들 예수를 통하여 나의 참뜻이
요, 하늘의 뜻을 전하고자 했던 것을
잘 알지 못하며 깨닫지 못하는 자들로
하여금 오늘날 수를 헤아릴 수 없이
많은 종교 집단과 종파가 생겼음이니
라.
4 나의 아들을 통하여 내리는 참진리요,
하늘의 뜻을 그대로 받아들이는 종교
집단이요, 백성들이었다면,
5 오늘같이 험악한 세상이요, 너희들이
첫 단추를 잘못 끼워 재물을 모으는
집단으로 종교가 타락하고 전락하지
는 아니하였을 것이니라.
6 그리고 수를 헤아릴 수 없이 많은 종
교요, 종파가 생길 수도 없었음이니라.
7 그러니 그 많은 종파요, 집단이 생긴
것은 하늘의 뜻을 모르며 내 뜻을 이
미 벗어난 것이요, 내 뜻을 거역한 것
이니라.
8 하늘의 진리요, 하늘의 뜻은 모두가
하나로써 역사하는 것이지, 수천수만
가지의 헤아릴 수 없는 종교 집단이
요, 종파요, 이와 같은 것은 이루어질
수 없는 것임을 너희들은 알라.
9 그러니 하늘의 뜻을 모르고 인간의 교
리로써 너희들이 구원과 지옥과 이방
인이라는 그와 같은 단어를 만들어 나
의 피조물 만백성을 혼돈케 하였으며,
10 그들에게 너희들이 위협적으로 군림

하는 행위의 오늘의 종교 집단이 되지
아니하였던가?
11 그러니 거기에는 진리가 없으며 내 뜻
이 없음이니라.
12 나의 아들 예수의 진리의 가르침이 아
니라, 오늘의 믿음의 길을 가는 그 백
성들이 잘못된 것이 무엇이더냐?
13 나의 아들이 전하고자 했던 진리요,
그 길은 어렵고 힘들며 너희들이 감당
키 어려운 것이기 때문에,
14 십자가에 매달려 죽은 나의 아들 예수
의 죽음으로써 생각하며 거기에 울고
불고하는 것, 그것이 참진리요, 진정
한 신앙의 근본인 줄 알고 있음이니라.
15 그러니 너희들이 바로 무엇이더냐?
16 내가 지키라는 그 십계명은 인간이기
에 지킬 수 없다 그를 비켜 가며 사악
한 짓을 하듯이,
17 나의 아들 예수가 전하고자 했던 어렵
고 힘든 그 좁은 길이요, 그 믿음의 길
을 가는 것이 아니라,
18 나의 아들 예수가 십자가에 못 박혀
죽어 간 그 고통 그것이 바로 참진리
요, 그것이 신앙인 것처럼 너희들이
지금 그리 나의 피조물 만백성을 이끌
어 가니,
19 거기에 다 너희들의 교리요, 지식과
상식으로써 나의 피조물 만백성을 지
금 이끌어 감이니라.
20 그러니 이것이 하늘의 길이 아니요,
암흑의 세상을 만들었으며 암흑의 세
계에서 허덕이는 나의 백성들의 오늘
의 형국이라는 걸 알라.
21 지금의 종교 집단이 죄 없는 나의 백
성들까지 죄를 만들게 하며, 죄를 짓
지 아니하려는 백성들이요, 그대로 갈
수 있는 백성들에게 죄를 짓도록 만든
것이 너희들이니라.
22 오죽하면 나의 아들을 통하여 내가 무
어라 하였느냐?
23 눈먼 자, 앞을 못 보는 종교 지도자가
눈을 뜨고 바르게 살아가는 나의 백성
들까지도 눈을 멀게 하여 저와 같이
가고자 하는 그와 같은 사악한 자들이
라 내가 하지 않았더냐?
24 그러니 지금의 모든 종교 집단의 지도
자요, 그 믿음의 길을 가는 백성, 너희
들은 참진리를 알려고 아무리 발버둥
쳐도 그를 알 수가 없으며,
25 너희들이 아무리 가려고 몸부림치고
울고불고 어떠한 짓을 해도 천국을 갈
수 없으며 못 가는 대표적인 것이 바
로 너희들이라는 것을 알라 그리 전하
라.

11,632 번째 하나님 말씀

2004년 6월 18일 20시 09분

1 사랑하는 나의 아들아!
2 "네, 아버님! 말씀하옵소서."
3 나의 아들이나 그 제자들, 그리고 새
로운 성경을 만들고 가르치는 그 지도
자들이요, 그를 따르는 모든 백성들을
지금의 믿음의 길을 가는 종교 집단의
지도자 너희들이 그들이 바로 가고 못
가는 것은 평할 수 있으며,
4 그들이 잘못 감으로 인하여, 나의 아
들이 잘못 살아감으로 인하여 너희들
이 핍박할 수 있으며, 그들을 너희들
이 채찍질할 수는 있으나,

5 내가 나의 아들을 통하여 내리는 새로
운 성경을 핍박하고 욕하는 그와 같은
행위를 해서는 결코 그 죄를 면할 수
없으며 벗어날 수 없음을 알라.
6 너희들이 나의 아들과 나의 아들을 따
르는 제자들이요, 그 지도자를 핍박할
수 있으나,
7 너희들이 새로운 성경을 핍박하는 것
은 결국 성령을 훼방하는 죄니, 그 죄
는 용서받지 못함을 알아야 될 것이니
라.
8 모든 종교 집단의 지도자 너희들이 얼
마만큼 지금 잘못 가고 있으며 나의
성령을 훼방하는지 아는가?
9 나의 십계명을 부정하는 자, 인간이기
때문에 지킬 수 없으며 그리 살아갈
수 없다 하는 자, 너희들이 바로 무엇
인 줄 알겠느냐?
10 너희들이 성령을 훼방하는 자들임을
알아야 될 것이니라.
11 나의 새로운 성경을 욕보이는 자, 또
한 성령을 훼방하는 자요, 그 죄는 결
코 용서받지 못한다 하였음이니라.
12 더욱이 나의 아들 예수가 재림하여 너
희들을 구원하러 온다는 것, 하늘의
천사와 천군을 데리고 나팔 불며 나의
아들 예수가 내려와 구원하고 구원하
지 않을 자를 구별하는 그와 같은 역
사를 이룬다 하여 가르치는 자,
13 그것도 너희들이 바로 알지 못하는 자
요, 그와 같은 역사가 있을 수 없으며,
나의 아들 예수가 재림하는 길은 없
다, 나의 새로운 성경에 기록했음이니,
14 그와 같이 가르치는 자도 바로 너희들
이 성령을 훼방하는 죄를 짓고 있다는
것을 알라.
15 너희들이 지금까지 마음대로 예수가
재림하여 너희들을 구원할 자, 구원하
지 않을 자를 구별하는 그와 같은 역
사가 이루어질 것이니, 그때를 기다리
라 하여 가르치는 것,
16 그것이 성령을 훼방하는 자요, 구원을
받을 자까지 구원을 받지 못하게 하는
죄목이라는 것을 알라.
17 너희들은 버릴 자, 그리고 구원할 자,
살릴 자, 그 모두를 다 너희들이 와서
가르고 구분한다 하였음이니라.
18 그것 또한 너희들이 얼마나 성령을 훼
방하는 죄라는 것을 내가 여기 기록하
였음이니, 그와 같은 말을 두 번 다시
해서는 아니 될 것이니라.
19 더욱이 나의 아들 예수가 재림하여 죽
은 자와 산 자 가운데서 구원할 자와
구원하지 못할 자를 구분한다 했음이
니,
20 이것도 또한 너희들이 나의 성령을 훼
방하는 크나큰 죄를 짓고 있다는 것을
내가 나의 새로운 성경에 기록하여 전
함이니, 이를 명심하고 명심하여 두
번 다시 그와 같은 말을 하지 말라.
21 새로운 성경에 기록된 것, 나 여호와
가 나의 아들을 통하여 내리는 160권
의 '하늘에 오르는 길'이요, '하나님!
말씀하옵소서.' 하는 내 성령의 모두
를 내려보내 기록한 새로운 성경의 내
용을 그대로 행하지 않고 너희들이 반
대되는 행위를 하는 것, 거기에 없는
내용을 가지고 가르치는 것,
22 그 모두가 다 성령을 훼방하는 죄에
속함을 너희들은 알아야 될 것이며,

23 그 죄는 너희들이 벗어나지 못하고 다
시 거듭날 수 있는 기회가 영영 없다
는 그 무서운 사실을 그들에게 전하
며, 성령의 훼방 죄가 무엇인가를 깨
우쳐 주도록 그리하라.

11,633 번째 하나님 말씀

2004년 6월 18일 20시 13분

1 사랑하는 나의 아들아!
2 "네, 아버님! 말씀하옵소서."
3 하늘의 뜻이 무엇이더냐?
4 참진리가 아니더냐?
5 그러니 하늘의 뜻과 진리는 하나로써
모두가 다 역사함이니라.
6 바로 진리와 하늘의 뜻이 같은 것이
니, 하늘의 뜻과 같이하지 아니하는
자는 나 여호와가 역사하는 것이 아니
며, 거기에 역행하는 자들이니라.
7 그러니 지금의 모든 종교 집단 지도자
들이 가고 있는 그 믿음이 참진리의
길을 가지 아니하고 있다면,
8 이는 하늘의 뜻과 너희들이 같이하지
아니하는 것이기 때문에 너희들은 구
원을 받을 수 없으며 나에게 오를 수
없다는 것을 알아야 될 것이니라.
9 그러니 참진리만이 하늘의 뜻이라는
것을 알라.
10 하늘의 뜻이 아닌 것은 인간이 만든
교리요, 너희들이 말로써 만들어 말로
써 전하는 것이니라.
11 그러니 그게 곧 악습으로써 나의 피조
물 만백성을 무너트리는 그와 같은 결
과가 되고 있음을 알라.
12 지금 인간이 만들어 낸 교리요, 그를
가지고 참진리라 너희들이 가르치고
전하기 때문에,
13 진정한 나 여호와의 뜻이요, 내가 너
희들을 구원하고자 내렸던 하늘의 뜻
은 모두가 묻혀 버렸으며 다 지워져
버린 그와 같은 형국이 되어 버렸느니
라.
14 그러니 진정한 하늘의 뜻을 찾아볼 수
가 없으며, 나 여호와가 바라며 내가
원하는 참사랑이요, 진정한 사랑은 나
의 피조물 만백성들이 행할 수가 없으
며 찾아볼 수도 없는 것이니라.
15 참사랑이요, 진정한 사랑, 그것이 나
의 본체요,
16 내가 너희들에게 말하기를 그 모든 열
매를 열게 하며 그 열매를 내가 거둬
들이는 것이 진정한 사랑이요, 참사랑
을 행하고 살아가는 너희들의 삶의 결
과라 하였음이니라.
17 그러나 지금 가르치는 그 백성들이 잘
못 가르치며 내 뜻을 모르며 내 뜻을
거역하는 그와 같은 것으로써 가르치
고 역사하기 때문에,
18 나의 백성들이 참사랑을 알지 못하며,
너희들이 나로부터 받은 그 행복한 삶
이 무엇인가 그것도 보지 못하며 행하
지 못하며 살아 보지도 못하는 그와
같은 형국이 되어 버렸음이니라.
19 그러니 내가 너희들을 위해서 내린 편
안한 삶이요, 행복이요, 그리고 진정
한 사랑을 베풀고 나누는 그와 같은
모든 것은 다 밀려져 버렸으며 흔적이
없어졌으며 지워져 버린 오늘의 형태
가 되었으니,
20 이를 내가 바로잡고 바로 역사하고자

하는 것이 오늘의 길을 가고 있는 것
이라는 것을 너희들은 알라.

11,634 번째 하나님 말씀

2004년 6월 18일 20시 21분

1 사랑하는 나의 아들아!
2 "네, 아버님! 말씀하옵소서."
3 나의 뜻대로 행하고 믿음의 길을 간다
면, 지금의 동양의 작은 나라에 가난
은 결코 없었을 것이니라.
4 내가 성경에 기록하여 너희들에게 전
하기를 무어라 했느냐?
5 너희들이 욕심을 부리지 아니하며 가
지고 있는 자, 더 많이 가진 자가 나눠
주며, 이웃과 더불어 나누며 사는 것
이 하늘의 뜻이요, 구원의 길이라 내
가 성경에 기록하여 너희들에게 가르
쳤으며 그리 전하라 하지 아니하였더
냐?
6 나누며 베풀며 살라 했느니라.
7 지금 믿음의 종교요, 그 믿음의 길을
가는 백성들, 그들이 얼마나 많은 백
성들이 있으며, 믿지 않는 백성보다도
더 많은 것이 동양의 작은 나라에 믿
음의 길을 가는 백성이라 그리하지 않
았더냐?
8 너희들이 정녕 나 여호와의 뜻대로 살
아가는 백성이라면, 오늘의 이 동양의
작은 나라는 천국이 되었을 것이라 내
가 말하지 않더냐?
9 가진 자요, 부자가 나눠 주는 삶을 살
라 했으며, 신앙이요, 종교의 믿음의
길을 가는 백성 너희들이 더 그와 같
은 역사를 앞장서서 했어야 될 것이며,
10 종교 지도자들이 나누며 사랑을 하고
베풀며 가진 자가 이웃에 나눠 주도록
가르쳤다면, 오늘 이와 같이 험악한
세상은 결코 되지 아니하였을 것이니
라.
11 믿음의 길을 가는 백성들이 가진 것이
더 많거늘, 어찌하여 너희들은 나의
뜻대로 나눠 주며 베풀지 아니하고 살
아간단 말이더냐?
12 그리고 없고 가난한 것을 면하지 못하
고 지금 네 주변에 고통 속에 살아가
는 그 백성들이 더 많이 있음이니, 이
것이 바로 너희들이 나의 뜻대로 살아
가지 않는 가장 큰 증거이니라.
13 이제는 믿음의 길을 가는 종교 집단이
요, 그 신도들, 너희들에게 내가 물어
보고자 함이니라.
14 너희들 주변이요, 교회 주변에 과연
어렵고 힘든 백성들이 보이지 않던가,
그 백성들이 없더냐?
15 나 여호와가 보는 너희들의 그 모습은
너희들이 지은 교회요, 성전이라는 곳
을 궁궐같이 호화롭게 지어 놓고 모
든 것을 누리고 있는 그 주변에 있는
백성들이 얼마나 가난에 굶주리며 힘
들고 어려운 백성들이 많은 줄 알겠는
가?
16 그들을 보지 아니하며 그들을 기억하
지 아니하며 그들을 생각도 아니 하는
것이 너희들이니라.
17 너희들이 성경책이라는 걸 들고 성경
책을 믿고 공부를 하며 구원을 받는다
고 가는 곳,
18 너희 자신이 구원받기 위하여, 더 큰
것을 얻기 위하여, 더 영광을 얻기 위

하여 너희들이 매일같이 기도하고 경배한다 하여 울고불고하는 그 주변이요,
19 너희들이 매일 성경책을 들고 죄의 온상인 교회를 가는 그 길 주변에 어렵고 불쌍한 백성들이 과연 없더냐?
20 내가 알기엔 너희들이 그 성경책을 들고 나를 경배하며 은혜를 베풀며 사랑을 나누며 산다 하여 찾아가는 교회라는 곳의 그 길옆에
21 어렵고 불쌍한 백성들의 울음소리가 수없이 들리며 끊일 날이 없는 그와 같은 어려운 삶을 사는 백성이 수없이 있음이니라.
22 과연 너희들은 그 불쌍하고 어려운 자들의 울음소리에 귀 기울여 봤으며, 그 담장 너머에 어려운 백성들과 같이 하고자, 그들과 나누고자 한 번이라도 발길을 같이했으며, 그들과 더불어 너희들이 무엇인가를 같이 역사하고자 대화라도 한번 해봤는가?
23 그것이 너희들의 오늘의 실정이요, 오늘의 삶이니라.
24 성경책이라는 나의 성령이 기록되어 있는 그 책을 옆에 끼고 너희들이 사랑을 베풀기 위하여 간다는 교회를 가는 그 길 주변에 어렵고 불쌍한 자들을 얼만큼 돌아다봤으며 생각해 봤는가?
25 그를 들여다보고 그들의 고통과 시련을 덮어 주고자 덜어 주고자 하는 것이 과연 얼마나 있는가?
26 진심으로 그들이 아름답고 평화롭게 살 수 있으며, 하나님을 믿으며 하나님의 교회 주변에서 살면 없는 복도 얻으며, 가난을 면할 수 있으며, 병든 자가 병을 고치며, 어려움을 모두 다 해결할 수 있다 하여 어렵고 불쌍한 자들이 담장 밖에 모여드는 그와 같은 형국이 되었던가?
27 그와 같은 현상이 일어나지 아니하며 그와 같은 일이 역사하지 아니하면, 너희들은 다 사기꾼이요, 사탄이요, 마귀니라.
28 이는 곧 내 사랑이요, 내가 원하는 것을 행하지 아니하고 실천하지 아니하고 살아가기 때문이니 너희들은 알아야 될 것이니라.
29 그러니 너희가 내 뜻대로 살아가지 아니함이요, 그러니 구원도 없으며 구원이라는 '구'자도 너희들 입에서 부르지 말라.
30 그 소리는 어떠한 곳에도 들리는 것이 없으며 전해지는 것이 없음을 알라.
31 이제 나의 아들을 따르는 제자들이요, 그리고 나의 새로운 성경을 읽고 가는 너희들은 앞으로, 너희들의 성전이요, 너희들이 거주하는 곳에 어렵고 힘든 자들이 거침없이 찾아와 말할 수 있게 문을 개방하며, 그와 같은 것으로써 다스려 나가도록 최선을 다하라.
32 지금까지 하지 못하며 가지 못한 자들이 그 뜻을 너희들이 역사해야 될 것이니, 이를 너희들이 또한 지키고 행해야 될 것이니 그리 알라.
33 항상 어려운 자가 서슴없이 와 이야기하며 대화할 수 있으며, 네 주변에 어렵고 힘든 자를 찾아가 너희들이 도울 수 있도록 그리하라, 사랑하는 나의 아들딸들아!

11,635 번째 하나님 말씀

2004년 6월 18일 20시 27분

1 사랑하는 나의 아들아!
2 "네, 아버님! 말씀하옵소서."
3 가진 자요, 있는 자가 이웃에게 나눠
주며 베풀며 사는 것이 하늘에 오르는
길이요, 내 뜻이라 하지 아니하였더냐?
4 그러니 가난한 이웃에게 나눠 주지 아
니하는 인색한 그와 같은 사람은 나
여호와의 뜻을 거역하고 사는 자요,
나와는 인연을 끊고자 하는 자들이니
라.
5 그러니 나에게 오고자 하는 것이요,
나에게 오르고자 하는 것이 말로는 그
리하나, 그는 오르고자 하는 것이 아
니요, 오르기를 바라는 백성이 아님이
니라.
6 제 오만이요, 자만이요, 그 재산으로
나까지 능멸하는 그와 같은 삶을 사는
자이니, 속마음과 겉마음이 다르니라.
7 저희들이 믿음이요, 교회에 가서 울고
불고할 때, 나의 은혜에 보답하는 길
이 무엇이며, 나의 아들 예수가 저희
들을 대신하여 속죄양으로써 죽어 간
피 흘린 그 고통에 대해서 '무엇으로
갚으오리까, 무엇으로 해야 되오리
까?' 하며 울고불고 잔치를 하느니라.
8 그렇다면 너희들이 할 것이 무엇이 있
느냐?
9 어려운 자, 가난한 자 도우라 했으니,
네 재산으로 먹고살 것을 남겨 놓고
나머지를 너희들이 베풀어 주고 나눠
주면 되는 것을,
10 그와 같은 행위를 하지 아니하며, 나
에게 '어찌하여 아버님께 은혜를 갚으
며, 아들 예수의 그 고통의 보상을 제
가 어찌하오리까?' 울고불고 잔칫집
같이 떠들어 대느니라.
11 그러면서도 행하는 것은 절대 하지 아
니하는 자이니, 속 다르고 겉 다른 자
요, 이중인격자요, 두마음을 가진 자
를 내가 용서치 아니한다 하지 않았더
냐?
12 그러니 너희들은 나를 능멸하는 것이
요, 말로써는 나를 찾으며 구원 구원
하나, 정녕 너희들은 오늘의 가짐으로
만족하는 자가 아니요,
13 그 오만이 나와는 관계없는 그와 같은
행위를 하며 나에게 오르고자 하는 마
음이 전혀 없는 백성이니라.
14 참진리를 외면하고 인색한 욕심으로
써 마음의 문을 굳게 닫아 버렸으며,
보물의 창고요, 재산의 창고의 문을
닫아 버린 자들이니라.
15 그러면서 너희들이 무엇을 어찌 구원
을 받으며 나에게 오른다 하며 사랑을
베풀며 나눈다 그리 얘기하느니라.
16 그것이 과연 나눔이요, 사랑이요, 내
뜻대로 살아가는 백성이라 하느냐?
17 눈에 보이는 재물과 눈에 보이는 것밖
에는 모르는 자들이요, 눈에 보이는
것을 더 갖고자, 더 이루고자 몸부림
치는 자들이요,
18 그것이 죄의 사슬로써 묶는 것을 모르
는 자들이니 그 어리석은 백성들이 바
로 너희들이니라.
19 그러니 말로써 나에게 은혜를 갚을 길
이 없으며, 예수가 속죄양으로 죽어
간 것에 보답할 길이 없으며 은혜를

갚을 길이 없으며, 그 영광은 사람의
도리로 할 수 있는 길이 없다며 좋은
말, 있는 말 없는 말 다 엮어서 중언부
언하지 말라.
20 그러면서 속마음은 딴 데 가 있는 자
요, 지키려는 생각은 조금도 없으며
행함은 조금도 없는 자들이니,
21 너희들은 더욱 많은 죄만 네 목에 거
는 불행한 백성이라는 것을 이제 깨우
칠 때도 되었건만, 어찌하여 너희들이
눈을 뜨지 못한단 말이더냐?

11,636 번째 하나님 말씀

2004년 6월 18일 20시 32분

1 사랑하는 나의 아들아!
2 "네, 아버님! 말씀하옵소서."
3 세상의 모두는 나 여호와가 역사하지
아니하며 내가 창조하지 아니한 것이
없지 않더냐?
4 그러니 하나하나 내가 만들고 내가 보
낸 것, 내가 창조한 것을 끈으로 연결
한다면, 결국 나에게서 만든 것이 하
나도 빠짐이 없으며, 내가 만들지 않
은 것은 이 지상에 존재하는 것이 없
음이니,
5 모두가 하나의 끈으로 연결되며 내가
하나로써 창조한 하나가 아니더냐?
6 모두는 다 하나라는 것을 너희들은 알
아야 될 것이니라.
7 그리고 너희들은 둘이 아니니라.
8 나 여호와가 모두를 역사했기 때문이
요, 내가 주관하여 세상에 존재하도록
했기 때문이니라.
9 그러니 내가 너희들에게 무어라 했느
냐?
10 모두가 다 하나이니라.
11 그러니 하나인 너희들이 그 속에서 낮
은 자요, 겸손한 자요, 그리고 자기의
존재를 내세우려 하지 말며, 자기의
존재가 없는 낮은 자의 마음으로 살아
가는 것이 너희들이 내 뜻에 살아가는
길이니라.
12 그리하여 내가 새로운 성경을 내려보
냄이니, 너희들이 나의 성경대로 행하
고 지키고 살면 못 얻을 것이 없으며
이루지 못할 것이 없음을 알라, 사랑
하는 나의 아들딸들아!
13 나에게 오른다는 백성들이 인색한 자
요, 너희들이 나의 사랑하는 백성들에
게 얼마나 인색한 줄 알겠느냐?
14 나로부터 모두를 다 받아간 것이요,
내 것으로써 살아가는 너희들이 나 여
호와에게 하는 것을 보면 너희들이 얼
마나 인색한 자들이더냐?
15 그러니 나에게도 그리 인색한 자들이
모든 백성들에게 얼마나 인색한 백성
들이더냐?
16 내가 주인에게 모두를 주라 하여, 재
물을 많이 가지고 있는 자는 너희들이
보관하는 것이라 하지 않았더냐?
17 내 것을 너희들에게 보관하여 주인이
오면 그를 주라 하였거늘, 그를 주지
아니하며 챙기는 것이 오늘의 형국이
아니더냐?
18 만백성에게 인색하기가 그지없는 자
요, 제 창고에 더 쌓아 놓으며, 한 번
쌓으면 문을 열지 아니하며 마음의 문
까지 열지 아니하며,
19 남을 의식하며 의혹하며 제 것을 훔치

러 오는 자처럼 도둑을 지키는 개처럼
으르렁거리는 것이 오늘의 가진 자들
의 형국이 아니더냐?
20 그리고 그보다 더한 자들이 믿음의 길
을 가는 자, 너희들이니라.
21 그러니 지금 나의 뜻에 의한 길을 간
다는 백성 너희들이 얼마나 잘못된 자
들인 줄 알겠느냐?
22 내 뜻과는 관계없는 그 길을 가면서
나와 같은 길을 가며 나에게 오고자
하는 길이요, 그것이 정답이라 지금
가르치고 울부짖고 있으니,
23 너희들이 있음으로 나의 피조물 만백
성들이 구원을 받을 자도 구원을 받지
못하며, 죄를 짓지 아니할 백성들도
죄를 짓고 살아가는 이와 같은 험악한
세상이 되었으니,
24 그들의 굴레를 내가 벗겨 주고자 하는
것이 나 여호와의 뜻이니라.

11,637 번째 하나님 말씀

2004년 6월 18일 22시 40분

1 사랑하는 나의 아들아!
2 "네, 아버님! 말씀하옵소서."
3 네 마음이 어떠하며 네 생각이 과연
어떠하던가?
4 그리고 네 마음 자세는 어떠한 마음을
가지고 사느냐?
5 남들이 너에게 어려운 말을 하며 나에
게 기쁨을 주는 자, 과연 너는 그와 같
은 백성을 대함에 있어서 네 마음이
어떠하던가?
6 "네, 아버님! 저의 마음은 그러하옵나
이다.
7 어렵다, 힘들다, 그리고 도움을 달라
하는 백성이 있으면, 그 목소리를 듣
기가 하나님 아버님의 말씀이요, 아버
님의 음성과 같이 들리며, 그가 말하
는 것이 저에게 가장 큰 기쁨이라 그
리 생각되옵나이다.
8 다만, 제가 도와줄 수 있을 때 그 기쁨
은 더하며, 도와줄 수 없다 해도 그와
같은 말을 들을 때 저는 그것이 기쁨
이요, 행복이라 그리 생각하옵나이다.
9 그리고 그 백성을 사랑함이요, 그와
같은 형제를 사랑하는 것이 제 마음이
옵나이다.
10 저에게 기쁨을 주는 것, 무엇을 전하
고자 하는 것, 그와 같은 것은 저에게
기쁨이 아니오며, 저는 그와 같은 것
은 관심도 없사오며, 그와 같은 것은
저에게 거추장스러운 것이옵나이다.
11 제 속마음이요, 제 마음은 그러하옵나
이다, 아버님!"
12 그러니라, 내가 네 마음을 알기에 너
에게 물었느니라.
13 네가 오늘의 그 마음이 얼마나 변화된
마음이더냐?
14 네가 줄 수 있는 것을 모두를 다 주며,
너에게 도움을 요청하는 자, 도움을
원하는 자의 그와 같은 소리는 나 여
호와의 음성이요, 내 뜻이라 네가 그
리 생각하며 그를 기쁘게 생각함이니,
15 그리고 있으면 네가 모두를 다 줄 수
있으며 아깝지 아니하기에 내놓을 수
있음이니, 그것이 바로 나의 아들 네
가 변한 모습이며 네가 성장한 모습이
니라.
16 너에게 무엇을 베푼다, 은혜를 준다

하는 자, 그리고 너에게 무엇인가를
갖다 주는 자, 그와 같은 자가 거추장
스러움이요, 그를 사랑하기 싫으며 사
랑하는 마음이 없는 것,
17 그리고 어떠한 상태이든 그에게 그 마
음을 돌려주고 싶은 마음, 그리고 그
에게 그 어떠한 마음이요, 불안한 마
음이요, 불편한 마음으로써 너에게 어
떠한 은혜를 베풀고자, 너에게 어떠한
것을 이루고자 하는 것,
18 그것이 너 자신의 마음이 불편하며 네
마음의 고통이라는 것, 그와 같이 변
한 것이 네가 성장한 것이요, 네가 변
함이니라.
19 그 마음을 좀 더 다스려 나가며 그 마
음을 더 확고히 지키고 나갈 때, 너는
나의 아들로서 모두를 다 이룰 수 있
는 것이니라.
20 지금의 네 마음이요, 그 생각을 지키
고 살아간다면, 선한 것은 선한 마음
으로 거듭나며, 악한 마음은 악한 마
음을 낳듯이,
21 너에게 어려움을 보이는 자, 어려움을
요구하는 자, 그리고 도움을 요청하는
자, 그것이 하늘의 뜻이요, 나의 음성
과 같이 들리는 그것이 이제 더 확고
히 깊어질 것이며 그와 같음을 네가
깨달을 수 있을 때가 머지않았을 것이
니라.
22 아직은 네가 덜 익은 과일이요, 아직
완전히 맺어진 과일이 아니기에, 내가
거둬들일 수 있는 과일이 되었을 때,
너는 그보다 더한 확고한 믿음이요,
확고한 마음으로써 네가 자리를 지키
고 있을 것이니,
23 그리하여 네 머리가 하얗게 되는 그
세월이 흐른 다음에 네가 모두 제자리
를 지킨다는 나 여호와의 뜻을 너는
알 것이니라.
24 사랑하는 나의 아들아!
25 모든 너의 제자들도 그와 같은 마음을
가지고 살라 하라.
26 그 마음이 얼마나 행복하며 얼마나 기
쁨 속에 사는 것인가를, 너 혼자만의
행복이요, 너 혼자만의 기쁨이 아니
라, 너의 제자들도 그와 같은 기쁨을
가질 수 있도록 그들에게 그 뜻을 전
하고 깨우쳐 주도록 그리하라.

11,638 번째 하나님 말씀

2004년 6월 18일 22시 46분

1 사랑하는 나의 아들아!
2 "네, 아버님! 말씀하옵소서."
3 지금의 모든 종교 집단의 지도자 너희
들은 인간이 만든 교리의 그 틀 속에
나의 백성들을 더 이상 묶어 두지 말
며, 그들을 더 이상 고통스럽게 얽매
는 그와 같은 짓을 하지 말며 중단하
라.
4 나의 백성들이 성령으로 임하여 영적
으로 더 높이 더 넓은 참진리의 길을
보도록 그대로 놓아주어야 됨이니라.
5 지금 나의 피조물 만백성을 그대로 놔
둘 때 그래도 그들은 나의 얼굴을 볼
수 있는 백성들의 삶이니라.
6 그러나 너희들이 지금 인간의 교리의
틀로써 나와는 관계없는 너희들의 그
지식의 한계에서 나의 피조물 만백성
을 묶어 놓고 있음이니라.

7 그리하여 성령으로 거듭날 수 있는 백
성이요, 더 높이 더 넓은 세상을 봐 참
진리의 길을 볼 수 있는 그 백성들까
지도 너희들이 쇠사슬로 묶어 놓아 날
지 못하는 그와 같은 형국이 되었으
니, 너희들이 그 끈을 끊어 그 백성들
을 놓아주어야 됨이니라.
8 놓아주지 아니했을 때 너희들이 받는
대가는 상상할 수 없을 것이니라.
9 지금의 너희들이 백 년도 안 되는 육
의 세상에 살면서 거짓된 자요, 잘못
된 자요, 기름 부음을 받은 자가 아니
요, 나로부터 명받은 자가 아닌 자가
인간의 교리를 가지고 세 치 혓바닥으
로 나의 피조물 만백성을 묶어 놓고
지옥으로 끌고 가는 그와 같은 짓을
함이니,
10 너희들의 그 죄가 얼마나 두렵고 무서
운가를 너희 스스로 알 것이며, 그리
고 너희들은 지금 공포에 젖어 있으며
네 마음이 불안하며 너희들이 공포에
하루하루를 살아가는 것을 내가 아느
니라.
11 그러니 너희들이 지금이라도 털고 일
어나 회개하며 반성하는 것, 그리고
나에게 눈물의 기도로써 너희 자신의
죄를 빌며,
12 내가 내리는 나의 새로운 성경을 보고
깨우쳐 만백성을 구하는 전사로서 거
듭나지 아니하면, 너희들은 나에게 와
고개를 들 수 없음을 알라.
13 인간의 생각으로써, 지금 장사 수단으
로써 전락된 그것이 너희들의 오늘의
믿음이요, 오늘의 신앙의 길이니라.
14 타락될 대로 타락되었고 부패할 대로
부패한 그 방법을 가지고 나의 피조물
만백성들을 이끈다 하고 있음이니,
15 그와 같이 썩고 썩은 그 교리를 가지
고 하늘을 향하여 날 수 있다 그리 말
함이니, 절대 너희들은 날 수가 없음
이니라.
16 그러니 나의 피조물 만백성들의 그 사
악한 죄의 고리를 너희들 스스로 끊어
그들이 날 수 있도록 그리하라.
17 그리고 너희 자신도 그곳에서 구원의
빛을 봐 구원의 길을 보도록 그리하라.
18 그들을 절대 놓아주지 아니하며 움켜
쥐고 나의 사랑하는 백성들을 벗어나
지 못하도록 하는 것은 너희들의 욕심
이며 이기심이며, 너희들의 육의 향락
을 위해서 지금 그와 같은 행위를 하
고 있지 않더냐?
19 그리고 너희들이 절대 놓아주지 아니
할 백성들이요, 그리고 세뇌된 백성들
이 거기서 돌아서고 날 수 있는 그 길
을 택하지 못하기에,
20 내가 나의 아들을 통하여 160권이라
는 새로운 성경을 세상에 내려보냄이
니, 오늘에 이 어렵고 힘든 역사가 이
루어짐이니라.
21 이제 내가 모든 종교 집단이요, 믿음
의 길을 가는 너희들에게 말하느니라.
22 선생이라 말하는 자, 지도자라 말하는
너희들은 들으라.
23 스스로 너희들이 깨우쳐 나의 사랑하
는 백성들이 떠날 수 있도록 그들을
놔주는 그 역사를 이루라.
24 그와 같은 것을 너희들이 하지 아니하
고 스스로 나의 피조물 만백성들이 너
희들에게서 떠날 때에는 너희들은 감

당키 어려운 시련과 고통을 겪을 것이
니라.
25 그러니 그 백성들이 떠나기 전에 너희
들이 먼저 그 죄의 고리요, 쇠사슬을
끊어 나의 피조물 만백성들이 더 높고
넓은 하늘의 이치를 깨닫도록 그리해
야 됨이니 그리 알라.
26 너희들이 그 고리를 끊지 아니하고 끝
까지 그를 붙잡고 있을 때, 그 모두는
너희들 자신의 불행이요,
27 그리고 너희들의 성도요, 너희들이 하
늘로 이끈다 하는 그 백성들의 고통이
가중됨을 스스로 알아야 될 것이니 그
리 전하라.

11,639 번째 하나님 말씀

2004년 6월 18일 22시 51분

1 사랑하는 나의 아들아!
2 "네, 아버님! 말씀하옵소서."
3 나 여호와는 너희들이 참진리요, 진정
한 믿음이요, 하늘에 오르는 길로 거
듭나고 변화되기를 2천 년이라는 지
상의 길고 긴 세월을 기다리고 인내하
고 있었음이니라.
4 나의 피조물 만백성 너희들을 사랑하
기에, 너희들이 깨우침의 그 모든 길
을 바라보며, 지금의 잘못 가고 있는
믿음에서 너희들이 전환하는 계기를
맞아 하늘에 오르는 진리요, 나 여호
와의 뜻에 의해 살아가는 백성들로 거
듭나기를 나 여호와가 2천 년 동안을
기다렸다면,
5 나 여호와는 기다린 만큼 너희들에게
그 기간을 주었음을 알아야 될 것이니
라.
6 그 모두가 다 내가 너희들을 사랑하기
때문이니라.
7 그러나 사랑하는 나의 아들딸 너희들
이 절대로 거듭날 수 없으며, 나 여호
와의 뜻을 전하고 나 여호와의 뜻을
가지고 만백성을 깨우치고 인도해야
할 너희들이 본연의 임무는 잊어버리
며,
8 지금 나의 피조물 만백성을 우롱하여
재물이나 바치며 울고불고하는 것으
로써 나의 아들 예수의 이름을 부르는
것으로 구원을 받을 수 있다 가르치고
또 그리 전하기에,
9 거기에 모두가 다 세뇌되어 있으며 그
것이 하늘에 오르는 길이라 알고 있기
에 너희들은 돌아올 수가 없으며 거듭
날 수 없는 그와 같은 형국이 되어 버
렸느니라.
10 오늘에 이와 같이 험악한 세상이 되었
기에 나 여호와가 너희들을 더 기다릴
수가 없으며 더 놓아두고 볼 수가 없
기에,
11 그와 같은 이 시점에 내가 더 이상은
인내할 수 없기에 내가 나의 아들을
통하여 지금 새로운 성경을 세상에 내
려보내 너희들을 구원하고자 하는 것
이 나 여호와의 뜻이니라.
12 내가 더 이상 놓아둘 때, 더 이상 덮어
두고 더 이상 기다릴 때, 나의 백성들
은 수없이 지옥으로 갈 것이며 그 지
옥의 벼랑으로 떨어질 것이며,
13 사악한 사탄의 힘이 이 세상을 덮고
또 덮는 그와 같은 시대가 되면, 바로
잡으려 하며 바로 역사하려 해도 근거

가 없으며, 내가 지상에 만들 수 있는
거점마저도 없어질 위험한 상태에 와
있는 것이 오늘의 시점이니라.
14 그리하여 이 시점에서 더 이상 인내하
고 더 놔둬서는 아니 되기에, 내가 나
의 아들을 통하여 지금 지상의 거점을
만들어 너희들을 구하고자 하는 그 역
사를 이루고 있음이니라.
15 모든 종교 집단이요, 그리고 구원을
받았다 울고불고하는 백성 너희들이
거듭나기 위해서는,
16 지금까지 너희들이 믿고 왔던 것, 신
앙생활을 했던 것, 지금까지 절대적이
라 믿고 따랐던 그 모두를 다 버리고,
17 나의 새로운 성경으로써 새로운 깨달
음을 갖고 공부하고 깨우쳐야만 거듭
날 수 있으며, 그렇지 아니하면 결코
너희들은 거듭날 수 없느니라.
18 지금처럼 쉽고 넓고 평탄한 그 길이
하늘에 오르는 길이 아니요, 나의 아
들을 통하여 내리는 나의 새로운 성경
을 너희들이 읽고 깨우쳐 악습이요,
잘못된 것을 하나하나 버리고 거듭나
는 그 좁고 협착하고 힘든 길을 와야
됨이니라.
19 그리고 그 좁고 힘든 관문을 향하여
거듭나는 삶을 위하여 달려오지 아니
하면 아니 되느니라.
20 그와 같이 좁은 관문을 통과할 수 있
는 변화된 삶을 살지 아니하면 아니
됨이니라.
21 그러니 너희들에게 내가 그 좁은 길을
올 수 있는 것, 그리고 그 좁은 길을
따라와 그 좁고 힘든 관문을 통과할
수 있는 영광의 은혜를 얻을 수 있는
이정표를 세상에 내려보내니, 이게 새
로 내려보내는 새로운 성경임을 알라.
22 그러니 너희들이 새로운 성경을 읽고
깨우쳐 그 좁은 관문을 통과하는 영광
을 얻지 아니하면 아니 되며,
23 그 길을 오지 아니하면 절대 나를 볼
수 없으며 나에게 올 수 없는 자가 됨
이니,
24 나의 아들딸이 내 품에 돌아오지 않는
다면 너희들은 이미 무엇이더냐?
25 나를 버린 자요, 나를 욕되게 한 자니,
내가 너희들을 모른다 할 때, 그 사탄
들이 기다렸다는 듯이 너희들을 납치
해 지옥으로 끌고 감이니, 너희들은
두 번 다시 나올 수 없는 곳이 그곳이
니라.

11,640 번째 하나님 말씀

2004년 6월 18일 22시 58분

1 사랑하는 나의 아들아!
2 "네, 아버님! 말씀하옵소서."
3 내가 너희들에게 무어라 전했느냐?
4 작은 먹이를 너희들이 물다 보면 그
모두를 잃으며 그 생명을 잃게 된다
하지 않았더냐?
5 그러니 물고기가 낚싯밥에 달린 그 작
은 먹이를 함부로 먹이라 하여 덥석
물었을 때, 그는 고통 속에 제 생명을
잃으며 모두가 다 끝난다 하지 않았더
냐?
6 나의 피조물 만백성 너희들도 작은 유
혹에 현혹되어 그를 따라간다면, 너희
들은 결국 모두를 다 잃게 되며 모든
실패의 원인이요, 근본이 거기에 있음

이니라.
7 그러니 생각하고 판단할 수 있는 그와
같은 지혜를 갖고 가지 아니하면 아니
되느니라.
8 작은 것에 너희들이 현혹되어 작은 것
에 네 마음을 팔다 보면, 너희들은 백
전백패를 하게 되어 있음을 알라, 사
랑하는 나의 아들딸들아!
9 그러니 하늘에 오르는 길이요, 나에게
오르는 참진리를 연구하는 백성 너희
들이 어떠한 마음으로 믿음의 길을 가
야 하는가?
10 그러나 오늘의 종교 집단의 지도자요,
모든 백성들이 하늘의 뜻이요, 참진리
의 어렵고 힘든 그 뜻을 따라오려 하
지 아니하며,
11 너희가 인간 세상에 살아가면서 얕은
생각이요, 인간의 얕은 지혜로써 모두
를 다 지배하고 통제하며 이룰 수 있
는 것처럼 오만과 자만에 빠져 있기에,
12 너희들이 얕은 생각이요, 얕은 판단력
이요, 얕은 그 지혜를 가지고 하늘의
뜻인 성경의 뜻을 알려고 했으며, 다
아는 것처럼 자만에 빠져 있기에 오늘
이와 같은 오류를 범하게 되었으며,
13 도둑이 들끓는 세상이요, 사탄이 들끓
는 세상이요, 인간이 살기에 어려우
며, 인간이 인간을 믿지 못하며 산다
는 것이 고통스러운 것이며, 사람을
만나는 것이 불안한 이와 같은 험악한
세상이 되었음이니라.
14 그게 다 너희들이 오늘의 얕은 지혜로
써 모두를 통달할 수 있는 자라 하며
모두를 다 안다 말하며, 이 세상을 지
배하는 종교 집단의 지도자들이 우두
머리라 서 있기 때문이니라.
15 사랑하는 나의 아들딸 너희들은 들으
라.
16 하늘에 가는 그 길이 얼마나 어렵고
힘든 길이더냐?
17 지금 나의 아들을 따르는 너희들이 편
안하며 단순한 믿음의 길을 가고 있느
냐?
18 너희들이 나의 아들을 따라서 하나하
나 악습을 버리며, 너희들이 잘못된
것을 버리며, 지금까지 살아왔던 그
잘못된 습관 하나하나를 벗어 버리며
지우기가 얼마나 힘들고 어려운 길이
더냐?
19 그 힘들고 어려운 길이 바로 나 여호
와가 원하는 길이요, 나에게 오르는
길이요, 그리고 나의 새로운 성경을
지키고 행하기가 그리 힘들고 어렵기
에, 이는 나 여호와의 뜻이요, 하늘의
뜻이라는 것을 너희들은 알아야 될 것
이니라.
20 그러나 모든 종교 집단의 지도자들이
편안하게 그리고 단순하게 가는 그 믿
음이 하늘에 오를 수 있는 믿음이라
가르치니,
21 모든 그 집단이요, 종교 지도자 그 모
두가 거짓된 자들이요, 그들이 바로
사탄의 앞잡이로서 나의 피조물 만백
성을 지옥으로 안내한다는 말을 내가
수천수만 번 나의 새로운 성경에 기록
하여 전함을 알라.
22 너희들은 알라. 거짓일수록, 가짜일수
록 아름답게 포장되어 있으며, 그리고
아름답게 포장한 그것으로써 남의 마
음을 훔칠 수 있도록 그와 같이 하는

것이 인간 세상의 거래법이 아니더냐?
23 달콤한 말이며 간단하고 편안한 그것
이 바로 믿음의 길이라 선전하는 자,
그것이 다 가짜요, 거짓된 자들임을
알라.
24 사랑하는 나의 아들딸들아!
25 모든 종교 집단의 지도자들이 하는
말, 그 달콤한 말 속에서는 사탄의 독
소가 들어 있음을 알며, 너희들을 지
옥으로 밀어 넣고자 하는 그들의 치밀
한 계획이 있으며,
26 너희들이 나에게 와 거듭나는 세상이
요, 죽고 살고 하는 것이 없으며, 가장
편안하고 너희들이 상상할 수 없는 그
아름다운 천국에 오지 못하도록 너희
들을 쇠사슬로 묶는 그 쇠사슬의 고리
가 기다리고 있음이니,
27 거기에 너희들이 발목이 걸렸을 때는
절대 헤어나지 못함이니라.
28 그러니 아름다운 말 속에, 그 편안한
말 속에, 그와 같이 복음을 전하는 자
속에 사탄의 독소가 도사리고 있어 너
희들이 어떠한 길을 가게 된다는 것을
내가 기록했음이니, 거기에 걸려들지
말도록 그리하라 전하라.

11,641 번째 하나님 말씀

2004년 6월 18일 23시 09분

1 사랑하는 나의 아들아!
2 **"네, 아버님! 말씀하옵소서."**
3 진짜 보석을 가지고 거래하는 자, 너
희들은 정녕 그 포장에 신경을 쓰고
그 치장함에 신경을 쓰는가?
4 그는 당당한 모습으로써 거래하지 않
느냐?
5 그러니 당당한 모습으로써 세상을 살
아가는 자들은 겉치장에 신경 쓰지 아
니하며 겉치장에 모두를 갖다 바치지
않느니라.
6 그러나 제 모습이 잘못된 부분이 있는
자는 그와 같은 것을 감추기 위하여
겉치장에 신경을 쓰는 것이 아니더냐?
7 그러니 오늘의 종교 집단의 지도자 너
희들이 하고 있는 행위를 보라.
8 과연 나의 아들 예수가 겉치장이요,
외형적인 교회요, 성전이요, 성당이
요, 성막을 지었던가?
9 그와 같은 것이 없이 그저 초라한 그
모습대로 그는 진리를 가르쳤음이니
라.
10 오늘의 종교 집단 지도자들이 얼마나
겉치레에 신경을 쓰는가?
11 그러니 제가 단점을 가지고 있는 자
요, 제가 참진리가 아니요, 제가 부끄
러운 점이 있으며 잘못된 점이 있기에
그 모두를 덮으려다 보니 겉치장을 하
느니라.
12 진짜 진주를 가지고 있는 자들은 겉포
장을 신경 쓰지 아니한다 했으며, 당
당한 모습으로써 생긴 자들도 겉치장
을 하지 아니한다 했느니라.
13 흠집이 있는 자, 잘못된 것을 가진 것
을 감추기 위하여 겉치장에 신경을 쓰
는 것이 너희들의 삶의 거래가 아니더
냐?
14 그러니 오늘의 종교 집단 지도자들이
얼마나 겉치레요, 외형에 대하여, 외
형의 행사에 그들이 관심을 두며, 저
희들을 선전하는 데 모두를 다 바치고

있단 말이더냐?
15 그러기에 그들이 가짜요, 그들이 다
내 뜻에 따라서 역사하는 것이 아니
요, 사탄의 후예요, 사탄의 종이요, 사
탄의 아들딸들이 된 것이라 내가 함이
니라.
16 그러니 거추장스러운 것에 신경 쓰는
것 그 자체 하나만 봐도 너희들이 참
진리의 길을 가고 있지 아니함을 아는
것이니라.
17 진정한 나의 진리를 가고 가르치는 나
의 아들의 모습을 너희들은 보았느냐?
18 지금 나의 아들은 인원수에 연연하지
아니하며, 들어오는 재물에 연연하지
아니하며, 외형에 대한 어떤 행사요,
어떤 것을 보여 주기 위한 것에 절대
신경을 쓰지 아니하며,
19 그 모두를 다 거추장스럽게 생각하며,
그것을 불필요하게 생각하며 부질없
는 것이라 하여 그와 같은 행사요, 그
와 같은 일을 하지 아니하느니라.
20 참진리요, 하늘의 뜻을 갖고 역사하지
못하는 자, 방대한 인원이요, 큰 교회
요, 성전이요, 성막이요, 성당이요, 화
려한 것으로써 그 교회라는 것을 짓기
위하여 너희 모두를 다 바치는 어리석
은 그와 같은 삶이요, 그와 같은 행위
를 하고 있음이니, 이것이 거꾸로 된
것이라 함이니라.
21 진리는 어디로 가 있는지 보이지 아니
하며, 재물을 거둬들이는 것이 진리인
것처럼, 재물을 바치는 것이 구원을
받는 것처럼 이와 같이 껍데기를 가지
고 지금 역사하는 것이요,
22 속은 들여다보지 못하며, 속은 알려고
하지 아니하며, 속에 있는 것을 배우
려 하지도 않는 것이 너희들의 오늘의
형태임을 알라 그리 전하라.

11,642 번째 하나님 말씀

2004년 6월 18일 23시 11분

1 사랑하는 나의 아들아!
2 "네, 아버님! 말씀하옵소서."
3 참진리요, 하늘의 뜻을 아는 백성이
요, 또 마음을 비운 자, 저 자신을 버
리고 사는 자, 그리고 남을 위해 삶을
사는 자, 제 중심이 아니요, 남을 중심
으로 살아가는 백성들은 사랑할 줄 아
는 백성이요, 베풀 줄 아는 백성들이
요, 나의 성령에 의하여 가는 사람들
이기 때문에,
4 나의 뜻을 알아들을 수 있으며, 내가
내리는 새로운 성경 그 자체도 얼마나
귀하고 소중한 것인가를 그들은 아느
니라.
5 그리고 나의 아들을 통하여 내리는 그
강론 자체도 그것이 하늘의 뜻이요,
나 여호와의 뜻이라는 것을 받아들일
수 있는 백성들이니라.
6 그 백성이야말로 나의 뜻에 의하여 마
음을 비운 백성들임을 알 것이니라.
7 그러나 나의 법전대로 너희들이 그 모
두를 걸고 모두를 또 역사한다 해도,
욕심이라는 것이 차 있는 백성, 그리
고 자기중심으로 모두를 해결하는 백
성은 나의 뜻을 알 수 없으며, 나의 성
령의 뜻을 알 수 없으며, 내가 나의 아
들을 통하여 내리는 강론의 가르침도
알 수 없다 함을 너희들은 알아야 될

것이니라.
8 나의 뜻을 알아들을 수 없으니, 갔다
왔다 하는 자요, 떠돌이가 되는 것이
요, 떠나는 백성이 되어 있다는 것을
알라 그리 전하라.

11,643 번째 하나님 말씀

2004년 6월 19일 06시 22분

1 사랑하는 나의 아들아!
2 "네, 아버님! 말씀하옵소서."
3 나의 피조물 만백성 너희들이 살아가
는 삶이 어떠한 것인 줄 알겠느냐?
4 가장 행복한 삶이며 가장 자유로운 삶
이요, 그와 같은 삶을 살도록 내가 너
희들을 세상에 내보냈음이니라.
5 자연에서 날아다니는 벌과 나비들이
요, 그리고 자유로운 동물들이요, 그
미물들이 스스로 자유로운 삶을 지금
살아가고 있지 않은가?
6 그보다도 더 자유로우며, 그보다도 더
행복한 평화로운 삶을 살 수 있도록
내가 세상에 내려보낸 것이 나의 피조
물 만백성 너희들이니라.
7 그러나 너희들에게 그 모두를 앗아 갔
으며 그 모두를 다 빼앗아 간 자가 있
으니,
8 바로 잘못된 종교 지도자들이요, 잘못
된 믿음의 길을 가는 그자들이기에,
그들로 하여금 평화로움이요, 가장 행
복하게 살아야 할 나의 피조물 만백성
들이 구속되어 있으며,
9 자유로움을 모르며, 이 세상의 위대함
을 모르며, 나 여호와가 내린 모든 은
혜를 누리지 못하고 살고 있는 것이
나의 피조물 만백성 너희들이니라.
10 그러니 세상에 살면서 나 여호와가 자
유롭고 행복하게 살아갈 수 있도록 모
두를 내려 준 그것을 구속하며 압박하
는 그와 같은 자들이 지금 세상에 있
으며,
11 더욱이 그 압박과 구속을 지금 행복이
요, 구원이요, 하늘에 오르는 길이라
그리 생각하고 살아감이니,
12 이들을 깨우쳐 내가 내린 그 은혜 속
에서 살아갈 수 있도록 하기 위해서는
어떠한 지도자요, 어떠한 백성이요,
어떠한 사람이 이 세상에 나와 그를
전하고 깨우치는 변화를 반드시 이루
지 아니하면 아니 되게 되어 있음이니
라.
13 지금 나의 사랑하는 백성들이 핍박당
하면서 핍박당하는 줄 모르며, 구속당
한 줄 모르고 구속당하는 그 백성들에
게
14 자유와 행복함을 주는 것은 누군가 반
드시 역사해야 되며, 그와 같은 지도
자가 세상에 나와야 되는 것은 당연한
것이니라.
15 그리하여 지금 내가 나의 아들을 통하
여 새로운 성경 160권으로써 오늘의
잘못됨이요, 구속되어 살아온 그 삶에
서 모두를 풀어 주고자 하는 것이 나
여호와의 뜻이니라.
16 그러니 이를 읽고 깨우쳐 너희들이 바
로 서지 아니하면, 너희 후손까지도
이와 같이 구속된 생활이요, 자유로움
이 없는 생활로써 모두가 이 지상은
유지되고 그와 같이 지탱하게 되어 있
으니,

17 오늘의 어떠한 백성이든, 누구든 희생
과 고통의 아픔이 있다 해도 너희들이
그 일을 시작하지 아니하면 아니 됨이
니라.
18 그리하여 이 모든 나의 백성들을 자유
롭게 살 수 있도록 하며, 평화롭게 살
수 있도록 하며, 내가 내려 준 자연의
그 은혜를 다 느끼고 살아갈 수 있도
록 하기 위하여, 그 일을 역사하기 위
하여 나의 아들을 보냈으며,
19 그를 위해 선택된 것이 나의 아들을
따르는 제자들이요, 나의 새로운 성경
을 읽고 깨우쳐 가는 백성, 너희들이
니라.
20 그러니 너희들이 어떠한 어렵고 힘든
고통이 있다 해도 너희들은 기초를 다
져야 하며 그 일을 시작해 놓아야 함
이니, 이것이 너희들이 해야 할 대명
임을 알라 전하라.

11,644 번째 하나님 말씀

2004년 6월 19일 06시 28분

1 사랑하는 나의 아들아!
2 "네, 아버님! 말씀하옵소서."
3 지금의 종교 집단의 지도자들이 어찌
가르치는가?
4 사랑하는 나의 백성들에게 그들은 말
하느니라.
5 너희들이 이 세상에서 가장 소중하고
위대한 것이 무엇이냐 그리 묻느니라.
6 그리하여 너희들은 나의 백성들에게
너희들이 진리의 말씀을 듣고 너희들
의 손으로 지은 죄의 온상인 그 교회
에 나와 나의 아들 예수를 찾으며 나
의 아들 예수의 보혈로써 죄에 대한
모든 것을 사함을 받고 의인이 되었다
하는 것, 그와 같은 것이 너희들에게
가장 큰 은혜요, 영광이라 그리 말하
느니라.
7 그러면서 너희들은 나 여호와의 자녀
가 된 것이 가장 위대한 것이요, 소중
한 것이라 말하느니라.
8 또한, 그러면서 너희들이 무어라 말하
느냐?
9 의인이 되었기에 나 여호와의 나라에
너희들은 들어갈 수 있으며 들어갈 자
격이 있는 것이라 그리 가르치니,
10 그러면서 그것이 가장 큰 은혜요, 제
일 귀중한 것이요, 그와 같은 영광과
은혜를 받은 것이 지금 교회 나오는
백성이라 너희들이 그리 가르치며 세
뇌시키고 있느니라.
11 그러면서 너희들은 그에 대한 대가를
평생 거둬들이며 상상할 수 없는 방법
으로써 그 대가를 거둬들이니,
12 이것이 오늘의 종교 집단이요, 너희들
이 온 길이요, 지도자들이 역사한 길
이니라.
13 그러니 내가 너희들에게 무어라 말하
였느냐?
14 내 뜻에 의해 역사하는 것이 없으며
내 뜻에 의해 가르치는 것이 없다 내
가 그리하지 않았더냐?
15 너희들은 참진리의 길을 가르치고 가
는 것이 아니라, 너희가 만든 교리로
써 인간의 상식이요, 지식으로써 배운
것뿐이라 내가 그리 말하느니라.
16 너희들이 또한 의인이 되었다 말함이
니, 과연 너희들이 의인이 되었다는

것은 무엇이더냐?
17 너희들은 바로 나에게 구원을 받을 수
있으며 하늘에 올 수 있는 자격을 갖
춘 자들이라 그리 말하는 것이 바로
너희들이 의인이 되었다는 것이 아니
더냐?
18 너희들의 손으로 지은 교회에 나오는
것으로써 의인이 되었다 그리 말하느
니, 너희는 과연 구원받은 자가 있는
가?
19 나 여호와는 나의 아들을 통하여 지금
구원받은 자가 하나도 없다 했음이니,
너희들은 의인이 되지 못한 것이요,
의인이 된 것이 아님이니라.
20 그러니 너희들은 의인이 되었다는 그
와 같은 말을 삼가라.
21 그 모두가 다 거짓이며 너희들이 기만
하는 것이니라.
22 하나님의 자녀가 되었다 너희들은 그
리 말하느니, 그것 또한 너희들의 손
으로 지은 죄의 온상에 나가는 것으로
써 하나님이요, 나 여호와의 자식이
되는 것이 아니니라.
23 너희들이 태어날 때 과연 나 여호와의
아들딸이 아니면 태어날 수도 없으며
세상에 나가지도 못하는 것이니라.
24 그러니 세상에 태어나는 그 순간에 너
희들은 나의 아들딸로서 세상에 태어
남이니, 이것은 너희들이 믿음으로써
나의 아들딸이 되는 것이 아니니라.
25 그러니 이 또한 너희들이 거짓된 행위
를 하며 나의 피조물 만백성들을 기만
하고 있는 것임을 알아야 될 것이니라.
26 그리고 너희들이 하늘나라에 들어갈
수 있다는 것은, 그 모든 좁은 길이요,
좁은 문을 과연 너희들이 통과할 수
있단 말이더냐?
27 한 명도 나에게 온 자가 없으며 오른
자가 없다 내가 너희들에게 말함이니,
내가 기록하는 이 뜻을 너희들은 한번
들어 보라.
28 그러고도 지금 믿음의 길을 가는 것,
그리고 너희들이 손으로 지은 죄의 온
상에 가는 것, 거기에 가는 것으로써
가장 위대하고 가장 소중한 것을 얻은
것이 무엇이냐 물으면, 너희들이 이와
같은 것을 얻었다 그리 가르치며,
29 그들로부터 수많은 재물이요, 쉴새 없
이 방법과 수단을 가리지 않고 거둬들
이는 그와 같은 사악한 행위를 함이니,
30 그 모두가 나와 관계없으며 내가 내리
는 그 뜻에 하나도 맞는 것이 없으며,
오로지 저희들이 만든 교리로써 저희
들이 만든 상식으로써 나의 피조물 만
백성을 그리 우롱하고 가고 있음이니
라.
31 그러니 그들이 자유로부터 속박된 자
요, 평화로움을 모르는 자요, 나의 백
성들이 편안하게 살아가는 것이 나 여
호와의 뜻이라는 것, 이것을 모두 다
뺏은 자요, 짓밟은 자들이니라.
32 그러니 오늘의 종교 집단의 지도자 그
모두를 내가 지금 뽑아 유황불에 던지
고자 하는 그 역사가 시작함을 알라
그리 전하라.

11,645 번째 하나님 말씀

2004년 6월 19일 06시 33분

1 사랑하는 나의 아들아!

2 **"네, 아버님! 말씀하옵소서."**
3 지금의 믿음의 길을 가는 백성 너희에
게 세상의 부귀영화요, 너희들이 누리
고 있는 그 모두를 버리고 거듭나는
삶을 살라 하면, 과연 너희들은 그와
같은 삶을 살아갈 수 있는가?
4 그리고 너희들이 지금 살고 소유하고
있는 모든 것을 다 버리고 영혼을 구
원하는 길을 가라 한다면, 과연 너희
들은 오늘의 삶을 포기할 수 있는 믿
음이라 생각하는가?
5 내가 보는 너희들의 믿음은 그렇지 아
니하니라.
6 부귀와 영화 속에 살아가는 자, 육의
향락 속에서 살아가는 너희들, 영혼을
위하여 너희들이 영원히 사는 거듭나
는 그 길을 위하여 오늘의 모두를 다
포기하며 던지라 했을 때, 그걸 던질
수 있는 자가 있는가?
7 그것이 바로 너희들의 믿음이며 너희
들이 오늘에 가고 있는 현실임을 알아
야 될 것이니라.
8 그러니 너희들이 모든 재물이요, 부귀
와 영화를 던지는 것보다도 더 두려운
것을 행해야 된다고 생각할 때,
9 과연 너희들이 나의 성령이요, 나를
믿으며 나에게 오르고자 하는 그것 때
문에 그 모두를 버릴 수 있는 믿음의
자세가 되어 있는가?
10 결코 너희들은 그와 같은 믿음이 되어
있지 아니하니라.
11 부귀와 영화와 재물을 버릴 수도 없는
자들이 하나밖에 없는 귀한 생명을 던
져 구원의 길을 오라 하면, 과연 너희
들은 그를 행할 수 있는 자가 있는가?
12 너희들은 말로써 그리 행한다 하나,
너희들에게 그 책무를 주었을 때 그
누구도 그를 행할 수 있는 자가 없음
이니,
13 너희들은 나를 버리는 자요, 나에게
수시로 등 돌릴 수 있고 떠날 수 있는
것이 너희들의 오늘의 믿음의 한계라
는 것을 알아야 될 것이니라.
14 그러니 여기에는 진리가 없으며 나를
사랑함이 없으며 소중함이 없음이니
라.
15 인간 세상에 너희들이 살아가면서 부
모가 자식을 위해 목숨을 던질 수 있
으며 그와 같은 것을 행하고자 하는
부모가 수없이 있었음이니라.
16 다만, 오늘의 종교 집단의 지도자 너
희들이 그 믿음이라는 복음을 전하면
서, 부모가 자식을 위해 목숨을 던지
며 자식이 부모를 위해 목숨을 던졌던
나의 백성들의 그 아름다운 마음을 모
두 파기시켰으며, 그와 같은 것을 찾
아볼 수 없도록 이와 같이 세상을 험
악하게 만들었느니라.
17 그와 같은 마음을 가지고 살았던 것이
나의 백성들의 마음이었느니라.
18 그러니 그와 같은 백성들이 나를 믿으
며 진실로 나 여호와가 존재함을 믿는
다면,
19 그들은 스스로 자식을 위해 목숨을 던
지는 것보다도 더 무서우리만큼 나를
위해 모두를 던질 수 있는 백성들로서
지금 모두 다 변화되었으며 그와 같이
굳어졌을 것이니라.
20 그러나 너희들이 비진리요, 잘못된 그
것으로써 가르치며 이기주의요, 저를

먼저 생각하는 백성으로 만들었기에,
21 너희들이 아무리 그 무엇을 가르치고
전한다 해도 그 모두를 던져 나의 뜻
을 따르며 영혼을 구하는 삶의 길에
자신을 던질 수 있는 백성들이 없도록
만든 것이 바로 너희들의 죄요, 그 모
두는 너희들이 원흉이라는 것을 알아
야 될 것이니라.
22 나의 피조물 만백성을 이기주의요, 삭
막하게 만들었으며, 너희들이 영혼의
삶을 위한 자신을 잃게 만들었으며 그
를 믿지 못하도록 만들었느니라.
23 나의 피조물 만백성을 바로 가르치고
너희들이 진정한 참진리로 가르쳤더
라면,
24 그들은 그보다도 더한 것도 역사할 수
있는 것이 나의 백성들의 마음이요,
그들의 기본이었음이니라.
25 그러나 그 모두를 무너트렸으며 그 모
두를 지워 버리도록 했으며, 오로지
너희들에게 재물을 바치며 나의 아들
예수의 보혈로써 구원을 받았다 울부
짖기만 하면,
26 그 좁고 좁은 문을 통과할 수 있는 것
이라, 그리 쉽고 간단한 방법으로써
너희들이 세뇌시켰기에,
27 나의 피조물 만백성들이 어렵고 힘든
길을 선택하며 하나밖에 없는 생명을
던져서라도 구원의 길을 가겠다는 생
각을 갖지 아니하며, 그와 같은 믿음
으로써 변화되지 못하도록 한 것이 너
희들이라는 것을 그리 전하라.

11,646 번째 하나님 말씀

2004년 6월 19일 06시 40분

1 사랑하는 나의 아들아!
2 "네, 아버님! 말씀하옵소서."
3 나의 뜻을 거역하며 나의 뜻과는 관계
없는 것을 서슴없이 지금 가르치고 있
는 것이 종교 집단의 지도자들이니라.
4 그들이 너희들을 가르치면서 무어라
말하였느냐?
5 너희들이 지은 죄를 회개하고 용서를
빌고 또 빌어도 너희들은 용서받을 수
없으며 회개의 은혜를 받을 수 없다
그리 가르치느니라.
6 그러면서 너희들은 회개하라, 반성하
라, 울고불고 그리 가르치고 있는 것
이니, 한 입 가지고 두말하는 것이 종
교 집단의 지도자 너희들이 지금 행하
고 있는 일이니라.
7 너희들은 무어라 말하느냐?
8 너희들이 지은 죄가 수없이 많음이니,
그 죄를 너희들이 다 빌고 빈다 해도,
너희들이 회개한다 해도 그 죄를 하나
하나 다 용서받을 수 없는 것이니라.
9 그러니 너희들은 용서를 빌고 회개를
한다 해도 너희들이 지은 죄를 다 용
서받지 못함이니, 이래도 죄인이요,
저래도 죄인이 되는 것이기 때문에,
10 너희들 스스로 회개하고 용서를 비는
것으로써 결코 구원을 받을 수 없는
것이라 또 그와 같이 가르치는 종교
집단들이 있음을 알겠느냐?
11 그래서 너희들은 무어라 말하느냐?
12 오로지 너희들이 지은 죄를 다 찾아서
빈다 해도 빌지 못하며, 회개한다 해

도 회개를 하지 못함이니, 이래도 죄
인이요, 저래도 죄인이기 때문에,
13 너희들 자신이 회개하고 용서를 빌고
아름답게 살아가고자 하는 그와 같은
것으로써는 결코 용서받을 수 없으며
거듭날 수 없는 것이 너희들의 운명이
라 그리 말하느니라.
14 그러니 오로지 예수의 피로써 모두를
다 용서받을 수 있으며 구원을 받을
수 있는 것이라 너희들은 그리 가르치
느니라.
15 그리하여 너희들이 손으로 지은 죄의
온상인 그곳에 와 울고불고하며 너희
들이 바치라는 각종 헌금이요, 재물을
갖다 바치는 것,
16 그와 같은 믿음으로 가는 것이 구원을
받을 수 있는 길이라, 그것밖에 구원
의 길이 없다 그리 말하느니라.
17 그리하여 너희들이 지은 죄를 씻어 내
며 그보다 열배 백배 더 아름다운 모
습으로 살아가야 되는 힘들고 어려운
길을 갈 필요가 없는 것이며,
18 편안한 방법으로써 하늘에 오르는 길
이라 너희들이 그리 가르치며, 그 대
가로써 수없는 재물을 거둬들이는 사
악한 행위를 지금 하고 있지 않더냐?
19 예수의 보혈로써 죄 사함을 받으면 그
만이지, 어떠한 형태든 간에 회개하고
용서하는 것으로써, 너희들이 아름답
게 사는 것으로써 구원을 받을 수 없
다 그리 말하느니라.
20 그러면 나의 아들 예수의 죽음으로써
그냥 너희들이 구원을 받을 수 있다면
그것을 너희들이 믿기만 하면 되는 것
이며,
21 나의 아들 예수가 존재한다는 것을 알
면 너희들의 손으로 지은 그 죄의 온
상에 나올 필요가 없느니라.
22 그저 그대로 집에서 성서를 읽고 예수
의 죽음을 인정하며 그가 역사했던 모
든 것을 너희들이 깨닫고 살아가는 삶
을 산다면 그것이 구원을 받는 것이
요, 너희들처럼 지금 죄의 온상에 나
와야 될 필요가 없지 않으냐?
23 그리하여 내가 나의 아들을 통하여 바
로 너희들이 구원의 길을 갈 수 있는
것, 너희들이 집단적으로 울고불고하
는 것, 재물을 바치는 그와 같은 형국
이 아니라,
24 스스로 깨우쳐 가는 것, 너희들이 변
화되는 삶이 구원을 받는다 나의 새로
운 성경에 기록한 의미를 아는가?
25 너희들도 그리 가는 것이면 되는 것이
니라.
26 그러나 너희들은 나의 피조물 만백성
에게 간교한 방법으로써 손으로 지은
죄의 온상에 와야만 구원을 받는다 가
르치지 않느냐?
27 그러니 예수를 믿기만 하면 구원을 받
는다 하면, 내가 나의 아들을 통하여
내린 스스로 너희들이 깨우쳐 가는 길
이요, 하늘에 오르는 길이며 구원을
받을 수 있다는 것을 너희들도 입증하
는 것이니라.
28 그러면서 그것이 안 된다 억지를 쓰는
것이 너희들이 아니더냐?
29 이제 너희는 알아야 될 것이니라.
30 너희들이 지은 죄에 대해서 용서받고
회개의 은혜를 받고자 한다면, 너희들
이 선하게 사는 것, 그 길밖에 없음을

알라.
31 그리고 몸소 너희들이 변하는 삶을 살
도록 하라.
32 그리고 너희들이 죄에서 벗어날 수 있
는 피나는 노력으로써 너희들 자신을
다스려 가고 너희들을 이끌어 가지 아
니하면, 결코 나에게 올 수 없음을 알
라.
33 그러기에 자신의 악습이요, 자신의 잘
못된 것, 그 모두를 지우고 깨끗하게
씻고 가는 것이 좁고 협착한 길이며
어려운 길이기에 하늘에 오르는 길이
그 길이라 함을 너희들은 알아야 될
것이니라.

11,647 번째 하나님 말씀

2004년 6월 19일 06시 47분

1 사랑하는 나의 아들아!
2 "네, 아버님! 말씀하옵소서."
3 오늘의 종교 집단 지도자들이 세상에
존재하며 그들이 나의 백성들을 얼마
나 무섭도록 지옥의 길로 인도하는 데
현혹하는 행위를 하고 있으며,
4 중언부언 말로써 짜깁기하여 나의 피
조물 만백성을 혼동하게 하여 그들이
얼마나 무서운 대가를 치르는 길을 가
고 있는가?
5 그리고 너희들이 지금 나의 아들딸을
모두 구원의 길이 아니요, 지옥의 벼
랑으로 몰아넣는 그와 같은 결과를 이
루고 있는 것인가를 알겠는가?
6 잘못된 종교 집단 지도자들이 짜깁기
하여 중언부언하는 그 결과로 나의 사
랑하는 백성들이 구원이 아니요, 지옥
의 벼랑으로 지금도 수없이 떨어져 가
고 있음이니라.
7 너희들이 어찌 말하는가?
8 나의 아들 예수가 피 흘려 죽은 그것
으로써 너희 자신들이 죽을 때까지 지
은 죄 모두를 다 용서를 받으며,
9 위로는 아담과 하와로부터 세상 끝까
지 모두를 다 나의 백성들이 태어날
때 너희들이 가지고 온 죄가 있다면,
10 그 죄로부터 너희들이 죽어 갈 때까지
너희 후손들이 살다 죽을 때까지 모든
백성이 세상에 존재하는 그때까지 짓
는 모든 죄를 다 대신하여 나의 아들
예수가 죽음으로써 너희들의 그 대가
를 보상해 준 것이며, 나의 아들 예수
가 대가를 치렀기 때문에 너희들은 결
코 죄가 없다 그리 말하느니라.
11 나의 아들 예수의 죽음이요, 그것이
바로 너희들이 지은 죄를 용서해 주는
그 대가로써 그와 같이 행하여 그 대
가를 치렀음이니,
12 너희들은 대대손손 이 세상에 존재하
는 날까지 그 모든 죄를 짓고 살아간
다 해도 죄가 없는 것이라 그리 말함
이니,
13 이것이 바로 나의 피조물 만백성 그
모두를 나에게 오르는 길이 아니요,
지옥으로 이끌어 가는 그와 같은 행위
를 하여 하늘에 나의 집이 비어 있다
함을 너희들은 알겠느냐?
14 이와 같은 가르침으로 인하여 모든 백
성들이 지금 거듭날 수 있는 기회를
다 잃었으며, 나에게 올 수 있는 백성
들이 존재하지 못함을 알아야 될 것이
니라.

15 그러나 너희들은 여기서 알아야 될 것
이니라.
16 나의 아들 예수의 보혈로써 너희들의
자손이 대대손손 짓는 죄까지 모두를
다 그 대가를 치렀기에 너희들은 죄가
없으며, 그 대가를 치른 그것으로써
너희들은 어떠한 행위를 해도 죄와는
관계없다 그리 가르침이니,
17 이것은 너희들이 혼자 조용히 생각해
도 너희 상식으로써 말이 되지 아니하
며 이는 있을 수 없는 것이라는 것을
알아야 될 것이니라.
18 성서에 기록하여 전한 것이 또한 무엇
이 있느냐?
19 너희들은 그러면서 그리 말하느니라.
20 나의 아들 예수의 보혈의 대가로써 죄
가 없다면서, 성령 훼방 죄는 절대 용
서받지 못하며 성령 훼방 죄는 어떠한
형국으로든 나한테 용서받을 수 없는
것이라 그리 가르치지 아니하는가?
21 그러니 너희들이 성령 훼방 죄를 용서
받지 못한다 한 입으로 두말을 함이
니, 그러니 너희들이 과연 어떠한 백
성들이더냐?
22 너희들은 성령 훼방 죄가 무엇이며 성
령 훼방 죄가 어떠한 것인가를 알지도
못하는 자들이 지금 그와 같은 말을
하고 있음이니라.
23 그러니 너희들이 성령 훼방을 하지 않
았을 때만이 너희들 마음대로 죄를 보
상받을 수 있으며, 나의 아들 예수가
그 보상의 대가를 치렀기 때문에 너희
들은 죄가 없는 자이나,
24 너희들이 성령을 훼방하는 죄를 지었
을 때는 그 모두가 적용되지 아니한다
는 뜻이 아니더냐?
25 여기서 너희들은 들어야 될 것이니라.
26 오늘의 종교 집단의 지도자요, 하늘에
오르는 길로 인도한다는 너희들이 지
금 모두가 하나서부터 백까지 성령을
훼방하는 짓만 하고 있으며,
27 너희들이 하고 있는 모든 행위가 성령
을 훼방하는 죄가 아니 되는 것이 없
다는 것을 알아야 될 것이니라.
28 그러니 너희들이 모두 다 지금 성령
훼방 죄를 짓고 있으니, 그 수를 말할
수 없으며, 성령 훼방 죄를 짓는 그 가
짓수를 알 수 없을 만큼 그와 같은 행
위를 하니, 정녕 너희들은 나에게 오
를 수 없는 백성이라는 것을 알아야
될 것이니라.
29 그러면 너희들은 어떠한 것이 성령 훼
방 죄인 줄 알겠느냐?
30 그리고 살아가면서 정녕 성령 훼방 죄
를 짓지 않는다고 생각하나, 모든 종
교 집단 너희들은 성령을 훼방하는 그
와 같은 짓만 하고 있음이니,
31 너희들이 말하는 이방인이라는 자는
나에게 용서를 받을 수 있는 죄를 짓
고 사는 것이요, 그렇지 못한 너희들
이야말로 성령 훼방 죄를 짓고 사느니,
32 너희들의 후손이요, 너희들은 나의 아
들 예수의 피 흘려 죽음으로써 보상을
받을 자격이 없으며, 그 보상을 받을
수 있는 자격의 명단에서 제외된 자들
이 너희들이라는 것을 알라 전하라.

11,648 번째 하나님 말씀

2004년 6월 19일 06시 53분

1 사랑하는 나의 아들아!
2 "네, 아버님! 말씀하옵소서."
3 너는 이제 네가 가지고 있는 그 의문
이요, 네가 의혹했던 그 마음의 고리
가 모두 풀렸을 것이며 이제 모두를
깨달았을 것이니라.
4 "네, 아버님! 저는 확실히 말씀을 드
릴 수는 없으나 이제는 제가 왜 선택
이 되었으며 저의 제자들이 왜 선택
이 되었으며 제가 왜 이 길을 가고 있
는 그 영광을 얻은 것이요, 그 명을 받
은 것인지 이제는 알 것 같사옵나이
다."
5 네가 보는 그 깨달음은 과연 어떠한
것이더냐?
6 "네, 아버님! 그러하옵나이다.
7 지금의 모든 종교 집단의 지도자들이
출발서부터 아버님의 뜻이 아니요, 사
탄의 뜻에 의해 역사하여 그들이 왔
음이니,
8 그들은 새싹을 틔울 수 있을 만큼 그
와 같은 아름다움이 없으며 옥토가 없
으며, 그리고 그 씨가 제대로 제자리
를 지키지 못하며 다 부패하고 썩어져
있는 그와 같은 형국이 되어 있기 때
문이옵나이다.
9 지금의 모든 종교 집단이요, 그들의
씨앗으로써는 이 세상에 아름다운 생
명을 탄생케 할 수 없으며, 아버님 뜻
을 역사할 수 있는 그와 같은 씨앗이
요, 터전이 없사옵나이다.
10 모두가 다 썩어져 있고 병들어져 있으
며 부패할 대로 부패해져 있기 때문에
그 씨앗은 하나도 심어서 새로운 생명
으로 태어날 수 있는 모두를 다 상실
되어 있기 때문에, 오늘에 이 어렵고
힘든 역사를 이루심을 저는 이제야
깨달았사옵나이다.
11 그리하여 지금의 모든 종파 속에서는
어떠한 종파든 그들에게 아버님의 성
령을 부어 넣는다 해도 그를 받아들
일 그릇이 없으며,
12 그 모두가 다 썩어져 있기에, 부어 내
리시는 대로 더 썩는 곳에만 작용을
하는 것이며, 더 부패하는 그와 같은
역사를 이루고 가는 길밖에 없기에,
13 아버님께서 그들에게 붓지 못하셨으
며, 그들에게 내리지 못하여 잡석과
같은 저에게 모두를 내리시며, 나약하
고 볼 것 없는 저의 제자들에게 아버
님께서 그를 불러 모든 영광의 은혜
를 내리도록 하시는 것이 바로 거기에
있다 저는 그리 생각되옵나이다."
14 사랑하는 나의 아들아! 그러하니라.
15 이 세상에 어떠한 종파 어느 하나도
내가 씨를 뿌리고 성령을 부어 내려
새로운 생명을 받아 태어나는 그와 같
은 역사를 이룰 수 없으며, 만백성을
구할 수 있는 그 기틀이 되어 있는 자
들이 하나도 없음이니라.
16 모두가 썩고 썩어 부패할 대로 부패하
여 그 썩음이 하늘에까지 진동하는 그
와 같은 형국이 되어 버렸으니,
17 거기에 나의 새로운 성령이요, 새로운
기름을 부어 넣는다 해도 그들은 더
썩는 데 부패하는 데만 그것으로써 자
리를 잡을 것이며,

18 저희들의 밑천으로 삼아 또 장사를 시
작할 것이며, 새로운 방법으로 장사를
역사하는 데 그리 쓸 것이기에,
19 하나도 그들은 선택될 수가 없으며,
그들에게 내가 성령을 부을 자격이 있
는 자가 하나도 없기에, 오늘의 너희
들로 하여금 그 모두를 역사하는 것을
알았다면,
20 너희들이 대혁명이요, 대개혁을 이루
는 이것이 얼마나 위험한 일이며, 얼
마나 위대한 일이며, 얼마나 소중한
일이며, 그 누구도 역사할 수 없는 가
장 위대한 일이라는 것을 깨달아,
21 너희들은 혼신의 정성을 다하도록 그
리하라, 사랑하는 나의 아들딸들아!
22 그렇지 아니하면 아니 됨이니라.
23 너희들이 모두를 다 바쳐도 이룰까 말
까 한 대개혁의 혁명을 너희 모두를
다 바쳐 이루도록 그리해야 될 것이
며, 너희 자신을 불태워야 될 것이며,
24 너 자신을 모두를 다 던지며 너를 의
식하지 않으며, 귀중한 하나의 생명이
라도 이 길을 위해 수시로 아낌없이
던질 수 있는 그와 같은 굳은 결의요,
그와 같은 훈련으로써 거듭나야만 되
기 때문에 내가 오늘의 고통스러운 길
을 가도록 함이니라.

11,649 번째 하나님 말씀

2004년 6월 19일 06시 57분

1 사랑하는 나의 아들아!
2 "네, 아버님! 말씀하옵소서."
3 나의 피조물 만백성 너희들이 숨을 거
두었을 때, 너희들은 무엇으로써 경의
를 표시하는가?
4 너희들은 그 무덤 머리맡에 십자가를
만들어 그를 꽂아 놓느니라.
5 그리하여 그 마음을 위로하며 그 죽음
을 위로하며 경의를 표시하는 것이 너
희들이 아니더냐?
6 그러니 지금 너희들이 동료의 죽음이
요, 형제의 죽음 앞에 그 무덤의 머리
맡에 십자가를 세워 주는 것이 너희들
이 지금 하고 있는 행위가 아니더냐?
7 그러니 바로 지금 밤하늘을 향하여 나
에게 고통과 아픔을 전해 주는 그 십
자가가 바로 무엇이더냐?
8 나의 아들이 죽어 간 것, 두 번 다시
보고 싶지 않은 그와 같은 십자가를
너희들이 밤마다 불을 밝혀 나를 보라
함이니, 그 십자가 밑에 있는 그 모두
가 다 무엇이더냐?
9 무덤이니라.
10 너희들이 죽은 자 앞에 경의를 표시할
때 세워 놓는 십자가처럼, 그 십자가
를 높이 깎아서 세워 놓고 나를 고문
하는 그것이 바로 무덤 속이니라.
11 그러니 내가 너희들에게 무어라 말하
였느냐?
12 그 무덤 속에 있는 자들이 다 죽은 자
들이 아니더냐?
13 그러니 구원의 길이요, 하늘에 오르는
길이라는 자들이 십자가의 탑을 높이
세운 것은 너희들의 묘지를 만든 것이
며 그와 같은 공동묘지를 만들어 놓은
자들임을 너희들은 알아야 될 것이니
라.
14 그리하여 너희 스스로 묘지를 만들어
놓고 그 묘지 속에 모여 있음이니, 바

로 너희들이 회칠한 무덤 속에 있는
자들이니라.
15 그리하여 그 죽은 자들을 내가 구원하
고자 하며 죽은 자를 깨우치는 것이
나의 아들을 따르는 제자 너희들이니
라.
16 죽은 자 속에서 거듭나며 죽은 자 속
에서 다시 태어나는 그와 같은 기회를
줄 수 있는 것이 너희들이며, 그들을
살리는 것이 너희들임을 알라.
17 십자가를 세워 놓은 그 건물 안에 있
는 자, 그것이 무덤이요, 거기에 공동
체의 무덤이라는 것을 상징하는 것이
니, 그게 바로 무덤이니라.
18 너희들이 죽은 자에게 무덤 앞에 세우
는 십자가처럼 너희들이 건물 안에 그
십자가를 세워 놓음이니, 그게 무덤이
니라.
19 그 무덤을 만들어 놓은 자, 그리하여
무덤 속에 다 묻혀 있는 자이기에 다
죽은 자요,
20 너희들이 다 죽어 거듭나는 기회를 얻
을 수 있는 것은 새로 내가 전하는 성
령이요, 나의 아들을 통하여 내리는
새로운 성경을 보고 접하지 아니하면
절대 구원할 수 없음이니,
21 이것이 하늘의 음성이요, 예수의 음성
이요, 나 여호와의 음성이요, 지금 나
의 아들이 부르짖는 것임을 너희들은
알아야 될 것이니라.

11,650 번째 하나님 말씀

2004년 6월 19일 07시 00분

1 사랑하는 나의 아들아!
2 "네, 아버님! 말씀하옵소서."
3 이제 모든 백성들에게 전하라.
4 너희들이 십자가는 위대한 나의 아들
을 상징하는 것이며, 나의 아들을 경
배하는 것이며, 나의 아픔을 같이 나
누는 그와 같은 상징물로써 너희들이
사용하나, 그것은 아니니라.
5 그 모두는 다 죽음을 표시하는 것이
요, 십자가는 너희들이 믿음을 표시하
는 것이나, 죽음을 표시하는 것이라
그들에게 가르치라.
6 다시 한 번 내가 너희들에게 명함이
니, 십자가는 곧 너희들의 죽음을 의
미하는 것이며 죽음을 표시하는 것이
요, 죽은 자라는 것을 상징한다는 걸
알라.
7 십자가라는 것이 무엇이더냐?
8 가장 사악하며 가장 극형으로 다스릴
때, 십자가에 매달리게 하는 처벌의
형틀이 아니었더냐?
9 그리하여 거기에 매달리는 자는 죽음
이니, 바로 십자가라는 것은 죽음을
상징하는 것이라는 것을 알라.
10 나의 아들 예수의 고통스러운 죽음을
상징하는 것이 아니요, 나를 경배하는
곳에 사용하는 것이 아니라,
11 십자가를 목에 걸고 너희들이 몸에 붙
이는 자, '나는 죽은 자요, 나는 죄인
이요, 죄 속에서 사는 자이기에 죽은
자라'는 것이요,
12 십자가를 세워 놓은 건물 앞에 모여드
는 자 너희들은 죽음의 무덤 속에 들
어가는 것이요, 너희들은 죽음의 길을
가는 것이니라.
13 그러니 십자가는 성스럽게 표현한 것

이 아니요, 나의 아들의 그 고통을 상
징하여 그에 대한 아픔을 나누는 것이
아니요, 나를 위하여 세워 놓는 것이
아니라, 무덤의 상징이라는 것을 알라.
14 십자가는 죽음의 상징이요, 무덤의 상
징이라는 것을 만백성에게 전하라.
15 그러니 십자가 밑에 모이는 자, 십자
가를 걸어 놓고 경배하고 기도하는
자, 그 모두가 다 죽은 자들이요,
16 그들이 죽은 자 속에서 죽은 자끼리
행사하는 것이라 그리 전하라.
17 십자가는 너희들의 죽음이요, 무덤의
상징이라 그리 전하라.

11,651 번째 하나님 말씀

2004년 6월 19일 07시 05분

1 사랑하는 나의 아들아!
2 "네, 아버님! 말씀하옵소서."
3 이제는 내가 고를 때가 되었으며, 버
릴 것은 버리며 거둘 것은 거두는 그
와 같은 때가 되었음이니라.
4 그러니 내가 가장 큰 종교 집단이요,
가장 큰 단체부터 그 모두를 다스려
나가기 시작할 것이니라.
5 그러니 그들이 무너지는 것, 그들이
쓰러지는 것, 그와 같은 형국을 너희
들은 보게 될 것이니라.
6 가장 방대한 조직이요, 가장 단단한
조직부터 내가 모두를 다스려 나가는
그와 같은 역사를 이룰 것이며 그와
같은 형국이 이루어질 것이니라.
7 그러니 이 세상은 아수라장 같은 바람
이 불 것이며, 너희들이 어찌할 바를
모르는 지진이요, 천재지변이 생기는
속에서 아우성치는 그 백성들보다 더
무서운 환란이요, 더 어려운 형국을
한 번은 겪고 넘어가야 될 것이니라.
8 지금까지 아무리 깨려 해도 깰 수 없
으며 부수려 해도 부술 수 없는 철옹
성 같은 그 크고 큰 종교 집단부터 깨
져 나갈 것이며,
9 깨지는 파편이요, 깨져 나가는 그 모
든 조각들이 얼마나 파괴력을 과시할
것이며 얼마나 무서운 힘으로써 깨져
나가는지,
10 이 세상을 흔들 것이며 이 지상을 흔
들 것이며, 지구가 쪼개지는 것보다도
더 무서운 그와 같은 환란을 한 번은
너희들이 겪어야 될 것이니라.
11 그리하여 그와 같은 큰 단체로부터 크
게 잘못된 종교 집단으로부터 깨져 나
가고 부서질 때, 서서히 작은 것들은
소멸될 것이니라.
12 그러니 그 환란을 대비해야 될 것이
며, 그때 너희들이 당황하지 말아야
될 것이며, 너희들이 굳건히 서고 견
디는 나의 아들딸들이 되어야 하기에,
13 내가 너희들에게 그와 같은 훈련을 지
금 시키고 있으며, 너희들의 담력을
키우고 있으며, 용기를 키우고 있으
며, 자신감을 키우고 있으며, 너희 생
명을 던져서라도 나의 새로운 성경을
지킬 수 있는 그와 같은 훈련을 지금
하고 있으며,
14 그와 같은 자들이 되지 아니하면 너희
들이 살아남을 수 없으며, 더불어 영
광을 얻을 수 없으며, 만백성을 구하
는 길을 갈 수 없기 때문이니,
15 내가 너희들을 훈련을 시키면서도 내

마음이 아픔이니 그리 알라.

11,652 번째 하나님 말씀

2004년 6월 19일 07시 08분

1 사랑하는 나의 아들아!
2 "네, 아버님! 말씀하옵소서."
3 훈련에 지쳐 있으며 훈련에 고달픈 너
의 제자들, 그 강도 높은 훈련을 견디
지 못하여 스스로 떠나는 그들에게 잠
깐 발을 멈추라 그리 전하라.
4 너희들이 발을 멈추고 돌려 생각해 보
도록 그리 전하라.
5 지금 나의 아들을 통하여 내리는 160
권의 새로운 이 성경이 아무나 할 수
있으며, 과연 아무나 역사할 수 있는
가?
6 그리고 이것이 잘못 가라, 잘못 가르
치라는 내용이 있는가?
7 너희들은 그리하여 나의 새로운 성경
을 다시 한 번 읽고, 떠나려는 그 발길
을 멈추며 등지고 가려는 너희들의 마
음을 돌리라 그리하라.
8 이 얼마나 귀하고 소중한 것이요, 이
얼마나 위대한 일을 역사하는가?
9 너희들이 만백성을 구하는 것이 얼마
나 소중한 것이며, 나 여호와가 바라
는 것인가를, 160권의 새로운 성경을
너희들이 한 번 읽어 보고 또 한 번 생
각하고 그 내용을 뒤져 보라 그리하라.
10 이것이 나 여호와의 뜻이 아니면 역사
할 수 있으며, 이 모든 주옥같은 가르
침이 내가 내리는 하늘의 뜻이 아니면
과연 역사할 수 있는가?
11 그리하여 떠나고자 하는 마음, 포기하
고자 하는 마음을 달래어 너희들이 다
시 힘과 용기를 가지고 나의 새로운
성경이요, 이를 전하며 구원하는 데
너희들이 할 수 있는 자세로 다시 돌
아오라 그리 전하라.
12 그렇지 아니하면 너희들은 정녕 나를
볼 수 없으며 거듭날 수 있는 영광을
얻을 수 없음이니,
13 너희들이 힘들고 어렵거든 나의 새로
운 160권의 이 성경을 보고 그 내용을
보며 그를 보고 나에게 기도하라.
14 그러면 너희들이 나의 새로운 성경이
내 뜻이요, 내가 역사한다는 지혜를
얻게 될 것이며, 그를 보게 될 것이니
라, 사랑하는 나의 아들딸들아!
15 160권의 새로운 성경을 보라.
16 그 누구도 역사할 수 없으며 그 누구
도 이룰 수 없는 것이 지금 이루어지
고 있음이니,
17 얼마나 위대하고 소중하며 귀한 역사
를 너희들 손으로써 엮어 가고 있는
줄 알겠느냐?
18 자부심과 긍지를 갖도록 하라, 사랑하
는 나의 아들딸들아!

11,653 번째 하나님 말씀

2004년 6월 19일 07시 12분

1 사랑하는 나의 아들딸들에게 전하라.
2 사랑하는 나의 아들아, 간곡히 그들에
게 전하도록 그리하라.
3 너희들의 손을 창공을 향하여 주먹을
쥐었다 폈다 해 보라 하지 않더냐?
4 그러니 거기에 아무것도 남는 것이 없
다 하였음이니라.

5 사랑하는 나의 아들딸 너희들이 마음
을 그리 비워야 되며, 너희 자신을 생
각하지 말며 너희 자신을 기억해서는
아니 된다 하는 나의 애절한 그 뜻을
알겠느냐?
6 그와 같이 너희들이 마음을 비우며 너
를 생각하지 말라.
7 그렇지 아니하면 너희들이 하늘의 지
혜를 얻을 수 없으며, 모든 육의 세상
에서 욕심에 의하여 살아가는 그 백성
들처럼 너희들도 변화된 것이 없으며
깨우친 것이 없으며, 너희들이 나에게
한 발짝 다가온 것이 아무것도 없느니
라.
8 그 백성들과의 차이요, 다른 점이 무
엇이더냐?
9 너희들이 손을 펴 허공을 향하여 쥐었
다 폈다 해 보라.
10 거기에 남는 것이 없으며 쥐어지는 것
이 없는 것처럼, 그것이 너희들의 마
음이요, 가져야 할 정신 자세요, 너희
들의 생각이니라.
11 그와 같이 아무것도 남지 않는 마음이
요, 너를 의식하지 않는 마음으로 살
아갈 때, 너희들이 어렵고 힘들 때 견
딜 수 있으며,
12 네 생명을 던져서라도 나 여호와의 새
로운 성경을 지킬 수 있는 그와 같은
용기 있는 백성이요, 당당한 나의 아
들딸로서 너희들이 그 모두를 지킬 수
있으며,
13 내 명예를 더럽히지 아니하며 너희들
자신의 명예를 더럽히지 않는 나의 아
들딸로서 한 점의 부끄러움이 없는 자
식으로서 거듭날 수 있음이니라.
14 너희들을 지금 사탄이요, 천사들도 보
고 있으며, 과연 너희들로써 이 역사
를 이룰 수 있는가, 사탄들은 수없이
너희들을 작고 큰 것으로써 유혹하며
무너트리고자 하고 있는 것이 지금 하
늘에서 이루어지고 있는 일이니라.
15 다만, 너희들이 모르고 있음이니라.
16 거기에 너희들이 물고기가 낚싯밥에
걸리듯 한 번 걸리기만 하면 너희들은
헤어나지 못하며 거듭날 수가 없으며,
17 나의 새로운 성경이요, 160권의 이 귀
하고 소중한 내용이요, 이 뜻도 너희
들 귀에 들어오지 않으며, 너희들이
이를 보고 깨닫지 못하며, 모두를 다
버리고 무너지는 그와 같은 형국이 됨
이니라.
18 사랑하는 나의 아들딸들아, 너희들은
160권의 새로운 성경의 소중함을 느
끼라.
19 그리고 그를 보고 너희들이 깨우치며
그를 읽고 너희들이 깨우치라.
20 그러면 너희들의 마음을 알 수 있으며
깨우침을 받아 하늘의 뜻을 알 수 있
으며,
21 이는 정녕 나 여호와의 뜻이요, 만백
성을 구하기 위하여 역사하는 것이라
는 걸 너희들이 스스로 깨우치려 하지
아니해도 알 수 있음이니라.
22 사랑하는 나의 아들딸들아, 내가 너희
들에게 다시 한 번 말함이니, 창공을
향하여 네 손을 쥐었다 폈다 한번 해
보라.
23 거기에 아무것도 보이지 않고 남지 않
는 것처럼 너희들의 마음이 그러해야
되며, 모두를 비워야 되며 너 자신이

그와 같이 없어야 함이니라.
24 그것이 바로 하늘의 뜻을 알 수 있으
며, 너희들이 인간 세상의 삶의 차원
을 넘어 하늘의 뜻이요, 하늘의 세상
을 볼 수 있으며 그 뜻을 듣게 되니,
25 이는 곧 나의 음성을 들으며 나를 볼
수 있으며 나와 대화할 수 있는 그 교
통의 길이 열리는 것이니라.
26 지금 나의 아들이 하늘의 구석구석의
그 모든 뜻을 알고 있으며, 그 모두가
역사하는 것을 나의 아들은 알고 있음
이니라.
27 그리하여 내가 그와 교통하며 그를 통
하여 새로운 성경을 세상에 내려보냄
이니, 이것이 나의 아들이요, 이것이
다른 것임을 너희들은 알라.
28 아무것도 보이지 않는 것처럼 너희 마
음을 다 비웠을 때 너희들도 그와 같
은 은혜를 입을 것이며, 그와 같은 나
의 아들딸로서 너희들이 거듭나는 은
혜와 영광을 얻게 된다는 것을 내가
너희들에게 전함이니,
29 이를 명심하고 명심하여 그와 같은 백
성으로서 거듭나도록 그리하라, 사랑
하는 나의 아들딸들아!

11,654 번째 하나님 말씀

2004년 6월 19일 07시 15분

1 사랑하는 나의 아들아!
2 "네, 아버님! 말씀하옵소서."
3 너의 제자들을 바로 깨우치며 그들에
게 깨우침을 게을리해서는 아니 됨이
니라.
4 너는 하늘의 구석구석이요, 하늘의 모
든 역사함을 알고 있음이니, 네가 오
늘 작은 실수를 한다 해도 너는 하늘
의 두려움을 알며 네가 잘못됨을 깨달
아 알기에 너는 무섭게 변화될 것이
며, 너는 내 뜻대로 행함이 당연한 것
이니라.
5 그러나 그 모두를 볼 수 없으며 알 수
없는 너의 제자들은 너를 따라가며 너
와 같이 가기가 어렵고 힘들 것이며,
그들로서는 참고 인내하기가 어려우
니라.
6 그러니 그들에게 용기와 희망을 주며
그들을 잘 다스리고 잘 깨우치는 그와
같은 길로써 네가 인도해야 됨이니라.
7 사랑하는 나의 아들아! 떠나는 자, 가
려는 자들이 바로 어렵고 힘든 그 길
을 갈 수 없으며, 너처럼 하늘의 뜻이
요, 나와 교통이 되지 아니하기 때문
에 그들은 힘든 것이며,
8 이해하기 어려우며 참고 인내하기 어
렵기에, 저희들이 인간 상식의 생각과
사탄의 유혹에 견디지 못하고 넘어지
는 자들이니라.
9 사랑하는 나의 아들아! 그들을 네가
봐야 될 것이며, 그와 같은 백성이 또
생겨서는 아니 되는 것이니, 이를 거
울로 삼아 너의 제자들에게 바로 깨우
쳐 주고 전함을 소홀히 해서는 아니
됨이니라.
10 그들이 떠났을 때 두 번 다시 돌아오
지 못한다면 그들은 나를 볼 수 없으
며 거듭나는 은혜를 입을 수 없음이
니, 그들이 가련하고 불쌍하지 않더냐?
11 그러니 그와 같은 너의 제자들이 다시
는 있지 않도록 네가 그들에게 모두를

다 깨우쳐 주고 전하도록 그리하라.
12 너는 그리 말하느니라.
13 아무리 깨우쳐 주고 전해도 그 제자들
이 알지 못함이니, 성전의 문을 닫고
싶으며 더 이상 강론을 하고 싶지 않
다 네가 그리 말함이니, 그것도 너의
오만이며 자만임이니라.
14 너는 모두를 다 알며 하늘의 구석구석
의 그 뜻을 알며 나와 네가 모두를 교
통함이니 그 뜻을 아나,
15 그를 알지 못하며 보지 못하고 따르는
제자들이 그만큼 깨우쳐 가며 그만큼
변해 가는 것도 너보다 열 배 더 그들
이 바로 가는 것이라는 것을 너는 알
며,
16 항상 겸손하고 낮은 자세로써 모두를
행하도록 그리하라, 사랑하는 나의 아
들아!

11,655 번째 하나님 말씀

2004년 6월 19일 13시 12분

1 "너는 나 외에는 다른 신들을 네게 있
게 말지니라.
2 너를 위하여 새긴 우상을 만들지 말
고, 또 위로 하늘에 있는 것이나 아래
로 땅에 있는 것이나 땅 아래 물속에
있는 것의 아무 형상이든지 만들지 말
며, 그것들에게 절하지 말며 그것들을
섬기지 말라.
3 너는 너의 하나님 여호와의 이름을 망
령되이 일컫지 말라.
4 안식일을 기억하여 거룩히 지키라.
5 네 부모를 공경하라.
6 살인하지 말지니라.
7 간음하지 말지니라.
8 도적질하지 말지니라.
9 네 이웃에 대하여 거짓 증거하지 말지
니라.
10 네 이웃의 집을 탐내지 말지니라.
11 나 여호와가 존재함을 믿는 그 자체가
구원의 길에 들어서는 기본이요 근본
이며, 나의 법전을 가슴에 안고 정독
하는 자, 반석 위에 서서 하늘에 오르
는 찬란한 빛을 보게 되는 영광을 얻
게 됨이니라."
12 사랑하는 나의 아들아!
13 나 여호와가 너희들에게 수없이 말했
느니라.
14 '나의 법전을 가슴에 안고 정독하는
자 반석 위에 일어서며 하늘에 오르는
길을 보며 그 영광을 얻는다.' 하였음
이니라.
15 너희들은 나의 새로운 성경을 접하지
아니하며 이를 읽지 아니하고는 결코
나에게 오를 수 없는 그 엄연하고 무
서운 사실을 알아야 될 것이니라.
16 지금까지 온 모든 종교 집단의 지도자
들이 바로 섰더라면, 내가 160권이라
는 새로운 성경을 나의 아들을 통하여
내려보내지도 아니하며, 그들을 통하
여 내가 모두를 다 역사했을 것이며,
또한 역사할 필요도 없었을 것이니라.
17 그러나 모두가 잘못되었으며 모두가
부패하고 썩었기 때문에 받을 자가 없
음이니, 바로 오늘의 믿음이 다 잘못
되었다 함이니라.
18 그러니 잘못된 것을 도려내고 너희들
이 수술하지 아니하면 아니 되며 그대
로 놔두면 안 되기 때문이니라.

19 그러니 너희들이 바로 썩은 것을 도려
내며 수술을 시작함이니, 새 살이 나
와야만 되듯이,
20 모두가 잘못되었으며 종교 집단이요,
믿음의 길을 가는 자들이 잘못되었기
에, 새로운 성경이요, 새로운 믿음의
길을 가는 그와 같은 백성이 세상에
나오지 아니하면 아니 됨이니라.
21 모든 종파를 내가 다 덮을 것이며 그
모두를 다 내가 유황불에 던질 것이니
라.
22 오로지 나의 새로운 성경을 읽고 하늘
의 뜻에 살아가는 그 백성, 그와 같은
백성만이 이 세상에 존재함을 너희들
은 알아야 될 것이니라.
23 지금 나의 아들을 따르는 제자 그들이
가는 길이 얼마나 힘들고 어려우며 고
통스러운 길인 줄 알겠는가?
24 어찌하여 그들은 이 고통스럽고 힘든
길을 가며, 나 여호와가 새로운 시대
를 열며 새로운 성경을 내려보내며,
25 그를 보고 깨우쳐 가는 그 백성들이
남들에게 사탄이요, 이단이라 지탄을
받으면서 그 길을 가는 가련하고 불쌍
한 나의 아들을 따르는 제자들이요,
나의 새로운 성경을 읽고 깨우친 백
성, 그들에게 내가 왜 고통의 시련의
길을 가도록 강한 훈련을 시키는가?
26 그들이 바로 거듭나지 아니하면 아니
되며, 그들로 하여금 열매를 맺지 아
니하면 아니 되며, 거둬들이지 아니하
면 아니 되기 때문이니라.
27 그것 하나를 봐도 어떠한 것이 참진리
인가를 알 것이니라.
28 성서에 기록하여 전하기를, 하늘에 오
르는 길이 평탄한 길이요, 즐거운 길
이라 했더냐?
29 너희들이 하늘에 오르는 길은 당연히
어렵고 힘들며 좁은 길이라 했음이니
라.
30 너희들이 악습이요, 잘못된 것을 하나
하나 지워 버리며 고치고 살아가야 하
기 때문에, 남들이 즐기는 것을 너희
들은 등을 돌려야 될 것이며 고개를
돌려야 될 것이며,
31 남들이 즐겨 행하는 것을 너희들은 즐
겨 하지 못하며, 너희들은 거기에서
또한 고개를 돌려야 되는 것이요, 그
들과 더불어 살아가지 않는 너 자신을
달래는 그 마음,
32 남들이 간음을 하며 남들이 사악한 짓
을 하며 그와 같은 것을 하면서 그들
은 인간으로서 태어난 것이 큰 특권인
것처럼, 그리고 그것은 당연히 즐기는
것처럼 남의 것을 탐하면서 너희들이
남을 시기하면서 밀어붙이며 남의 엉
덩이를 밀어붙이는 그와 같은 것을 하
며,
33 그것이 인간으로서 당연히 할 수 있는
일이요, 그와 같은 즐거움을 즐길 수
있다는 이와 같은 마음 자세로 살아가
는 것이 지금 나의 백성 너희들이니라.
34 그러니 너희들이 선함을 행하는 것보
다도 악함을 행하는 것이 당연히 할
수 있는 것이요, 할 수 있다 생각하며
그를 행하고 살지 않느냐?
35 그러니 모두가 다 잘못되었음이니라.
36 그와 같은 것을 저버리며 그와 같은
것을 쳐다보지 아니하며 그와 같은 것
을 생각도 하지 아니하며,

37 정의로운 길이요, 바르고 고운 길을
가야 되는 나의 아들을 따르는 제자
너희들이 어렵고 힘든 길을 가는 것이
좁고 협착하고 어려운 길이니라.
38 그러기에 나의 뜻이요, 나에게 오는
진리라는 것을 자부심을 가지며 긍지
를 갖고, 주저하지 말며 최선의 노력
을 다하라.
39 오늘의 즐거움이요, 죄를 짓는 것, 남
에게 피해를 주는 것, 그것은 인간 세
상에 당연히 할 수 있으며 있을 수 있
는 일이라 하며 즐기며 살아가는 그들
이 그 얼마나 무서운 대가를 치르는
것인가?
40 그를 또 그리할 수 있다 가르치는 자,
이가 바로 나의 피조물 만백성들이 하
늘에 오를 수 있는 그 길을 훼방하는
자들이니라.
41 모든 종교 집단들이 교회요, 법당이
요, 성당이요, 그 앞에 서서 재물이요,
헌금을 바치지 말라,
42 그곳에 가 바치는 자 너희들이 지옥을
감이니 네 이웃에 가난하고 불쌍한 자
를 도우라 그리하면, 그들이 나눠 주
는 역사를 한다 하지 않겠느냐?
43 너희들이 바로 그러니라.
44 십계명이라는 것을 지키지 않는 자는
나 여호와를 찾지 말라 너희들이 그리
말했다면, 지키고 그리 살아가는 백성
이 수없이 있었을 것이며,
45 그것을 믿고 따르는 백성들이 바로 이
세상을 지배하는 아름다운 세상이 되
었을 것이니라.
46 인간이기에 할 수 없다 하니, 너희들
이 죄짓는 것을 당연한 것으로 생각하
도록 그리 가르쳤고 그리 이끌어 왔기
에 이 세상이 지금같이 험악한 세상이
되었느니라.
47 그러니 하나도 내 뜻에 의해 역사하는
것이 없으며 하늘의 뜻에 의해 역사하
는 것이 없으며, 모두 다 버려지고 버
려지는 것이 너희들이기에,
48 나의 새로운 성경을 접하고 읽고 그대
로 살지 아니하면 아니 된다 함이 여
기 있음을 전하라.

11,656 번째 하나님 말씀

2004년 6월 19일 13시 18분

1 사랑하는 나의 아들아!
2 "네, 아버님! 말씀하옵소서."
3 너를 따르는 제자들이요, 믿음의 길을
가는 백성, 만백성, 너희들은 들어야
할 것이니라.
4 나 여호와의 뜻대로 행하고 그리 산다
면, 무엇인들 너희들이 못 이루며 역
사하지 못할 것이 어디 있겠느냐?
5 나 여호와가 너희들에게 주지 아니할
것이 없으며 내가 내리지 아니할 것이
어디 있겠는가?
6 너희들이 죄라는 것을 짓지 아니하고
나의 계명을 지키고 산다면, 너희들이
야말로 나의 권능 아래 나의 권세 아
래 못 이루고 역사하지 못할 것이 없
는 것이거늘,
7 너희들은 자신의 욕심이요, 자신을 위
한 삶을 살기에 그와 같은 것을 얻지
못하며 그와 같은 것을 구하지 못하는
오늘의 삶이 되어 버렸음을 너희들은
알라.

8 내가 너희들에게 무어라 하였느냐?
9 자신을 먼저 변화시키라, 그리고 자신
을 지우라, 그러면 너희들이 모두를
얻을 수 있다 하지 않았더냐?
10 내가 그리하여 세상의 작은 것을 다
비우며 작은 것에 연연하지 말라 그
리 가르쳤음이니, 너희들은 작은 것이
무엇이라 생각하느냐?
11 내가 너희들에게 말함이니, 육의 세상
에서 가장 큰 것, 육의 세상의 모두를
다 가졌다 해도,
12 그것이 다 하늘나라에 비추어 볼 때
하늘나라의 역사에 밤알만큼도 못 미
치는 것이 너희들이 이 세상을 다 가
지고 있는 것이니라.
13 하늘의 역사요, 하늘의 뜻이 그와 같
이 위대하거늘, 내가 너희들에게 작은
것을 버리라 함이니, 너희들은 무엇으
로 생각하느냐?
14 너희들이 세상 것을 다 가져도 하늘나
라의 밤알만도 못함이니, 내가 성경에
기록하여 작은 것을 버리라 함이니,
과연 너희들은 어떠한 것을 의미하는
가?
15 내가 너희들에게 작은 것을 버리는 그
와 같은 마음을 가지라 하니, 나의 아
들을 따르는 제자들이요, 나의 새로운
성경을 읽고 깨우친 만백성, 너희들은
육의 세상에서 너희들이 가지고 있는
것을 따지지 말라.
16 모든 종교 집단이요, 믿음의 길을 가
는 자들은 그리 말하느니라.
17 작은 것을 버리라 하니, 세상사에 살
아 있으면서 무게와 부피와 그 가치가
그와 같이 작고 큰 것을 가지고 물질
을 버리는 것이라 너희들이 그리 생각
하는 것이니라.
18 작은 것이란 나 여호와의 의미가 무엇
인 줄 알겠느냐?
19 세상사를 다 놓을 수 있으며 세상 것
을 다 놓을 수 있는 그와 같은 것도 작
은 의미요, 작은 행위라는 것을 너희
들은 알아야 될 것이니라.
20 인간 세상에 살아가는 그 백성들의 생
각하는 것, 물질의 무게요, 가치요, 그
중량을 가지고 크고 작은 것을 따지는
것이, 나 여호와가 나의 새로운 성경
에 기록하여 전하는 작은 것을 버리라
는 나의 아들을 따르는 제자들이요,
선택된 너희들에게 명하는 것이 아니
니라.
21 밤알만 한 것을 버리면 그보다도 더
작은 것, 그리고 그보다도 더 큰 것도
너희들이 버릴 수 있는 그와 같은 백
성이 되어야 함이니,
22 그러니 세상 것, 어느 한 곳에도 너희
들이 욕심을 내지 말며 견주어 생각하
지 말라는 뜻이니라.
23 세상을 다 놓는다 해도 너희들이 하늘
나라의 밤알만 한 것을 놓는 것만 못
함이니,
24 바로 내가 작은 것을 버리라는 의미를
다른 사람들은 모른다 해도 나의 아들
을 따르는 제자 너희들은 알아야 될
것이니라.
25 사랑하는 나의 아들아! 너는 정녕 알
고 있지 않으냐?
26 "네, 알겠사옵나이다.
27 아버님께서 이 세상의 그 모두를 다
하늘의 밤알만큼도 역사하지 못한 것

이요, 그와 바꿀 수 없는 것이라, 바꿀
가치가 없으며 의미가 없다 그리 말씀
하시는 것, 저희들은 이제 그를 깨달
았사옵나이다.
28 그러니 모두를 다 비우고 모두를 다
버리라는 것, 아버님께서 작은 것을
버리라는 것은 제 목숨과 제 생명과
그 모두를 다 버릴 수 있는 것, 그와
같은 것이 그 큰 의미요, 위대한 의미
가 거기에 있음을 이제 저는 알았으
며, 저의 제자들 또한 그를 깨달았사
옵나이다.
29 그러니 이제는 물질적인 것을 놓기를
두려워하지 아니하며, 제 손에 있는
것, 제 품에 들어올 수 있는 것, 제 눈
에 볼 수 있는 것, 제가 관리할 수 있
는 것을 놓는 데 주저하지 아니할 것
이며,
30 그것은 모래알만도 못한 작은 것이라
는 아버님의 작은 것을 버리라는 그
위대하신 말씀을 이제야 깨달았사오
며, 그리 실천하며 저희들은 가겠사옵
나이다."

11,657 번째 하나님 말씀

2004년 6월 19일 13시 23분

1 사랑하는 나의 아들아!
2 "네, 아버님! 말씀하옵소서."
3 지금의 모든 종교 집단이요, 그들이
하늘의 위대함을 모르느니라.
4 나 여호와가 작은 것을 버리라 함이
니, 이 세상의 모두를 다 버려도 하늘
의 밤알만큼도 못하다 하였음이니, 지
금 피조물 만백성 너희들이 종교 집단
들의 그 의미요, 그 뜻을 깨닫지 못함
이니라.
5 그러니 인간 상식과 지식으로써 너희
들이 교리를 만들고 교회의 법을 만들
어 나의 피조물 만백성을 구한다 하며
하늘에 오르는 길이라 하여 너희들이
지금 그리하고 있으니,
6 그와 같은 행위를 모두 중단하며 너희
들이 거듭나는 그와 같은 지혜를 얻도
록 그리하라.
7 너희들이 아무리 머리를 쓰고 생각을
하며 연구를 한다 해도 너희들은 나
여호와의 뜻을 알 수 없으며, 하늘의
뜻을 절대 알 수 없으며, 그를 들을 수
도 없으며 볼 수도 없는 것이니라.
8 그러한 하늘의 위대함이 너희들에게
어떠한 영향이 있으며 어떠한 것을 미
치겠는가?
9 거기에 너희들의 생각과 지혜로써 과
연 대적할 수 있으며 그를 능가할 수
있다 생각하는가?
10 모든 종교 집단의 지도자 너희들이 그
작은 머리요, 작은 생각이요, 그 지혜
로써 교리를 만들고 교법을 만들어
11 너희들이 내 뜻이요, 참진리를 능가할
수 있다 하며 하늘의 뜻을 거역하고도
제 뜻대로 모두를 역사할 수 있다는
자만에 빠져 있으며 착각에 빠져 있는
것이 모든 종교 집단 지도자들이 지금
흘러가고 있는 방향이니라.
12 그러면서 너희들은 전지전능한 아버
지라 나를 부르느니라.
13 정녕 너희들이 나를 전지전능한 아버
지라 부르는 것이 진심이라면, 너희들
이 나의 전지전능한 그 능력을 과연

아는가?
14 그리고 너희들이 나 여호와요, 너희들
이 말하는 전지전능한 그 능력 앞에
너희들이 무엇으로써 대적할 수 있으
며 나를 이길 수 있다 생각하는가?
15 너희들은 어떠한 것으로써도 내 뜻을
거역할 수 없으며 나를 대적할 수 없
으며 나의 능력을 능가할 수 없음을
알아야 될 것이니라.
16 그러니 너희들이 임의로 만든 인간의
작은 머리로써 작은 생각으로써 만든
모든 교리요, 그 교범을 다 폐지하라.
17 그리고 참진리의 길을 위하여 하늘에
오르는 뜻을 따라 행할 수 있는 지도
자로서 거듭나지 아니하면 아니 될 것
이니라.
18 너희들이 지혜요, 머리가 뛰어나 세상
을 모두 통제하고 다스린다 하나, 너
희들이 과연 시들어 떨어지는 꽃잎 하
나를 떨어지지 아니하게 할 수 있으
며, 죽어 가는 생명을 살릴 수 있는 그
와 같은 능력 하나 발휘할 수 있는가?
19 그와 같은 너희들이 어찌하여 인간의
머리로써 교리를 만들어 가르치고 이
끈다며 나의 백성들에게 구원의 길이
아니라, 그와 같은 고통의 길이요, 지
옥의 길로 이끌어 간단 말이더냐?
20 너희들이 머리 쓰고 연구한 것, 그것
은 백사장의 모래알 하나만큼도 비중
이 못 되는 것이니라.
21 그를 가지고 너희들이 하늘에 오르는
길이요, 만백성을 구한다 그리하며,
구원을 받았다, 구원을 받은 자들이
요, 하늘에 와 상을 받을 것이 남아 있
다 그리 외치고 있음이니,
22 너희 자신이 지옥을 가는 것은 내가
말하지 아니하나, 이 가련하고 불쌍한
나의 사랑하는 백성들까지 너희들이
지옥의 벼랑으로 밀어 넣는 그 사악한
행위를 중단하지 아니하면 아니 될 것
이니라.
23 너희들이 계속 이를 중단하지 아니하
며, 나의 새로운 성경 160권이 세상에
나가 너희들을 깨우치고 또 하늘에서
내리는 눈처럼 이 세상을 다 덮었을
때도 그때도 깨어나지 못했을 때, 그
리고 거듭나지 못했을 때,
24 어떠한 형태로써 너희 자신이 죽기 전
에 그 모두를 겪고 치르는지 너희들이
보게 될 것이니라.

11,658 번째 하나님 말씀

2004년 6월 19일 13시 30분

1 사랑하는 나의 아들아!
2 **"네, 아버님! 말씀하옵소서."**
3 나 여호와가 세상에 너희들을 내보냈
음이니, 너희들은 그저 내보낸 대로
그대로 삶을 살면 나에게 올 수 있음
이니라.
4 하늘의 천국이요, 하늘의 이 낙원을
누구를 위해 만들었는가?
5 너희들에게 주기 위하여 만들었으며,
소유권이 너희들이니라.
6 그러니 바로 너희들이 내가 세상에 내
려보냈던 그 아름답고 천사와 같은 마
음으로 그대로 살다 나에게 오면, 너
희들을 위해 만들어 놓은 천국은 너희
들이 주인이 아니더냐?
7 너희들이 아름다운 삶을 살면서 너희

자신이 나에게 올 수 있는 그 모두를,
어찌하여 너희들은 올 수 없는 그 길
을 산단 말이던가?
8 너희들이 살면서 자연의 위대함과 나
여호와에게 감사하는 마음을 잊어버
리지 아니하며 항상 기도하고 경배하
는 아름다운 마음으로써 나를 생각하
며 살면 되는 것을,
9 너희들은 나를 지워 버리고 나에게 감
사함을 잊어버리고 인간의 욕심에 의
하여 욕망을 위한 삶 때문에,
10 너희들이 자연스럽게 올 수 있는 천국
을 스스로 올 수 없도록 너희들이 죄
를 짓고 사는 오늘의 형국이 되었음이
니라.
11 스스로 욕심 때문에 너희들이 나에게
올 수 있는 너희 나라를 오지 못하며
너희들을 위해 만들어 놓은 천국에
너희들이 오지 못함이니, 그리 주인이
오지 못하는 것이 오늘의 형국이니라.
12 오지 못하는 것이 욕심 때문이요, 그
중에서도 나의 피조물 만백성들이 올
수 있는 자를 가로막는 자들이요, 가
장 잘못된 자들이 누군 줄 알겠느냐?
13 오늘의 종교 집단 지도자 그들이 가장
잘못됐으며 가장 무섭고 무거운 죄를
짓는 자들이 그들이니라.
14 종교 집단 지도자 그 백성들이 지금
나의 피조물 만백성까지 나에게 오르
지 못하게 함이니,
15 그들이 바로 내 뜻을 가장 거역하는
자요, 내 가슴에 아픈 상처를 주는 자
들이라는 것을 너희들은 알아야 될
것이니라.
16 사랑하는 나의 백성 너희들은 들으라.
17 그들이 구원의 길이요, 하늘에 오르는
길이라 하여 이 세상을 덮을 것처럼
다 하며 저희들만이 역사하는 자들이
라 하나, 그들이 가장 무서운 자들이
요, 무서운 짓을 하고 있다는 것을 너
희들은 알아야 될 것이니라.
18 사랑하는 나의 아들딸 너희들은 들으
라.
19 너희가 성당이요, 교회요, 법당이라는
곳, 성막이라는 곳, 기도원이라는 곳
을 찾지 말라.
20 그리고 너희들이 새로 나온 내 새로운
성경을 읽고 깨우친다면 너희들이 구
약과 신약에 숨겨진 모든 비밀을 알
게 될 것이며, 그를 깨닫게 되면 너희
들이 하늘에 오르는 길을 볼 수 있음
이니라.
21 160권의 나의 새로운 성경이 하늘에
오르는 길의 안내서요, 이정표라 함이
바로 여기 있느니라.
22 나의 피조물 만백성 너희들은 내가 내
려 준 천사와 같은 마음을 가지고 그
대로 이 세상을 산다면,
23 가장 편안하고 평화롭고 즐겁게 살다
가 너희들을 위하여 준비된 나의 나라
에 올 수 있는 것이 아니더냐?
24 가장 평화롭게 살아야 할 너희가 그렇
지 못하고 구속된 삶을 사는 것이요,
그리하여 스스로 일어날 수 없도록 지
금 모든 종교 집단 지도자들이 너희들
을 쇠사슬로 묶어 놓았음이니라.
25 그러니 내가 그를 더 이상 볼 수 없으
며, 너희들 스스로 그를 끊고 나올 수
있는 힘이 없기에,
26 내가 '하늘에 오르는 길'이요, '하나

님! 말씀하옵소서.'라는 나의 새로운 성경을 책으로 증거하여 너희들에게 전하는 역사를 지금 하고 있음을 너희들은 알아야 될 것이니라.
27 너희들에게 주기도 하고 너희들에게 존재하는 것, 그리고 너희들이 천국에 올 수 있는 모든 것은 하나서부터 만 가지가 다 너희들에게 주기로 한 것이요,
28 너희들이 존재하여 나에게 왔을 때 너희들이 쓰고 관리하고 모두를 통제할 수 있도록 너희들만을 위해 만들어진 것이라는 것을 알라.
29 천국의 모두가 다 너희들에게 내려 주기 위하여 너희들이 사용할 수 있도록 내가 모두를 준비한 것이니, 너희들이 그대로 살다 나에게 오면 그 영광이요, 은혜를 다 얻을 수 있거늘,
30 어찌하여 지금의 잘못된 종교 집단의 지도자 그들에게 끌려가 나에게 오는 그와 같은 영광을 버리고 지옥의 나락으로 떨어진단 말이더냐?
31 사랑하는 나의 아들딸들아!
32 이제는 너희들이 내가 나의 성령이요, 내 모두를 태워 내려보내는 새로운 성경을 읽고 또 읽어서, 지금의 그 집단에서 등을 돌려 나와 하늘에 오르는 길을 올 수 있도록 너희 자신이 길을 선택하도록 그리하라.
33 너희들이 더 이상 스스로 거기서 헤어나지 못하며 죄의 길을 그리 간다면, 정녕 너희들과 나와는 영원히 인연이 끊어진다는 그 무서운 사실을, 끈이 끊어짐을 알라 그리 전하라.

11,659 번째 하나님 말씀

2004년 6월 20일 06시 12분

1 사랑하는 나의 아들아!
2 "네, 아버님! 말씀하옵소서."
3 2천 년 전에 나의 아들 예수가 세상에 와서 만백성을 구하는 그 역사를 했음이니, 그는 무엇으로써 너희들에게 나의 아들이요, 그가 참진리를 가지고 세상에 왔는가 하는 것을 증명할 수 있겠는가?
4 "네, 아버님! 그렇사옵나이다.
5 가르치는 그 진리도 중요하나, 마지막까지 아버님의 뜻을 따라 하나의 생명을 바치면서까지도 사탄이요, 마귀들에게 굴하지 않고 그 길을 지키고 간 것으로써 모두를 증명함이요,
6 그는 결코 넘어지지 아니하였으며 타협하지 아니하였기 때문에 아버님의 아들이요, 영원히 존재하는 이와 같은 아버님의 명을 지킨 것이라, 그것이 다른 것이라 저는 그리 생각하옵나이다.
7 그 제자들이 죽음이 두려워 그를 배신했으며, 또한 그를 팔았으며 등을 돌리는 그와 같은 것이 인간의 생각이요, 보통 사람들이 가는 길이나,
8 자신의 죽음 앞에서도 굴하지 아니하고 타협하지 아니하는 그와 같은 마음 자세로 오로지 한 길을 지키고 간 것, 그리고 불변인 그 가르침에 대한 것이 변하지 않는 마음,
9 그것이 바로 아버님의 뜻이요, 아버님이 보내신 자요, 그것이 다른 것이라 저는 그리 생각하옵나이다."

10 사랑하는 나의 아들아!
11 네 마음이요, 너의 제자들은 과연 어
찌 가야 되겠는가?
12 "네, 아버님! 그렇사옵나이다.
13 이제 아버님의 말씀을 받아 160권의
새로운 성경을 세상에 냄이니,
14 160권의 새로운 성경을 세상에 냈다
해도 제가 불의와 잘못된 것과 타협
하며 그리고 부귀영화를 위하여 이
160권이 잘못된 것이라 말 한마디를
한다면,
15 그것으로써 저는 아버님에게 그 모두
를 다 등을 돌리며, 아버님께 버림을
받으며 사탄에게 즐거움을 주며 마귀
에게 즐거움을 주는 것이라 그리 생각
되옵나이다.
16 어떠한 고통과 어떠한 시련이 있어도
저와 저의 제자들은 이 160권이 아버
님의 말씀이요, 아버님의 말씀이기에
목숨을 다하여 이를 지키는 것,
17 그와 같은 행동으로써 모두를 일관하
지 아니하면 저희들이 곧 사탄이요,
마귀로서 전락한다는 것, 저는 그를
깨닫고 있사옵나이다."
18 사랑하는 나의 아들아!
19 그를 지켜야 될 것이며 그를 행해야
될 것이니라.
20 너희들이 아무리 지금까지 많은 사람
들 앞에 '우리는 하나님께 선택된 자
요, 부름을 받은 자요, 그리고 160권
이 새로운 성경이라' 말을 해도,
21 너희들이 어렵고 힘들 때, 너희들이
목숨을 내놓아야 될 때, 너희들이 목
숨을 내놓을망정 이는 정녕 하나님의
말씀이요, 새로운 성경이라 하여 이를
지키고 가는 그와 같은 마음 자세요,
행동으로써 보이지 아니한다면, 모두
가 다 무너지게 되어 있음이니라.
22 너 자신이 무너지며 너의 제자들이 무
너지며 새로운 성경이 세상에서 무너
져 빛을 보지 못함이니,
23 그와 같은 방법으로써 그와 같은 형국
으로써 너희들을 핍박할 것이며 유혹
할 것이며 너희들을 무너트리고자 하
는 그와 같은 것이 너희들이 감당키
어려울 정도로 휘몰아칠 것이니라.
24 그때 너희들이 지킬 수 있는 것은 오
로지 너희들의 목숨을 던진다 해도 나
의 새로운 성경을 가슴에 안고 조용히
죽어 가는 것이니, 내가 무어라 말하
였느냐?
25 새로운 성경을 가슴에 안고 네 피에
묻혀 죽는다 해도 너는 새로운 성경을
갖고 죽고자 했으며,
26 마지막 유언이 있다면 새로운 성경을
가슴에 안고 죽음의 길을 가겠다는 그
와 같은 마음으로써 네가 각오하고 생
각하며 그 뜻을 기록하였으니, 그대로
행하지 아니하면 아니 됨이니라, 사랑
하는 나의 아들아!
27 그것으로써 새로운 성경이 나의 뜻이
요, 하늘의 뜻이요, 너 또한 나의 아들
이요, 너희들 제자 또한 나로부터 선
택된 자라는 것을 증명함이니 그리 알
라.

11,660 번째 하나님 말씀

2004년 6월 20일 06시 20분

1 사랑하는 나의 아들아!

2 "네, 아버님! 말씀하옵소서."
3 하늘에 재물을 많이 쌓음으로써 너희
들이 그 상을 받으며 금은보화를 많이
쌓아 놓는 자는 그만큼 은혜를 받는다
가르치는 종교 지도자들이 있음이니
라.
4 내가 성서에 너희들에게 하늘에 바치
는 재물이요, 금화요, 은화요, 그 모두
는 정녕 재물을 칭함이라 생각하느냐?
5 인간 세상의 재물로써 가르치는 종교
지도자가 있으며 그를 믿고 따르는 자
들이 있음이니, 이게 지금 모든 종교
집단의 지도자들이 문제이며 그 신도
들 또한 문제이니라.
6 하늘에서 내리는 재물을 가지고 사는
자들에게 어찌하여 내가 너희들이 가
지고 있는 재물을 하늘에 바치라 한단
말이더냐?
7 세상에 있는 재물을 다 모아도 하늘의
밤알만 한 그것과도 바꿀 수 없는 것
이거늘, 그와 같이 무가치한 것이 인
간 세상에 너희들이 가지고 있는 재물
이거늘, 어찌하여 내가 그를 바치라
하며 내가 그를 의미한단 말이더냐?
8 나의 아들 예수가 그리 말하지 아니하
였던가?
9 부자를 깨우쳐 주기 위하여 나의 아들
이 '네가 온전한 자가 되고자 할진대
가서 네 소유의 모든 재산을 팔아 가
난한 자들에게 나누어 주라, 그리하
면 하늘에서 보화가 네게 있으리라.
그리고 와서 나를 따르라.' 하며, 네가
가지고 있는 재물을 나눠 줌이라 그리
말하지 아니하였더냐?
10 그러니 그 재물은 무엇이더냐?
11 그리하면 하늘의 보화가 너에게 있으
리라는 그와 같은 가르침을 가지고 너
희들이 재물을 바치는 것이 구원의 길
이요, 하늘에 오르는 길이라 그리 생
각하며,
12 너희들이 가지고 있는 재물을 또한 하
늘에 바치도록 하는 것이 오늘의 종교
집단의 지도자들이 아니더냐?
13 그러나 너희들은 알아야 될 것이니라.
14 너희들이 가지고 있는 재물이요, 그
모두는 인간 세상에서 필요한 것이니
라.
15 그러니 너희들이 가지고 있는 그 재물
을 나눠 주고 베풀어 주는 것은 인간
세상에서 그리하는 것이요,
16 너희들이 이웃에게 그와 같이 나눠 주
고 베풀면, 곧 하늘의 보화라는 것은
무엇이더냐?
17 너희들의 사랑하는 마음이요, 베푸는
마음, 그것이 하늘의 생명책에 기록됨
을 너희들은 알아야 될 것이니라.
18 이와 같은 의미를 깨닫지 못하고 너희
들이 지금 얼마나 사악한 짓을 하는가?
19 실질적으로 하늘에서는 무가치한 그
재물을 받아들이며 하늘에 바친다 하
여 거둬들이는 것이 너희들이 아니더
냐?
20 이는 너희들의 깨달음이 부족함이요,
정녕 진리의 길을 가는 것이 아니요,
그게 인간의 교리로 만들어진 것이니
라.
21 너희들은 하늘에 도적도 맞지 아니하
며 재물을 쌓으면 좀먹지도 아니하는
그 창고에 쌓아 놓으라 그리 가르치
니, 그것이 바로 사랑임이니라.

22 변하지도 않고 도둑맞지도 않는 것,
하늘에서는 천사들이 있음이니, 어찌
하여 하늘에 있는 천사들이 남의 것을
훔쳐 가고 도둑질한단 말이더냐?
23 서로가 돕고 서로가 나눠 주기 위한
삶을 사는 하늘나라에는 절대 좀도둑
도 있을 수가 없음이니라.
24 그리고 너희들이 바친 재물이요, 그것
이 하늘에서 썩지 아니하고 변하지 아
니하며 줄지 않고 영원한 것이 아니니
라.
25 너희들이 베풀고 사랑하는 마음, 그
보화와 같은 마음이니라.
26 그 마음을 내가 원하는 것이요, 그것
이 재물이라는 것, 그리고 그것이 금
은보화라는 것을 알아야 될 것이니라.
27 천사와 같은 마음, 이를 하늘의 보화
요, 재물이라 말함이니, 너희들이 와
서 받을 것은 그와 같은 것으로써 모
두가 역사하는 것이니라.
28 너희들이 인간 세상에서 지금 그 재물
을 가지고 하늘에 바친다 하여 종교
지도자들이 주의 종이라 하며 거둬들
이는 자가 있으며 그들 앞에 바치는
백성들이 있음이니, 이것이 너희들이
다 도둑질하는 자들임을 알아야 될 것
이니라.
29 바치는 자도 나의 재물을 도둑질하는
것이요, 거둬들이는 자도 나의 재물을
도둑질함이니라.
30 나의 재물을 도둑질하는 그들에게 너
희들이 바치지 말라.
31 내 재물을 네가 가지고 네가 쓰고 네
가 다루면 되는 것이며, 네가 남에게
나눠 주는 것, 그와 같은 것으로써 너
희들이 행하도록 내가 바라는 것이며,
그것이 너희들이 행할 일이라는 걸 알
라.
32 그러니 정녕 너희들이 하늘에 보화를
쌓아 놓고자 하면 이 세상에 있는 재
물을 네 형제에게 스스로 나누어 주라.
33 사탄의 종이 된 그와 같은 자, 하늘에
바치면 복을 받는다는 자, 하늘에 재
물을 쌓아 놓으면 은혜를 받는다 하여
너희들이 금화와 은화요, 재물을 거둬
들이는 어리석고 불쌍한 백성들에게,
34 그것이 아니라, 너희들의 재물이요,
그 모두는 네 이웃에게 나눠 주며, 하
늘의 보화는 사랑으로써 실천하고 행
한 것이 바로 하늘의 나에게 바치는
재물이요, 하늘에 쌓이는 보화라는 것
을 알도록 그리 전하라.

11,661 번째 하나님 말씀

2004년 6월 20일 06시 25분

1 사랑하는 나의 아들아!
2 "네, 아버님! 말씀하옵소서."
3 지금의 모든 백성들이 '나의 아들 예
수가 사람의 아들로서 재림하여 너희
가 생각할 수도 없을 때 올 것이라, 그
러니 그를 대비하여 항상 준비하는 삶
을 살지 아니하면 아니 된다.' 온갖 방
법으로써 나의 피조물 만백성에게 그
리 강론하고 가르치느니라.
4 그리하여 믿는 자와 믿지 않는 자를
구분하여 구원할 자와 버릴 자를 선택
하게 될 것이니, 그때를 대비하여 너
희들이 믿음의 길을 가고 있으며,
5 그 믿음을 철저히 하며 울고불고 사탄

의 종이 된 종교 지도자들에게 바치라
는 대로 재물을 바치며 봉사하라는 대
로 봉사하며, 너희들을 이리 끌고 가
고 저리 끌고 가는 것이 그들이 아니
더냐?
6 그것이 너희들의 모습이며 너희들을
이리 끌고 저리 끌고 가는 것이 또한
사탄의 종이 된 자들이니라.
7 너희들은 알아야 될 것이니라.
8 '주인이 언제 올지 모르니, 항상 준비
하는 청지기처럼 너희들도 그리 준비
하고 기다리라, 기다리기만 하면 너희
들은 주인이 왔을 때 상을 받을 것이
며 기다리지 않는 자는 벌을 받을 것
이니라.'
9 그와 같은 비유의 방법으로써 너희들
은 나의 사랑하는 백성들에게 믿으라,
그리고 주 예수를 찾으라, 재물을 바
치라, 하늘에 재물을 많이 쌓으라 그
리 가르침이니,
10 그게 무지에서 오는 것이요, 너희들이
만든 교리의 방법으로써 역사함이니
라.
11 너희들은 오늘의 믿음에서 깨어나야
될 것이며, 그 의미가 무엇인가를 알
아야 될 것이니라.
12 나의 아들 예수가 너희들을 구원하러
오는 것이 아님을 알라.
13 내가 재림은 없다 하지 아니하였더냐?
14 너희들은 알아야 될 것이니라.
15 너희들도 모르는 사이에 너희들이 나
여호와가 존재함을 알며 선하고 아름
다운 삶을 살고자 노력하는 것,
16 그리고 하늘의 계명이요, 내 뜻을 지
키고 살려고 노력하고 또 노력하다 보
면 너희들이 하늘의 지혜를 얻게 됨이
니라.
17 하늘의 지혜를 얻게 되면 인간이 살아
가는 도리가 무엇이며, 어찌 살아가는
것이 하늘의 뜻에 의해 사는 것인지
깨달음을 얻게 되니, 그게 바로 너희
들에게 지금 모두 내려지는 것임을 알
아야 될 것이니라.
18 나의 아들 예수가 재림하여 너희들을
구하고 준비하라는 것이 아니라, 너희
들이 지혜를 얻을 수 있고 깨달음을
얻을 수 있도록 항상 긴장하는 마음으
로 노력하고 또 노력하는 삶을 살라
함이니라.
19 너희들이 아름답게 살고자 항상 대기
하고 노력하는 삶을 살면 나의 성령이
너희들을 찾아 줄 것이며, 나의 성령
이 너희들에게 임할 것이요,
20 그리하여 너희들 자신도 모르게 아름
답게 변하는 삶을 사는 것, 그리고 한
점의 부끄러움이 없는 삶을 살기 위해
서 너희들이 가고 있음이니,
21 무섭게 깨우침을 받아들여 너희들이
변하는 것, 바로 그것을 기다리라는
것이요, 그를 대비하여 너희들이 깨끗
하고 아름다운 모습이요, 순결한 신부
처럼 기다리라는 모든 의미가 거기 있
음이니라.
22 너희들이 마음을 깨끗하게 다스리고
또 변하고자 하는 끝없는 노력을 할
때, 나의 성령이 너희들에게 부어 주
니, 그 은혜를 얻으라는 것이요, 그 축
복을 받으라는 비유의 뜻이니 그리 알
라 전하라.

11,662 번째 하나님 말씀

2004년 6월 20일 06시 29분

1 사랑하는 나의 아들아!
2 "네, 아버님! 말씀하옵소서."
3 나의 새로운 성경을 만들며 160권을
가지고 만백성을 구하는 전사로 선택
된 너희들이 몸과 마음을 다스리며 만
백성에게 근본이 될 수 있고 모범이
되는 삶을 살아가는 길을 가기 위하여
너희들이 어렵고 힘든 길을 달려가느
니라.
4 그리고 너희들이 어려운 생활이요, 그
환경 속에서 160권이라는 나의 새로
운 성경이 세상에 나오게 하기 위하여
온갖 정성과 몸을 다 바쳐 너희들이
오늘의 그 역사를 이룸이니라.
5 그러나 너희들은 알아야 될 것이니라.
6 너희들이 어렵고 힘들 때 나에게 등을
돌리며 나를 배신하며 나의 새로운 성
경이 하늘의 뜻이 아니라는 말 한마디
하는 것, 이것으로써 모두를 다 잃게
되는 것이며,
7 이것으로써 성령을 훼방하는 자요, 너
희들이 모두를 다 잃는 것이요, 나 여
호와가 용서하며 받아들이고자 해도
결코 받아들일 수 없으며 나를 볼 수
없는 형국이 됨이니,
8 이제 너희들의 마음 자세를 그리 가져
야 될 것이라는 것을 잊지 말라, 사랑
하는 나의 아들딸들아!
9 내가 너희들에게 말하여 가르치기를,
예수를 배신하고 등 돌렸던 그 제자들
또한 그와 같은 것이라 하지 않았더냐?
10 그들이 마지막 하나의 목숨을 던져서
라도 모두를 지키며 진실을 밝히고자
하는 그 길을 갔을 때만이 그들이 바
로 예수의 제자요, 나로부터 선택된
백성이라는 것을 너희들은 알아야 될
것이니라.
11 죽음 앞에, 목숨을 던져야 될 때 너희
들은 모두 다 무너지며 도피하며 도망
가느니라.
12 나를 위하여 너희들이 생명을 바쳐야
될 때, 내가 너희들에게 각종 은혜와
영광을 다 주었으나,
13 너희들이 그 생명을 내놓고 나를 부인
하고 시인하는 그와 같은 환경이 되었
을 때,
14 나에게 등을 돌리는 그와 같은 것으로
써 너희들은 모두를 다 잃으며 성령을
훼방하는 죄요,
15 너희들은 결코 나를 두 번 다시 볼 수
없으며 나를 아버지라 찾을 수 없을
것이니,
16 나 여호와가 너희에게 왜 이와 같은
것을 기록하고 또 기록하여 전하느냐?
17 너희들은 엄청난 환란을 한 번씩은 각
자요, 개인이요, 전체가 어렵고 힘든
고통의 고비를 넘겨야 되기 때문이니
라.
18 이 세상을 지배하는 그 사탄의 무리가
너무 방대하며 그들의 오만이요, 교만
이요, 자만함이 하늘을 덮을 것같이
나를 의식하지 아니하고 사는 자들이,
19 저희들의 뿌리가 흔들리며 모두가 다
유황불에 던져지는 그와 같은 아픔이
요, 그 고통을 겪는 것을 사탄이요, 마
귀들은 알기 때문에,
20 어떠한 방법이든지 저희들이 살아남

기 위하여 존재하기 위하여 너희들에
게 핍박이요, 그 공격은 상상할 수 없
이 무서운 환란이 한 번은 부닥칠 것
이니라.
21 불어오는 그 환란의 바람에 밀려서 뒤
로 물러나면 너희들은 모두가 끝남이
니, 그것은 오로지 나 여호와가 존재
하며 나의 새로운 성경이 나 여호와의
뜻이라 하여 목숨을 던져 이를 지키겠
다는 각오를 하지 아니하고는
22 썩어지고 부패한 사탄들이 지배하는
이 세상에 새로운 역사요, 천 년의 역
사요, 천사가 지배하며 아름다운 백성
이 살며 모든 것이 나 여호와의 권세
요, 나의 영광에 살아가는, 하늘에서
이루어진 것같이 지상의 낙원이 이루
어지는 것은 있을 수 없기 때문이니라.

11,663 번째 하나님 말씀

2004년 6월 20일 06시 35분

1 사랑하는 나의 아들아!
2 "네, 아버님! 말씀하옵소서."
3 믿음이라 함은 나무로 말하면 뿌리라
하였음이니라.
4 그리고 행함은 몸통이요, 사랑이라는
것은 거둬들이는 열매라 하였음이니,
사랑이 가장 위대하며,
5 그 열매로써 내가 거둬들일 수 있도록
너희들이 성장하는 것, 그것이 가장
중요한 것이라 내가 그리하지 아니하
였더냐?
6 그러니 너희들이 이 세상에 살아가면
서 모두를 사랑하며 만백성을 사랑하
는 마음으로 살아가야 될 것이며,
7 이 세상에 존재하는 것은 다 '우리'라
내가 그리 말하지 아니하였더냐?
8 너와 내가 아니라 우리는 '하나'요, 하
나의 끈으로써 연결된다 하였느니라.
9 나 여호와가 세상에 내보내지 아니한
백성이 없듯이, 이 세상에 존재하는
그 모두가 다 나의 뜻이요, 내가 주관
하여 모두를 역사했음이니,
10 너희들은 '우리'요, '하나'라 내가 그리
말하였음이니라.
11 그러한 너희들이 시기와 질투로써 지
금 간다면, 과연 그것이 사랑이라 말
할 수 있겠느냐?
12 오늘 모든 종교 집단의 지도자들이 내
뜻이 아니요, 나와 더불어 가지 아니
하는 자요, 모두를 배척하며 적으로
몰아붙이며 이단이요, 사탄이라 그리
말하는 것, 그것이 바로 얼마나 사랑
을 모르는 자요, 사랑을 행하지 않는
백성들이더냐?
13 지금 사랑을 행한다며 사랑이 으뜸이
라 수없이 노래 부르며 찬양하면서도,
너희들이 막상 세상사에 나와 행동하
고 살아갈 때는 그를 행하지 아니하고
사는 대표적인 것이 오늘의 믿음의 길
을 가는 자들이 아니더냐?
14 그러니 너희들이 잘못된 자들이요, 진
정한 믿음이 아니라 함이 나 여호와의
뜻이 여기 있음이니라.
15 내가 나의 아들을 통하여 160권의 대
장정의 역사를 이루니, 종교 지도자
요, 그리고 오늘의 모두를 이끌어 가
는 자, 그리고 나로부터 기름부음을
받았다는 자들이 과연 이와 같은 역사
를 할 수 있는가?

16 그것도 인간이 할 수 없는 160권이라
는 대장정의 나의 뜻을 갖다가 짧은
시간이요, 짧은 기간에 그 모두를 만
들어 낸 이 기적의 역사를 하지 못하
며 이루지 못하는 자들이 어찌하여 이
단이요, 사탄이라 그리 말한단 말이더
냐?
17 너희들이 성곽을 쌓음이니, 성곽을 쌓
지 못하고 말로만 그림을 그리고 말로
써 성곽을 쌓는다 하면서,
18 하나하나 그를 맞춰서 성곽을 쌓는 자
에게 그것이 잘못된 것이라 비평하고
욕하며 그것이 사탄이요, 이단이라 말
한다면 과연 이것이 말이 되겠는가?
19 지금 너희들이 쌓을 수 없는 그 성곽
을 쌓아 놓고 만드는 것이 나의 아들
이 아니더냐?
20 위대하고 찬란한 성곽이요, 세상에 아
름다운 것으로써 예술품으로써 그를
만들어 쌓는 자를,
21 너희들이 그는 이단이요, 사탄이요,
저것은 사탄이 하는 짓이지, 하나님이
하는 짓이 아니다, 하나님의 모든 흉
내를 낼 수 있는 것도 사탄이라 그리
말함이니,
22 과연 사탄이 나의 흉내를 낼 수 있다
말하는 것은 바로 무엇이더냐?
23 나를 능멸하는 것이며 나를 욕하는 것
이니라.
24 전지전능한 너희들의 아버지요, 하늘
의 아버지라 하면서 어찌하여 사탄이
요, 마귀들이 나의 흉내를 낼 수 있으
며 내가 할 수 있는 것을 그대로 할 수
있다 생각하는 것이냐?
25 그러니 너희들이 말을 함부로 하며 행
동을 함부로 함이니라.
26 이것이 오늘의 종교 집단의 지도자 너
희들이니라.
27 너희들이 쌓을 수 없는 그 성을 쌓거
든 거기에 감사하며 그 위대함을 느끼
면 될 것이니라.
28 너희들은 만들어 내지도 못하며 기록
할 수도 없는 160권의 새로운 성경을
세상에 냄이니,
29 만들 수도 없고 성을 쌓을 수도 없는
자들이 쌓는 성을 무너트리며 쌓는 것
이 사탄의 것이라 그리 몰아붙여 나의
사랑하는 백성들을 현혹함이니라.
30 나의 새로운 성경 160권을 만들지도
못하며 역사하지도 못하는 자들이 사
탄의 것이요, 마지막 시대에 오는 거
짓 선지자라 그리 말하고 이를 핍박하
고 세상에 존재하지 못하도록 하는 것
이니,
31 그것이 내 사랑이며 내 뜻에 의해 사
랑을 실천하고 행하는 백성들이더냐?
32 사랑의 열매를 맺기 위하여 마지막 내
가 거둬들일 수 있는 그 열매를 지금
가꾸고 다스려 가는 자들이라 말할 수
있단 말이더냐?
33 사랑하는 나의 아들아! 그와 같은 백
성들을 깨우쳐야 될 것이니라.
34 그리하여 내가 너희들에게 명하느니,
나의 새로운 성경이 세상에 하얀 눈이
내려 덮듯이 나의 새로운 성경으로 그
리 덮으라 함이니라, 나의 아들딸들아!

11,664 번째 하나님 말씀

2004년 6월 20일 06시 40분

1 사랑하는 나의 아들아!
2 "네, 아버님! 말씀하옵소서."
3 종교요, 믿음이라는 것이 과연 무엇이
란 말이더냐?
4 무엇이기에 부모와 형제지간에도, 남
편과 아내 사이에도 너희들이 등을 돌
리며 분쟁을 하는가?
5 그리고 자식과 부모 사이요, 모든 이
웃까지 종교가 무엇이요, 믿음이 무엇
이기에 너희들이 분쟁을 하고 서로 정
적과 같은 마음으로 살아간단 말이더
냐?
6 이와 같이 부서지고 갈라지는 형국을
누가 만들었는가?
7 과연 너희들이 말하는 믿지 않는 이방
인이라는 백성들이 너희들과 정적인
삶을 사는가?
8 사랑을 베풀며 믿음의 길을 간다는 백
성 너희들이 바로 그와 같은 행위를
하고 있는 것이며 너희들이 근본인 자
들이 아니더냐?
9 그러기에 너희들이 죄의 온상이요, 세
상을 멸망케 하는 자들이라 내가 너희
들에게 함이니라.
10 내가 너희들에게 묻노라.
11 너희들이 가지고 따르는 그 종파요,
목숨을 걸고 죽기 아니면 살기로 가는
어리석은 백성 너희들에게 묻노라.
12 너희들이 가지고 가는 그 종파의 이름
을 과연 누가 지었느냐, 그리고 그 종
파는 누가 명했느냐?
13 내가 나의 새로운 성경에 기록하여 전
했듯이, 나는 너희들이 지금 따르고
있는 수천수만 가지 종파의 이름을 지
어 준 적이 없으며 내가 명한 적이 없
음이니라.
14 하늘에 오르는 길이요, 나에게 오르는
백성들이라는 너희들이 내가 지은 종
파도 아니요, 사탄이 지은 종파요, 마
귀들이 천 갈래 만 갈래 갈라지고 찢
어지게 하기 위하여 만든 그 종파 앞
에 울고불고 재물을 바치며 통곡하는
삶을 살아가는 자,
15 그와 같은 짓을 하면서도 너희들이 어
찌하여 지금 그것이 하늘에 오르는 길
이요, 나의 뜻이라 하며,
16 이방인이라 하여 너희들보다도 천배
만배 순수하게 살아가는 그 백성들마
저도 무너뜨린단 말이더냐?
17 나는 너희들을 사랑으로써 모두 열매
를 맺으려 했음이니, 사랑이 근본이니
라.
18 아내와 남편 간에 사랑이 있으며, 부
모와 자식 간에 사랑이요, 형제지간에
사랑이요, 이 세상에 이웃의 사랑이
요, 만백성들이 서로 사랑하는 것이
너희들이거늘,
19 지금 사랑이라는 것은 찾아볼 수도 없
으며 천 갈래 만 갈래 적으로 만들고
찢어 놓고 분산해 놓은 것, 그리고 적
대시하는 마음을 가지고 살아가는 것
이 과연 어떠한 백성들이더냐?
20 이방인이라는 백성들이 그리하고 가
던가?
21 오늘의 믿음의 길을 가는 백성, 그리
고 감히 구원을 받았다는 백성, 저희
들만이 선택이 됐다는 그 백성들이 울

고불고함이니, 선택이 무엇이더냐?
22 너희들이 선택된 것은 당연한 것이며
선택됨이 틀림없느니라.
23 그러나 너희들은 천사에게 선택되며
나 여호와에게 선택되어 하늘에 오르
는 길을 오는 것이 아니요,
24 너희들이 선택된 것은 사탄에게 선택
된 자들이요, 마귀에게 선택된 자들이
니라.
25 사탄과 마귀에게 선택됐기에, 내가 명
하지 않는 그 종파가 하늘의 일이며
하늘의 뜻이라 그리 믿고 가며, 그 속
에서 너희들이 나를 찾으며 나의 아들
을 찾으니,
26 나의 아들을 찾으며 나를 찾는 자들이
부서지고 갈라지고 찢어진 그와 같은
것으로써 내가 너희들을 자식이라 하
여 사랑할 수 있는가?
27 인간관계에도 자식 간에 부모 앞에 화
목하게 살아가고자 하는 자, 화목을
위해 살아가는 자식을 사랑할 것이니
라.
28 서로가 이간질하며 서로가 분파하며
형제들 간에 치고받고 싸움을 하는 그
와 같은 간교한 짓을 하는 자식을 부
모는 자식이라 말하고 싶지도 아니할
것이니라.
29 너희들이 선택된 것이 나로부터 선택
되면 얼마나 크나큰 영광이겠는가?
30 그러나 너희들은 나에게 선택된 것이
아니요, 사탄이요, 마귀에게 선택된
자들이니라.
31 그러니 너희들이 만든 이름의 종파 앞
에 죽기 아니면 살기로 그것이 하늘의
뜻이요, 내 뜻이라 하여 형제와 이웃
도 버리고 살아가는 사악한 행위를 할
수 있는 것이 너희들이니라.
32 너희들의 믿음이요, 너희가 구원을 받
으며 가는 종교와 믿음이 무엇이요,
신앙이 무엇이기에 그것이 같지 않다
하여 너희들이 원수처럼 생각하는가?
33 나 여호와가 모든 자식은 나의 아들딸
이라 했으며, 너희들은 지금의 육의
형제이기 전에 나의 뜻으로써 나의 성
령으로써 태어난 나의 아들딸이니,
34 그 형제요, 나의 아들딸이 더 소중하
고 귀함을 너희들이 어찌 모르는가?
35 나의 아들딸들을 핍박하고 공격하는
그와 같은 행위를 하는 것,
36 그것도 너희들이 만든 종파요, 종교의
이름을 앞에 걸고 그들과는 적대시하
며 그들과는 상대하지 아니하며, 그들
이 이단이기에 절대 이 세상에 존재하
지 못하도록 맹세하는 것은 사탄이요,
마귀에게 맹세하는 것이라는 것을 알
라 그리 전하라.

11,665 번째 하나님 말씀

2004년 6월 20일 06시 45분

1 사랑하는 나의 아들아!
2 **"네, 아버님! 말씀하옵소서."**
3 너의 제자들과 이를 읽고 깨우친 만백
성 너희들은 들으라.
4 나 여호와가 160권의 새로운 성경을
세상에 내려보냄은 사탄이요, 마귀들
의 구속에서 너희들을 구원하고자 하
며,
5 너희들에게 자유를 얻게 하며 평화로
운 삶을 살게 하기 위하여 내가 지금

160권의 새로운 성경을 세상에 내려
보내어, 그 대업을 이루기 위하여 너
희들을 선택했음을 알라.
6 종교요, 신앙의 근본이 잘못됐다 하지
않더냐?
7 너희들은 처음에 나의 아들과 나의 이
름을 팔아 면죄부라는 걸 가지고 팔아
먹는 그와 같은 짓을 했음이니,
8 너희들이 나의 백성 죄지은 자에게 재
물을 받고 면죄부를 써 주는 그와 같
은 오만하고 자만한 짓을 했음이니,
너희들의 그 심판이요, 법이 과연 어
찌했던가?
9 종교 지도자들이 심판하며 판결할 때,
너희들은 가장 사악한 방법으로써 판
결을 했으며 사악한 방법으로써 모두
를 했음이니라.
10 너희들은 악과 결탁하였으며 뒷거래
와 결탁하였으며 재물과 결탁하였으
며, 부패하고 썩은 것이 바로 오늘의
종교 집단 지도자들 너희들이 살아온
행위이니라.
11 이 세상에 뇌물이요, 부정이요, 부패
그 모두가 다 종교 집단 지도자 너희
들로부터 그리 생겼음이니라.
12 너희들이 심판하고 인간의 왕보다도
위에서 존재할 때, 너희들이 얼마나
만행을 저질렀으며 나의 백성들을 구
속했는지 알겠느냐?
13 그리고 억울한 자를 수없이 심판했으
며, 악한 자를 살려 내는 방법을 수없
이 했음이니라.
14 그리하여 나의 피조물 만백성들을 핍
박하였으며 그들을 구속하였느니라.
15 그와 같은 구속 속에서 살아오는 나의
백성들에게 너희들이 부르짖은 것이
바로 무엇이냐?
16 새로운 종교이니라.
17 그와 같은 악습이요, 폐습을 버리겠다
하여 너희들이 역사한 것이니라.
18 그러나 너희들은 과연 어떠했던가?
19 신약이라는 그 시대를 열어 가면서 너
희들은 더 사악한 방법으로써 나의 사
랑하는 백성들을 구속하며 그들을 쇠
사슬로 묶어 놓았느니라.
20 너희들이 평생 재물을 거둬들이며 헌
금이라 하여 붙일 수 없는 추한 이름
까지 붙여 가면서 재물이요, 헌금을
받아들이는 그 사악한 행위,
21 그것으로써 구원을 받는 것이라 너희
들이 나의 백성들을 그리 유린하고 있
음이니, 그것이 바로 무엇이더냐?
22 나의 백성들을 암흑 속에 가둬 놓는
것이요, 그리고 나의 아들딸들을 공포
속에 얽매이며 그와 같이 불안과 공포
속에서 나의 백성들을 살아가게 함이
니라.
23 자연의 아름다움이요, 내가 내려 준
그 아름다운 세상을 느끼고 그를 보고
진리를 얻으며, 유하고 아름다운 마음
으로 살아갈 수 있는 그와 같은 행복
을 내가 준 것이요, 평화로움을 너희
들에게 주었거늘, 그 모두를 송두리째
빼앗아 간 자들이 그들이니라.
24 그러니 그들을 내가 더 이상 어찌 보
겠느냐?
25 그리하여 내가 그들로부터 자유로운
삶이요, 평화로운 삶이요, 너희들을
평화롭게 살 수 있도록,
26 그리고 너희들이 그 속박과 구속에서

풀려날 수 있도록, 그리고 헤어날 수
있도록 하는 그와 같은 역사를 이루고
자 하여 오늘의 160권의 새로운 성경
이 내려감을 너희들은 알아야 될 것이
니라.

11,666 번째 하나님 말씀

2004년 6월 20일 07시 32분

1 사랑하는 나의 아들아!
2 "네, 아버님! 말씀하옵소서."
3 나 여호와가 나의 아들 예수를 통하여
성경에 기록하여 너희들에 전하기를,
'새 옷에서 한 조각을 찢어 헌 옷에 붙
이는 자가 없다.' 하였느니라.
4 '만일 그렇게 하면 새 옷을 찢을 뿐이
요, 또 새 옷을 찢은 조각은 낡은 것에
합하지 아니한다.' 하였느니라.
5 이 비유의 뜻을 과연 너희들은 알겠느
냐?
6 오늘의 모든 종교 집단의 지도자요,
믿음의 길을 가고 있는 백성 그들이
이와 같은 행위를 지금 하고 있으며,
이를 자행하고 있음을 너희들은 알아
야 될 것이니라.
7 지금까지 믿어 온 그 종교 집단의 지
도자요, 그들이 가지고 온 모든 종파
요, 그 교리를 저희들은 변화되지 아
니하려 하며 오로지 그것만 고집함이
니라.
8 새로운 성경이요, 새로운 말씀이라 하
여 모두가 내려온다 하여도 결코 받아
들이지 아니하며 역사하지 아니하려
는 어리석은 행위를 하고 있기 때문이
니라.
9 새로운 말씀이요, 아름다움이요, 그
지시한 것을 일부 받아들여 제 것으로
만들어 둔갑시키는 일은 있어도,
10 결코 전체적으로 이를 받아들여 새 옷
으로 갈아입는 행위는 할 수 없으며
하지 않는 자들을 예를 들어 내가 비
유의 뜻으로써 전했음을 알라.
11 새로운 성경의 말씀이 내려온다 해도
이를 결코 받아들이지 아니하며, 저희
들이 만든 인간의 교리를 가지고 거기
다 모두를 다 붙여 저희 것으로 성장
시키는 것, 부패된 것을 더 썩도록 만
드는 그와 같은 행위를 하는 자들이요,
12 결코 새 옷을 갈아입을 수 있는 용기
요, 새 옷을 갈아입는 짓을 하지 아니
하고 때 묻은 더러운 옷에 새 옷을 찢
어 저희들의 옷의 바람구멍을 막으려
는 어리석은 자들이니라.
13 참진리요, 하늘의 뜻이 내려온다면 그
를 부분적으로 저희 것으로 만들어 저
희들이 끌어가는 인간의 교리요, 저희
들의 가르침으로 이용하고 악용은 할
수 있어도,
14 결코 전체를 갈아입는 그와 같은 자신
이 없는 자들이요, 행할 수 없는 자들
이니라.
15 저희들이 만든 것을 고집하기 때문에
새 옷을 찢어 저희들이 입고 있는 헌
옷에 꿰매고자 하는 어리석은 행위를
하는 것이 오늘의 종교 집단이요, 신
도요, 그들이라는 것을 알라, 사랑하
는 나의 아들아!

11,667 번째 하나님 말씀

2004년 6월 20일 07시 35분

1 사랑하는 나의 아들아!
2 "네, 아버님! 말씀하옵소서."
3 성경에 기록하여 전한 그 뜻을 너희들
은 아는가?
4 '새 포도주를 낡은 가죽 부대에 넣는
자가 없다.' 하였느니라.
5 만일 그렇게 넣는다면 새 포도주가 부
대를 터트리며 포도주가 쏟아지고 부
대는 버리게 된다 내가 그리하지 않았
더냐?
6 믿음을 모르며 신앙은 아무것도 모르
는 나의 아들을 통하여 나의 뜻으로
하여금 160권의 대장정의 새로운 성
경을 내려보냄을 알겠느냐?
7 너희들이 그리 의혹하느니라.
8 너희들은 충실한 믿음의 길을 왔으며
아버님의 뜻대로 살아왔으며 이 방대
한 조직 위에 당신의 그 믿음이요, 당
신의 그 말씀이요, 새로운 포도주요,
새로운 성령을 왜 내려보내지 아니하
나 원망할 것이며,
9 그리하여 아무것도 아닌 의미 없는 나
의 아들이요, 존재감 없는 나의 아들
에게 내려 새로운 성경이라 하여 160
권의 새 말씀이 세상에 내려옴이니,
너희들은 당혹하고 불안한 마음을 금
할 수가 없을 것이니라.
10 그러나 너희들은 알아야 될 것이니라.
11 낡은 부대에 새 포도주를 담으면 그
모두가 터져 쓸 수 없다 한 그 의미를
알라.
12 지금 낡고 부패할 대로 부패한 종교
집단들에게 내가 새로운 성령을 부어
넣는다 해도 그 썩고 부패한 곳에서
나의 새로운 성령이 빛을 보지 못하며
그도 더불어 썩어 가는 그와 같은 형
국이 되어 버리기 때문이니라.
13 그리하여 내가 너희들에게 새로운 성
령을 부어 주지 아니한 것이 여기 있
음을 알라.
14 이제 나의 아들을 따르는 제자들이요,
나의 새로운 성경을 읽고 깨우친 백
성, 그리고 믿음이라는 그 길을 가는
백성, 너희들은 알아야 될 것이니라.
15 나의 새로운 성경이 아무것도 모르는
깨끗하고 순수한 나의 아들에게 모두
를 내려보내어 내가 그대로 기록하도
록 하여 그대로 전하는 그 역사를 알
겠느냐?
16 너희들에게 내가 이를 전하면 너희는
받아 기록하지도 아니하지만, 너희들
은 빼고 더하는 것을 마음대로 해 또
고치고 다스려 갈 것이니라.
17 너희들 취향에 맞도록 너희들 입맛에
맞도록 모두 인간의 교리로 둔갑을 시
키니, 내가 썩고 부패한 너희에게 새
로운 성령을 내려보낼 수 없는 뜻이
여기 있느니라.
18 그러니 새 부대에 새 포도주를 담아
마실 수 있으며 그 모두를 다 보관할
수 있도록,
19 내가 아무것도 모르는 나의 아들에게
그저 내리는 대로 기록하여 받아쓰도
록, 훈련된 나의 아들을 통하여 새로
운 성경이 세상에 내려오는 것을 알아
야 될 것이며,
20 이 뜻을 알았다면 이를 귀하고 소중히

받아들여 너희 것으로 만들어 구원의
길에 오를 수 있는 그 길을 보도록 그
리 전하라.
21 모든 종교 집단 지도자 너희들의 썩은
곳에 부을 수 없어 새 부대에 새로운
포도주를 담듯이,
22 나의 아들에게 내가 새로운 성령을 심
어 세상에 전하니, 이를 너희들이 접
하지 아니하면 나에게 올 수 없다는
것을 알라 그리 전하라.

11,668 번째 하나님 말씀

2004년 6월 20일 07시 39분

1 사랑하는 나의 아들아!
2 "네, 아버님! 말씀하옵소서."
3 성서에 기록하여 전하기를, '묵은 포
도주를 마시고 그 맛을 아는 자는 새
것을 원하는 자가 없다.' 하지 않았느
냐?
4 이는 바로 무엇이더냐?
5 포도주는 세월이 있으며 그 역사가 있
으며 역사에 따라서 그 맛이 다르며
그 풍미가 깊기 때문이니라.
6 그러나 너희들은 알아야 될 것이니라.
7 지금의 종교 집단 지도자 너희들은 과
연 어떠하던가?
8 세월이 흐르면 흐를수록 너희들은 잘
못된 그 골이 깊어지며 비진리의 골에
깊이 빠져 있느니라.
9 조직이 방대하면 방대할수록 부패되
어 있으며, 그 잘못된 비진리의 교리
에 깊이 빠져 있는 것이요,
10 그러니 역사가 깊으면 깊을수록 새로
운 변화를 가져올 수 없으며, 새로운
시대에 역사하는 것을 받아들이지 못
하는 백성들이니,
11 오늘의 그 비유의 뜻을 내가 이미 성
경에 기록하여 너희들에게 일찍이 전
했음을 알라.
12 나의 아들이 세상에 오는 것, 그리고
새로운 성경으로 오는 것, 그 모두를
예언하며 또한 기록하여 전한 백성들
이 세상 곳곳에 있는 것처럼 내가 역
사하고 준비한 것이니,
13 이 새로운 성경의 의미도 내가 오늘을
대비하여 너희들에게 기록하여 전함
을 알아야 될 것이니라.
14 정녕 종교 집단의 지도자 너희들은 역
사가 깊으면 깊을수록 변화될 수 없으
며, 새 옷을 갈아입으려 하지 아니하
며 새로운 성령을 받아들이지 아니하
는 그 골이 깊은 자들,
15 너희들로 하여금 나의 피조물 만백성
들이 깨우침을 얻지 못하기에, 내가
포도주의 비유를 들어 오늘에 전함이
니라.
16 포도주는 오래될수록 그 맛이 있어
새로운 것을 받아들이기 어려우나,
17 믿음이요, 깨달음은 바로 하늘에서 내
려온 그 새로움이 너희들에게 더 위대
한 것이며 더 소중하다는 것을 알라
전함이니, 그 뜻을 알도록 그리하라.
18 그와 같은 내 의미가 여기 있음이니라.
19 그러니 지금 역사가 깊으면 깊을수록
비진리의 골이 깊어진 그 백성들, 그
들로 하여금 결코 변화되게 못 하며,
그들로 하여금 새로운 역사를 이루는
데 걸림돌이 된다는 그 깊은 의미가
여기 있음을 알라 그리 전하라.

11,669 번째 하나님 말씀

2004년 6월 20일 11시 34분

1 사랑하는 나의 아들아!
2 "네, 아버님! 말씀하옵소서."
3 내가 가진 자, 능력 있는 자는 모든 어
려운 자에게 나눠 주며 베풀라 하였음
이니라.
4 그러니 너희들이 베풀고 나눠 줌은 또
한 어떠한 것이더냐?
5 아름다운 곳에 쓰며 귀하고 소중한 곳
에 써야 되는 것이 너희들이 재물을
쓰는 것이니라.
6 너희들이 베풀고 나눠 준다 하여 나쁜
곳에 남들이 해서는 아니 되는 곳에
재물을 쓰며 재물을 뿌려서는 결코 아
니 됨이니,
7 아름답고 귀하고 소중한 곳에 나눔이
있으며 그와 같은 백성과 더불어 살아
가야 됨을 절대 잊지 말라.
8 사랑하는 나의 아들딸들아!
9 내가 새로운 성경으로써 모든 백성들
의 마음을 돌리며 거듭나는 세상으로
하여 천 년에 걸쳐서 모든 백성이 하
늘에서 이루어진 것처럼 이 지상에서
이루어짐이니,
10 이는 천사가 하늘에 사니, 지상의 나
의 피조물 만백성 너희들이 천사와 같
은 삶을 사는 것을 의미함이니, 너희
들이 생각할 때 어렵고 먼 것이라 생
각할 것이니라.
11 그러나 그 모두는 너희들이 마음먹기
에 달렸으며 생각하기에 달렸음이니
라.
12 서로가 그 무엇을 위하여 상대방에게
내놔라, 달라 하는 그와 같은 마음을,
주고자 하는 마음이요, 베풀고자 하는
진실된 마음으로 너희들이 살아간다
면,
13 바로 베푸는 자는 많으나 받을 자가
없는 기현상과 같은 세상이 올 수 있
다 하지 않았더냐?
14 바로 내가 너희들을 통하여 그와 같은
역사를 이루고자 함이니라.
15 너희들은 어렵고 힘들 것이라 그리하
느니라.
16 철옹성보다 더 굳어졌고 물질 앞에 목
숨을 바꾸는 그와 같은 삶을 살아가는
백성들, 그들이야말로 어떠한 백성인
가를 너희들이 알 것이니라.
17 그러나 그와 같이 단단한 철옹성 같은
것도 하루아침에 무너질 수 있음을 알
라.
18 그러니 모두는 역사할 것이며, 그 역
사하는 것을 너희들이 보게 될 것이니
라.
19 변화되는 속도가 얼마나 무섭게 변해
지는지 나의 새로운 성경 160권이 세
상에 나와 역사할 때, 그 위대함을 너
희들은 알게 될 것이니라.
20 그러니 내가 나의 아들을 통하여 너희
들에게 명했듯이, 너희들은 네 앞에
무엇을 쌓아 놓으려 생각하지 말고,
21 네 것을 남에게 도와줄 수 있고 나눠
줄 수 있는 그와 같은 생각이요, 마음
을 가지고 살아가도록 해야 될 것이니
라.
22 그는 훈련과 훈련이 아니면 아니 됨이
니라.
23 그러니 작은 것부터 꾸준히 훈련을 실

시함으로써 너희들이 큰 것을 놓을 수
있다는, 내가 너희들에게 일찍이 가르
친 그와 같은 훈련을 하도록 그리해야
될 것이니라.
24 사랑하는 나의 아들딸들아!
25 '인자의 것이 이 세상 것'이라 했으니,
너희들이 바로 인자요, 이 세상은 너
희들 것이니라.
26 그때를 너희들이 알게 될 것이니 그리
알라.

11,670 번째 하나님 말씀

2004년 6월 20일 20시 46분

1 사랑하는 나의 아들아!
2 **"네, 아버님! 말씀하옵소서."**
3 모든 백성들은 너를 그리 놔두지 아니
할 것이며, 너를 용서하지 아니할 것
이며, 너를 이해하는 자 없음을 알아
야 될 것이니라.
4 네가 가는 길이 어떠한 길이더냐?
5 인간 세상에서 인간의 한 소집단이요,
한 국가를 경영하는 것도 아니요, 모
든 백성들이 거듭나고 거듭나지 못하
는 그와 같은 길을 감이니라.
6 작으면 작은 대로 적이 있으며 크면
큰 대로 반대하는 적이 있지 않더냐?
7 그러니 네가 가는 길보다 더 위대한
역사요, 더 큰 일은 없음이니, 네가 나
의 뜻에 따라 160권의 새로운 성경을
세상에 내보내 지금까지 썩고 썩은 그
모든 것을 태워 버리며 새로운 역사를
이루고자 함이니,
8 너희들보다 더 큰 역사가 없으며 너희
들보다 더 큰 전쟁이 없음이니라.
9 그러니 크면 클수록 적이 많으며, 적
으로부터 간교한 방법은 이루 말할 수
없다 하지 않더냐?
10 그러니 가장 큰 전쟁을 치러야 되며
가장 큰 적대 관계에서 모두가 이루어
짐이니, 너희들이 얼마나 핍박이요,
고통을 받아야 하는가?
11 그러니 너희들을 머리카락서부터 발
끝까지 모두를 다 헤칠 것이며, 작은
머리카락보다도 더 작은 것이 있을 때
그들은 그를 가지고 너희들을 공격할
것이며 너를 무너트리려 할 것이니라.
12 사랑하는 나의 아들아!
13 나 여호와가 잠을 이루지 못하며 나
여호와가 고통을 견디지 못하는 것이
무엇인 줄 알겠느냐?
14 사랑하는 나의 아들 너를 헤쳐 놨을
때, 거기에 한 점의 부끄럼이 없는 그
와 같은 삶을 살아가는 네가 되어야
하며,
15 그렇지 못할 때 네가 견디지 못하며
너의 제자들 또한 견디지 못함이니라.
16 사랑하는 나의 아들아! 그 길을 가야
됨이니라.
17 이제는 네가 가야 됨이니라.
18 160권이라는 새로운 성경이 세상에
나올 날이 머지않았으며, 이가 세상에
나오니 옳고 그름의 그 판단은 시작됨
이니,
19 그 주최요, 그 모두를 가지고 역사하
는 너를 보고자 하며 너를 볼 것이니
라.
20 그들은 내가 다스리는 그 앞에 견디지
못함이니, 그들이 물고 늘어지고 시시
비비할 것은 너이며 너를 붙잡고 늘어

질 것이며,
21 너의 말이요, 너의 삶이요, 그 모두를
가지고 헤쳐 보며 거기서 역전시키려
는 그와 같은 방법으로써 그들이 공격
의 자세를 갖출 것이며, 그를 뒤져 내
고 찾아내기를 상상을 초월할 만큼 모
두를 뒤져 낼 것이니라, 사랑하는 나
의 아들아!
22 다만, 네가 60평생이라는 인간의 삶
을 살아오면서 할 수 있는 것은 160권
의 새로운 성경을 세상에 내놓으면서
네가 바르게 살았다는 그것을 보일 수
밖에 없지 않더냐?
23 네 머리카락의 숫자를 세는 것보다도
더 치밀하고 더 계획적으로 너에 대한
모두를 헤치고자 하는 것이 그들이니
라.
24 그들은 하고도 남으며 그들이 물고 늘
어질 것은 그것밖에 없음이니라.
25 사랑하는 나의 아들아!
26 이와 같은 것을 전하는 나 여호와의
마음이 얼마나 아프며 저려 오겠느냐?
27 그러니 그 모든 길을 갈 수 있도록 그
모든 답은 네가 해야 되며, 그들이 파
헤치는 거기에 네가 걸려들고 안 걸려
드는 것, 네가 무너지고 무너지지 아
니하는 그 모두는 네 손에 달렸으며
네 의지에 달렸음이니라.
28 사랑하는 나의 아들아!
29 어떠한 고통과 시련이 있다 해도 너는
바로 서야 되며 바로 가야 될 것이니
라.
30 내가 너에게 내리는 이 의미를 아느냐?
31 "네, 아버님! 알겠사옵나이다.
32 아버님! 서서히 다스려 가고자 하는
제 마음의 자세를 좀 더 박차를 가하
며, 제가 좀 더 깊이 들어가며 좀 더
노력하여 빨리 변하는 그와 같은 삶이
요,
33 인간 세상에 인간들이 생각하는 그와
같은 것을 넘어 아름답고 고운 마음의
자세요, 말과 행동으로써 살아갈 수
있도록,
34 누가 와서 뭐라 해도 한 점의 부끄럼
이 없는 그와 같은 삶의 자세로 살아
가도록 노력하겠사옵나이다."
35 사랑하는 나의 아들아! 시간이 없음
이니라.
36 그리고 어떠한 기회에 네가 한번 그들
에게 걸려들었을 때, 낚시에 물린 물
고기처럼 꼼짝 못하는 그와 같은 형국
이 되니,
37 그를 가지고 그들은 잔치를 할 것이
며, 그를 가지고 온 세상에 선전을 할
것이며,
38 그를 가지고 너를 사탄이요, 이단이라
며 너를 화형에 처하려는 그들의 방대
한 조직이요, 그들의 방대한 힘을 알
겠느냐?
39 사랑하는 나의 아들아!
40 지금의 모든 종교 집단의 지도자들이
너희들이 돌아가는 것, 움직이는 것,
그 모두를 다 조직적이고 체계적으로
점검하며 검토하고 있음이니라.
41 그리하여 견딜 수 없을 때, 저희들이
위협을 받았을 때, 그들은 헤아릴 수
없으며 생각할 수 없는 방법으로써 너
희를 공격하고 무너트릴 것이니라.
42 여기에 걸려들지 아니하며 여기에 넘
어지지 아니해야 되는 것이 너이니라.

43 모든 정보라는 것, 그리고 모든 미래
를 아는 것, 그리고 모든 것을 동원하
여 그들이 무서우리만큼 모두를 다 파
악하고 있으며 지금 준비하여 가고 있
음이니,
44 너를 무너트리기 위하여, 너를 존재하
지 못하도록 이미 시작하였음을 알라,
사랑하는 나의 아들아!
45 내가 무서운 것이 아니요, 천사가 무
서운 것이 아니요, 사탄들이 무서운
것이니라.
46 인간들이 그 치밀한 계획으로 너를 무
너트리고자 하며, 네가 존재하며 160
권의 새로운 성경이 나왔을 때 그들은
무너진다는 것을 잘 알고 있음이니라.
47 저희들의 잘못된 것, 추한 부분을 알
기에, 지금 그들이 공격하고자 준비를
하고 있는 이때,
48 네가 그들에게 공격할 수 있는 빌미를
주며 그들에게 걸려드는 것, 그리고
그들에게 네 약점을 노출하여 그들이
물고 늘어지는 그와 같은 기회를 주어
서는 아니 됨이니,
49 오늘 이 순간 이후부터 마음 자세를
바르고 곧게 하도록 그리하라.
50 그리고 나의 성전을 떠나지 말며, 나
의 성전에서 네가 하루의 생활을 할
수 있도록 그리 마음 자세요, 생활의
방법을 오늘서부터 바꾸지 아니하면
네가 견딜 수 없을 것이니 그리 알라.

11,671 번째 하나님 말씀

2004년 6월 20일 20시 49분

1 사랑하는 나의 아들아!
2 **"네, 아버님! 말씀하옵소서."**
3 '인자는 안식일의 주인이며 인자가 안
식일의 주인이라' 내가 나의 아들을
통하여 너희들에게 깨우쳐 주었음이
니라.
4 너희는 나의 뜻에 따라 역사하는 백성
이요, 그리고 새로 내리는 성경을 따
라서 가는 백성, 그리고 너희들이 거
듭나고자 몸부림치는 삶을 가는 것,
나의 강론을 들으며 나의 새로운 성경
을 읽고 깨우쳐 변하고자 하는 너희들
은 인간이 만든 그 안식일에 관계가
없음이니라.
5 그 안식일은 인간이 만든 것이요, 하
늘에서 역사한 안식일이 아니라는 것
을 알아야 될 것이니라.
6 너희가 지키는 안식일은 너희가 만든
안식일이요, 하늘의 역사요, 하늘의
뜻에 의한 것이 아니라는 것을, 그를
깨우쳐 주고자 내가 나의 아들을 통하
여 새로운 성경에 기록함을 너희들은
알라.
7 하루를 살아가는 그 삶의 주인도 나
여호와요, 그리고 너희들이니라.
8 그리고 안식일이라 하여 너희들이 쉬
고 노는 그날도 나 여호와의 날이요,
너희들의 날이라는 것을 알아야 될 것
이니라.
9 그러니 나의 뜻을 따르는 백성 너희들
은 안식일을 의식하지 말며, 인간이
만든 그 안식일에 의미를 두지 말며
거기에 얽매이지 말라.
10 그 모두가 다 부질없는 것이요, 안식
일과 평일에 살아가는 그날은 나에게
오르는 백성이요, 나의 뜻에 따라가는

백성 너희들에게는 모두 관계치 아니
함이니라.
11 저희들이 만든 것이요, 저희들이 재물
을 거둬들이기 위하여 만든 그 안식일
에 너희들은 연연하지 말도록 그리하
라 전하라.
12 모두는 인자의 날이니라, 그리고 인자
의 것이니라.
13 그러니 나의 아들 예수가 말하지 아니
하였느냐?
14 안식일에 선을 행하는 것과 악을 행하
는 것, 생명을 구하는 것과 멸하는 것
중에 어느 것이 옳으냐 그리 묻지 않
더냐?
15 그러니 너희들은 그 일을 해야 되며
생명을 구해야 되며 역사해야 한다는
것은,
16 인간이 만든 그 안식일을 의식하지 아
니하며 안식일의 존재의 의미가 없음
을 거기서 말하는 것임을 너희들은 알
아야 될 것이니라.
17 이는 안식일이라는 개념의 뜻을 무시
하고 뛰어넘어 하는 것이며, 나의 뜻
을 아는 자, 그리고 하늘의 뜻을 역사
하는 자, 너희들은 그와 같은 것이 아
무런 의미가 없음이니라.
18 어느 종교 집단의 지도자들이 만든 그
안식일은 저희들이 재물을 거둬들이
기 위한 방법이요, 그 수단으로써 나
의 피조물 만백성들을 그와 같이 이끌
어 감이니라.
19 안식일은 천 년의 길고 긴 세월이요,
나의 새로운 성경으로써 만백성들을
깨우쳐 하늘에서 이루어진 것같이 이
지상에서 그 역사를 이루는 그 기간을
안식일이라 함이니 그리 알라.

11,672 번째 하나님 말씀

2004년 6월 20일 20시 54분

1 사랑하는 나의 아들아!
2 "네, 아버님! 말씀하옵소서."
3 너를 따르는 제자들에게 그리 전하라.
4 인간이 만든 안식일은 지킬 것이 없으
며, 하늘의 안식일을 너희들이 지키고
가면 됨이니라.
5 나의 아들 또한 그것을 가르치고 그를
깨우치기 위하여 그 모두를 전한 역사
이며, 성서에 기록된 그 의미가 다 그
러함을 알라.
6 지금 나의 새로운 성경에 내가 말하기
를, 인간이 만든 안식일은 하늘의 안
식일이 아니요, 그는 너희들이 재물을
거둬들이기 위한 사악한 방법으로 역
사한 것이라 하면,
7 지금의 믿음의 길을 가는 종교 집단의
지도자요, 그리고 구원을 받았다는 백
성들은 분통을 참지 못하며 흥분을 다
스릴 수 없을 정도로 광분할 것이니라.
8 그러나 너희들은 그를 알아야 될 것이
니라.
9 저희들이 어떠한 분통을 터트리든, 저
희들이 어떠한 짓을 하든, 너희들은
사실은 사실대로 그리 전하며, 나의
뜻을 따라 받아 새로운 성경에 기록한
대로 그리 믿고 따르면 될 것이며 그
리 전하면 될 것이니라.
10 사랑하는 나의 아들딸들아! 너희들은
알아야 될 것이니라.
11 모든 믿음의 길을 가는 종교 집단의

지도자요, 그들이 진정한 나 여호와의 뜻에 의하여 지금까지 왔다면, 오늘 이와 같이 변질되고 녹슬지는 아니하였을 것이니라.
12 진정한 참진리요, 나 여호와의 뜻이 어떠한 것인 줄 알겠느냐?
13 사랑하는 나의 아들딸들아!
14 나의 참진리는 녹슬지도 아니하며, 변질되지도 아니하며, 부패되지 아니하며, 부식되지도 아니함이니라.
15 그리고 어떠한 상황에서도 변화되지 아니하고 지켜 가는 것이며, 변함이 없는 것이 참진리요, 하늘의 뜻이니라.
16 그러니 참진리를 가지고 공부하지 아니하고 비진리를 가졌기에 수없이 변질되는 이와 같은 오늘의 형국이 되었음이니라.
17 녹슬지 않는 참진리를 추구하는 백성은 그렇게 살아가야 하는 것이라는 것을 너희들은 알아야 될 것이니라.
18 나의 아들을 따르는 제자들이요, 그 백성 너희들이 무엇인 줄 알겠느냐?
19 나 여호와의 뜻이요, 참진리를 추구하는 너희들이니, 너희들의 삶에 변하는 것은 녹스는 것이 없으며 변질되는 것이 없어야 되는 것이니라.
20 그러한 백성이 되어야 하는 것이 나의 아들을 따르는 백성들이니라.
21 지금 참진리의 길을 가지 않는 백성들이 어떠한 줄 알겠느냐?
22 너희들이 깨달음이 있다 하며 인간의 삶의 도리를 지키고 산다 하고 나 여호와의 뜻에 의해 살아간다 해도,
23 너희들은 아부나 뇌물이나 이익 앞에 변질되며, 그를 추구하는 데 모두를 다 바치는 그와 같은 삶을 살아가는 백성들이니라.
24 그러니 너희들은 그 악에 넘어지지 아니하는 자가 없으며, 너희 자신을 버리고 나에게 오르는 길이 아니요, 죽음의 길로 가는 것을 서슴없이 가는 자들이요, 오늘의 백성들임을 알라.
25 이제 나의 아들을 따르는 제자 너희들은 알라.
26 녹슬지 않는 것, 변하지 않는 것, 그와 같은 참진리의 길을 가도록 해야 될 것이니라.
27 그러나 인간관계에서 이루어지는 그 모든 것에 너희들은 무너지고 쓰러지며 유혹에 견디지 못하고 넘어짐이니라.
28 그러니 너희들이 선한 자를 만나는 것이요, 녹슬지 아니하며 변질되지 않는 친구요, 이웃을 만나는 것이 얼마나 행복하고 기쁜 것이요, 위대한 것인 줄 알겠느냐?
29 나의 아들이 나의 성령을 받아 그 자리를 지키며, 그 자세를 지키며 살아가고자 노력하는 나의 아들과 더불어 가는 것, 너희들 주변에 아름다운 마음을 가지고 사는 것,
30 그리고 선한 삶을 살고자 하는 나의 성전에 오는 선택된 나의 아들의 제자요, 그리고 그 백성들, 너희들이야말로 선한 자들이니,
31 서로가 만남이 얼마나 위대한 것이며 귀하고 소중한 재물인가를 알라.
32 세상을 다 주어도 바꾸지 못하는 재산임을 너희들은 알아야 될 것이니라.
33 그러니 나의 성전에 오는 백성을 서로

사랑하며 아끼며 그 소중함을 알라.
34 그와 같은 백성들을 만나는 것이 가장
위대한 재산이요, 축복이요, 영광이라
는 것을 알게 될 날이 머지않았을 것
이니라.

11,673 번째 하나님 말씀

2004년 6월 20일 20시 58분

1 사랑하는 나의 아들아!
2 **"네, 아버님! 말씀하옵소서."**
3 너희들 인간 세상에서 말을 하느니라.
4 '돌다리도 두드려 보고 건너라.'는 말
이 있듯이, 너희들이 거듭나는 것이
요, 나에게 올 수 있는 그와 같은 믿음
의 길을 선택하는 것은 신중하지 아니
하면 아니 됨이니라.
5 이를 두드려 보고 연구하고 노력하고
또 노력하여 깨우침을 얻어 그 선택의
길을 가지 아니하면 아니 되느니라.
6 사랑하는 나의 아들딸들아!
7 인간 세상에서 사는 것은 너희들이 잘
못됐을 때, 그를 바로잡으며, 또다시
무너졌을 때 일어설 수 있으며 실패를
딛고 성공으로 역사할 수 있을 것이니
라.
8 그러나 믿음의 길을 들어서는 것은 그
와 같은 것과 다름이니라.
9 그러니 너희들이 믿음의 길을 선택할
때, 마음 자세로써 어떠한 이유든 바
른 선택을 하지 아니하면 아니 됨이니
라.
10 너희들이 욕심에 의하여 앞을 못 보는
그와 같은 마음에서 믿음의 길을 선택
해도 너희들은 패자요, 지옥으로 갈
것이요, 사치스러운 것에 현혹되어 믿
음의 길을 선택한다 해도 그것 또한
지옥의 길이요,
11 너희들이 쾌락이라는 것을 얻기 위하
여 믿음의 길을 선택한다 해도, 네가
살아가는 삶에 도움을 얻고자 하여 믿
음의 길을 선택한다는 것, 그와 같은
것이 다 너희들이 지옥으로 가는 결과
이니라.
12 너희들이 교만한 것에서 믿음의 길을
선택하는 것도 지옥이요, 너희들을 자
랑하고자 하여 너를 내세우고자 하여
믿음의 길을 선택하고 너희들이 성서
를 들고 지금의 교회요, 성전을 찾는
다는 것, 그 모두도 지옥의 길로 가는
것이라는 것을 너희들은 알아야 될 것
이니라.
13 인간 세상에 너희들이 살면서 마음의
상처가 너무 커 가슴 아픔을 감내할
수 없어 믿음의 길을 함부로 선택하는
것도 지옥의 길이니라.
14 아프고 저려 옴을 인내할 수 없어서
너희들이 선택하는 것, 사랑하는 사람
을 잃었을 때, 귀한 사람을 잃었을 때,
너희들이 분하고 억울하고 인내할 수
없을 때,
15 어떠한 이유든 그와 같은 마음의 상태
에서 너희들이 믿음의 길을 선택하는
것은 죽음의 길을 선택하는 것이니,
16 그와 같이 경솔한 선택을 해서는 절대
로 안 되는 것이 믿음의 선택의 길이
니라.
17 마음의 평정을 잃었기에 마음의 평정
을 잡지 못하여 그와 같은 믿음의 길
을 선택하든 어떤 이유든 너희들은 그

리하면 안 됨이니라.
18 그러니 냉정하게 판단하고 심사숙고
하여 생각하고 또 생각해서 믿음의 길
이요, 신앙의 길을 선택해야 되며, 그
리고 참진리의 길을 보고 하늘의 지혜
를 얻는 영광을 얻지 아니하면 결코
아니 됨이니라.
19 어떠한 이유든 너희들이 냉정함을 잃
고 사리판단을 잃고 마음의 평정을 잃
어 그저 쉽게 믿음의 길을 선택하는
것은
20 영원히 나에게 오를 수 없으며 나를
볼 수 없으며, 그 고통 속에 영원히 살
아가는 그 길에 너희들이 발을 들여놓
는 것이요, 그 길을 위하여 너희들이
모두를 바치는 삶을 살아가기 때문이
니, 그리 전하라.

11,674 번째 하나님 말씀

2004년 6월 20일 21시 03분

1 사랑하는 나의 아들아!
2 "네, 아버님! 말씀하옵소서."
3 세상사 살아가면서 부족한 자는 저보
다 나은 상대를 찾고자 하며 나보다
나은 사람을 찾고자 하느니라.
4 그리고 저희들이 가지고 있는 부족함
과 모자람을 상대방에게서 모두를 채
우고 더불어 살아가는 인생을 살기 위
하여 그와 같은 사람을 찾고 사람을
만나며 그와 같은 사람들과 더불어 살
아가고자 하는 것이 아니더냐?
5 너희들이 문제가 많은 것, 부족함이
많은 사람, 신랑이 신부를 선택할 때
도 어떤 것이든 그 부족함을 채우기
위하여 심혈을 기울여 상대를 선택하
지 않느냐?
6 신부 또한 신랑을 선택함에, 신부가
부족함이 있다면 그것을 감추고 그것
을 만회하기 위하여 모든 심혈을 기울
여 조심스럽게 상대를 선택하고 찾는
것이 너희들의 심리요, 인간 세상에
살아가는 도리가 아니더냐?
7 그리고 너희들의 삶이 그러하니라.
8 그러니 제가 부족한 것을 감추며 부족
한 것을 만회할 수 있도록 어떠한 형
태든 자기보다 나은 자, 그리고 자기
를 이끌어 갈 수 있는 자를 찾는 것이
너희들의 마음의 형태며 그를 위하여
모든 심혈을 기울이느니라.
9 그리고 너희들의 부족함을 감추며 그
를 나타내지 아니하도록 거기에 얼마
나 신경을 쓰더냐?
10 그러니 곱게 갖추고자, 예쁘게 갖추고
자 그 단점을 감추기 위하여 온갖 방
법을 다 동원하는 것이 인간 세상에
너희들의 오늘의 삶의 형태가 아니더
냐?
11 너희들은 여기서 들어야 될 것이니라.
12 오늘의 가장 잘못된 것이요, 이 세상
이 이리 험악하게 된 것이 무엇이더냐?
13 참진리요, 진정한 믿음의 길을 가는
자들이 그 길을 가는 것이 아니요, 나
와는 관계없는 길을 가기에,
14 저희들이 진리가 아니기에 그 부족함
이요, 그 속이 보이는 것이요, 저희들
은 하늘에 오르는 그 의미를 모르고
가는 자들이기 때문에,
15 저희들의 부족하고 모자란 것을 감추
기 위해서 얼마나 수단과 방법을 가리

지 아니하고 지금 살아가는 줄 알겠느
냐?
16 참진리요, 나 여호와의 뜻을 모르기
에, 저희들이 그 진리를 모르는 부족
함을 감추기 위하여 온갖 수단과 방법
을 다 동원하느니라.
17 그리하여 그들은 나의 백성들을 속이
기 위하여 더 큰 교회요, 더 많은 백성
들을 모아 외형적인 것으로써 모두를
다 감추려는 그와 같은 행위를 하고
있는 것이니라.
18 너희들이 화장으로써 얼굴을 감추려
하는 것과 같은 마음이요, 스스로 외
형의 차림으로써 부족함을 감추고자
하는 그와 같은 마음을 가지고 상대를
만나는 백성들보다 더 잔인한 것이 오
늘의 종교 집단의 지도자 너희들이니
라.
19 그리하여 너희들이 숫자 놀음을 하며
재물을 모으고 쌓아 놓는 것으로써 함
이니라.
20 진정한 말씀을 전하지 못하는 너희들
이기 때문에, 부족한 것을 외형적인
것으로써 모두를 다 덮어 나가려고 과
시하는 행사를 하며 오늘과 같은 행동
을 하여,
21 궁궐과 같은 집이요, 대궐과 같은 집
이요, 그리고 누구도 상상할 수 없는
위압적인 분위기를 만들기 위하여 모
두를 다 받아들이며, 나의 백성들의
고혈을 갈취하는 그와 같은 것이 오늘
의 종교 집단의 지도자 너희들이 하고
있는 짓이라는 것을 내가 나의 새로운
성경에 기록하여 전함이니,
22 이것이 아니거든 아니라 너희들이 죽
어 와 내 앞에서 대답할 수 있는가 한
번 보도록 그리하라.

11,675 번째 하나님 말씀

2004년 6월 20일 21시 06분

1 사랑하는 나의 아들아!
2 "네, 아버님! 말씀하옵소서."
3 인간 세상에서 너희들이 잘 알고 있는
사람, 그리고 많이 아는 사람, 세상의
이치를 알아 지식으로써 그득히 차 있
는 사람, 그와 같이 하나도 부족함이
없는 백성들이 살아가는 삶이 어떠하
던가?
4 그들은 조용히 살아가며 목소리가 높
지 아니하니라.
5 그리고 큰 소리를 내지 아니하고 살아
가는 것이 그와 같이 너희들이 많이
아는 자요, 많은 것을 갖추고 있는 백
성들이 사는 자세이니라.
6 더욱이 하늘의 참진리의 길을 가는 지
도자 너희들은 목소리를 내며 큰 소리
를 내며 요란을 피우는 그와 같은 행
위로써 나의 피조물 만백성을 이끌어
갈 일이 전혀 없느니라.
7 물이 위에서 아래로 흐르듯이 자연의
순리대로 그대로 흘러가면 되는 것이
며, 기다리고 인내하면 모두가 다 역
사하느니라.
8 물이 차면 넘치는 그와 같은 순리로써
조용히 기다리며 인내하는 것이 인간
세상에 많이 아는 자요, 그릇이 채워
진 자요, 그리고 세상사를 깨달아 이
치를 아는 백성들이니라.
9 빈 깡통이 요란하듯이 아무것도 알지

못하는 자들이 목소리가 크며 큰소리
를 치느니라.
10 지금 너희들이 가는 상태를 보라.
11 믿음의 길을 가는 길이요, 하늘에 오
르는 길이요, 참진리를 가르친다면,
너희들은 이가 두렵고 무서워서 오늘
처럼 요란한 방법으로써 복음을 전한
다 그리 요란을 떨 수 있는가?
12 큰 교회를 짓기 위하여 너희들이 요란
을 떨며, 궁궐처럼 아름답게 차리기
위하여 요란을 떨며,
13 많은 사람들의 이목을 끌기 위하여 그
행사요, 집회요, 그 모두를 화려하게
최고요, 더 이상 너희들보다 더 잘하
는 자가 없는 것처럼 죽기 아니면 살
기로 경쟁하여 지금 모든 행사를 하며
행사를 치르는 것,
14 그와 같이 역사하는 것이 다 참진리를
모르는 것이요, 나 여호와의 뜻과는
관계없는 인간들이 사악한 짓을 하고
있음임을 너희들은 알아야 될 것이라
그리 전하라.
15 그들이 참진리요, 하늘의 뜻에 의해
오는 자라면 조용히 물이 흐르듯이,
아는 자는 말이 없이 큰소리를 내지
아니하며 살아가듯이, 그와 같은 모습
으로써 가는 것이 진정한 종교 집단의
지도자요, 나의 뜻에 따라 역사하는
백성이라는 걸 그들에게 전하라.

11,676 번째 하나님 말씀

2004년 6월 20일 21시 10분

1 사랑하는 나의 아들아!
2 "네, 아버님! 말씀하옵소서."
3 모세가 역사했던 구약의 시대요, 나의
아들 예수가 세상에 와 나의 뜻을 전
하고자 했던 신약의 시대요, 그들은
임무를 다 했으며 그들이 할 일을 다
했으며 이제는 그들의 임무가 끝났다
내가 그리하였음이니라.
4 그들이 역사한 그 임무를 충실히 다하
므로 거기에 따라 그 위에 새로운 시
대가 열어짐이라 내가 말하지 아니하
였더냐?
5 그러니 구약과 신약이요, 새로운 제3
의 시대요, 이 모두는 하나가 되어 미
래에 나의 뜻을 이루는 것이며,
6 과거의 구약과 신약은 지금의 제3의
시대가 역사하는 밑거름이요, 그 주춧
돌이요, 그에게 힘을 주는 그와 같은
역사를 하는 것이며, 그리하여 그들이
존재하는 것이라는 걸 너희들은 알아
야 될 것이니라.
7 사랑하는 나의 아들아!
8 구약과 신약의 지나간 그 시대에 그들
은 모두를 다 준비하였으며, 이제 미
래의 시대에 제3의 시대가 열려 가는
밑거름이 되며, 그들이 근본이 되어
역사하도록 그들은 모든 직분을 다하
였으며, 그들은 책임을 다하였다 한
나 여호와의 뜻을 알아야 될 것이니라.
9 그러면 과거의 그 모두가 책임을 다하
였으며, 그리하여 제3의 시대의 역사
가 시작한다면 제3의 시대는 무엇이
더냐?
10 그러니 미래의 상이요, 미래에 역사하
는 것을 너희들이 책임을 지고 있는
것이며, 미래를 준비하기 위하여 역사
하는 것이 제3의 시대가 열리며 새로

운 성경이 내려옴이니라.
11 그러니 지금 나의 아들을 따르는 백성
들이요, 선택된 너희들은 나 여호와가
이루는 미래의 상을 너희들이 알아야
될 것이며, 미래에 역사하는 그 모두
를 준비하며 그를 위하여 살아가는 백
성이라는 것을 알아야 될 것이니라.
12 그러니 나로부터 선택된 자요, 나의
아들을 따르는 제자 너희들만이 새로
운 임무를 수행할 수 있는 자요,
13 새로운 주역으로서 모든 기틀을 닦으
며, 지금까지 잘못되어 온 그 모두를
제거하여 새로운 새싹이 일어날 수 있
도록 너희들이 밑거름이 되어야 되며,
그를 관리해야 되며, 그를 잘 길러 열
매를 거둘 수 있는 그때까지 모두를
완벽하게 역사하며 준비를 해 놓는 것
이니라.
14 씨를 뿌리는 자는 무엇이며, 가꾸는
자는 무엇이요, 열매를 여는 것은 어
떠한 연장이요, 어떠한 도구로써 하는
것인가,
15 그 모두를 너희들이 질서를 잡으며 그
준비를 완벽하게 해 놓고 나에게 부름
을 받아 와야 되는 것이 너희들의 임
무요, 너희들이 해야 할 길이라는 것
을 잊지 말도록 그리하라, 사랑하는
나의 아들딸들아!

11,677 번째 하나님 말씀

2004년 6월 20일 21시 13분

1 사랑하는 나의 아들아!
2 **"네, 아버님! 말씀하옵소서."**
3 사랑하는 나의 아들아, 나의 뜻이요,
하늘의 뜻에 역사하는 선택된 백성 너
를 따르는 제자들이요, 나의 새로운
성경을 읽고 깨우친 자,
4 너희들이 있기에 내가 재앙을 내리지
아니하며, 너희들이 있기에 내가 천
년에 걸쳐 새로운 역사를 이루며 하늘
에서 이루어진 것같이 이 지상의 낙원
을 이루는 나의 권세 안에 모두가 역
사할 수 있도록 함이니,
5 그와 같은 선택을 받은 백성 너희들은
남을 다스리며 남을 이끌며 남에게 복
음을 전하며 노력하는 자세보다도
6 이제는 자기 자신을 다스리는 데 모든
정성을 다 바쳐야 되며 자신이 변하는
데 역점을 둬야 될 것이니라.
7 지금 160권의 새로운 성경이 세상에
나오니, 나의 아들과 더불어 가며 그
모두를 역사할 너희들은 모든 사람들
이 너희들의 머리카락 하나까지 다 헤
쳐 본다 하지 아니하였더냐?
8 그러니 이제 너희들은 시간이 없음이
니라.
9 내가 나의 성령을 가르치며 나의 아들
을 통하여 강론을 가르쳐 너희들이 완
벽한 백성으로서 거듭나기를 바랐으
나, 너희들이 지금 남을 다스릴 수 있
는 그와 같은 위치가 되지 못하였음이
니라.
10 그리하여 160권이 나오기 전까지 얼
마 남지 않은 그 시간에, 너희들은 남
을 다스리기 전에 너희들을 다스리며
너 자신을 다스리는 데 정성을 다하는
그 시간을 가져야 될 것이라 그리 전
하라.
11 달리는 말에 채찍을 가하듯이 지금 너

희 자신을 다스려 너희 자신이 거듭나
는 것부터 먼저 하라 그리하라.
12 너희들이 다스려지지 아니했을 때
160권이 세상에 나온다면, 이는 너희
들이 전할 수 없으며 만백성이 이를
보고 깨우칠 수가 없음이니, 시간이
없음이니라.
13 나 여호와가 너희들을 기다렸으며 내
가 인내하고 기다렸으나, 너희들이 지
금 거듭나 아름다운 천사와 같은 마음
으로써 변화되는 제자가 없음이니,
14 남을 다스리고 남을 이끌어 가는 그와
같은 것보다 너희들 자신을 다스리는
데 최선을 다하도록 하라, 시간이 없
음이니라.
15 그러니 너를 따르는 제자들은 남을 인
도하는 것보다 너희들 자신을 인도하
고 다스리고 나가는 그와 같은 노력부
터 하라.
16 160권이 세상에 나오기 전까지 너희
들이 여기에 모두를 다 바쳐야 될 것
이며 모든 노력을 다 경주하라.
17 그리되어야만 나의 새로운 성경이 세
상에 나갔을 때, 만백성들이 이를 반
겨 맞을 것이며, 이를 보고 너희들을
찾는 자들이 실망하여 등 돌리는 일이
없을 것이니 그를 전하라, 사랑하는
나의 아들아!

11,678 번째 하나님 말씀

2004년 6월 21일 08시 27분

1 사랑하는 나의 아들아!
2 **"네, 아버님! 말씀하옵소서."**
3 너희들이 나에게 오르는 길이요, 진정
한 나의 성령을 들으며 나의 아들을
통하여 내리는 강론을 듣고 깨우치는
백성 너희들은 어린아이가 세상에 태
어나 자라나는 것이 보이지 아니하며
서서히 자라듯이, 나무를 심으면 그
나무는 서서히 보이지 않게 자라느니
라.
4 그와 같이 자랄 수 있도록 정성스러운
마음으로 너희들 자신을 심고 다스려
와야만 되느니라.
5 보이지 않는 나무가 서서히 자라며 결
국 열매를 맺듯이, 너희들이 그와 같
은 마음으로써 꾸준히 변함없이 바르
고 곧게 자라나는 마음 자세가 필요함
이니라.
6 너희들 자신이 너를 다스려 바르고 고
운 나무로서 성장할 수 있도록 너희들
이 서서히, 서서히 변하고 변하는 믿
음의 길을 오는 것,
7 그리하여 너희들이 기틀이 잡히며 자
리가 잡혔을 때 바르고 곧게 성장하게
되어 있느니라.
8 인간 세상에 '될 것은 어려서부터 알
수 있다.'는 말이 있지 않더냐?
9 그와 마찬가지로 너희들이 자리를 어
찌 잡고 어찌 가느냐가 중요하니라.
10 서서히 그리 자라는 것이거늘, 지금
자리를 잡지 못하며 뿌리를 내리지 못
하고 있다면 어찌한단 말이더냐?
11 이제 뿌리를 내려야 되며 그 뿌리가
성장해야 되며 너희들의 몸통이요, 어
찌 변해야 되겠는가?
12 이것이 지금 나 여호와의 아픈 마음이
라 내가 말하지 아니하였더냐?
13 그러나 너희들은 기초부터 다스려야

되느니라.
14 조용히 서서히 자라도록 그리하라.
15 그리고 단단하게 자라도록 그리하라.
16 그리고 조용히 기다리면서 갈 줄 알아
야 되느니라.
17 그와 같은 마음으로 너희들을 다스려
나가도록 그리하라.
18 하늘에 오르는 길은 멀고도 멀며 고통
스러우며 긴 터널을 지나는 그와 같은
너희들의 삶이니라.
19 그러니 묵묵히 기다리는 모습, 그리고
서서히 자라는 모습, 서서히 변화되어
하늘에 오르는 길이요, 바른길을 올
수 있으면 아무리 너희들이 서서히 간
다 해도 늦은 것이 아님이니라.
20 바로 기틀을 잡아 자세가 바로 되면
바로 열매를 맺을 수 있는 그와 같은
백성으로서 성장하기 때문이니라.
21 그러니 너희들은 조용히, 조용히 서서
히 자라는 그와 같은 다스림을 갖도록
그리하라.
22 너희들의 마음을 다스려 조용히 성장
하며 내 뜻에 의해 성장하는 그와 같
은 나무로 너희들이 다시 변화되도록
그리하라.
23 지금이라도 너희들이 그리 시작해야
됨이니라.
24 아직 뿌리를 내리지 아니하였으니 너
희들이 성장한들 그를 지탱할 수 없음
이니라.
25 뿌리도 내리면서 그 뿌리에 맞춰서 보
이지 않게 변하는 그와 같은 모습으로
써 다시 시작하도록 그리하라.

11,679 번째 하나님 말씀

2004년 6월 21일 08시 30분

1 사랑하는 나의 아들아!
2 "네, 아버님! 말씀하옵소서."
3 이 세상의 모든 것은 다 나 여호와의
것이라 내가 하지 아니하였더냐?
4 그러니 너희들의 삶이 끝나는 것, 너
희들이 헤어지고 떠나는 것도 모두 다
나의 주관하에 역사하며, 내 뜻에 의
하여 이루어지지 아니하는 것이 없다
는 것을 알라.
5 그리하여 너희들이 사는 삶이요, 그
생각하는 것을 육의 세상의 삶에 허덕
이며 거기에 연연하다 보면, 나 여호
와가 역사하는 세상의 그것을 아무것
도 볼 수 없음이니라.
6 그리하여 내가 너희들에게 이 세상의
것은 다 나의 것이요, 그러기에 너희
들이 재물을 나누어 주며 베풀며 살라
하지 아니하였더냐?
7 그것이 바로 너희들이 나에게 오르는
길이니라.
8 다만, 너희들이 아름다운 자에게 아름
다운 마음으로 나눠 주는 것, 그것이
또한 귀하고 소중함이라 하였음이니
라.
9 그리고 너희들이 소중하고 귀한 자가
떠나고 헤어지는 것, 그것도 너희들이
내 것을 가지고 나눠 주고 베푸는 삶
을 사는 것처럼, 너희들이 오고 가는
것 또한 나의 뜻이라는 것을 너희들은
깊이 마음속에 새겨 두고 살아가도록
그리하라.
10 그 모두가 다 나의 주관하에서 이루어

지는 것이니라.
11 그것이 너희가 지금 역사하는 길이요, 너희들이 가야 하는 길이요, 그 모두가 다 너희들이 벗어날 수 없는 길이니라.
12 나의 뜻에 의하여 모두가 사용되며, 나의 뜻에 의하여 오고 가는 것이며, 나의 뜻에 의하여 너희들이 나누고 베풀고 살아가는 것,
13 그것이 다 나의 뜻이요, 주관하에 이루어지는 것인 것을 너희들이 나눠 주고 베풀어 주는 그와 같은 마음이 인색하기가 끝이 없으니,
14 그리하여 모두가 다 잘못되었다 함이며, 너희들이 내 뜻을 거역하고 사는 자들이니라.
15 나 여호와가 내려보낸 너희들이 어떠하더냐?
16 예수와 같이 하라 하니, 그것을 행하지 않는 자를 보고 참는 것이 얼마나 나의 고통이더냐?
17 어찌하여 너희들은 산으로 가라 하면 들로 가려 하며, 들로 가라 하면 산으로 가는 그와 같은 심성을 가지고 사는가?
18 인간의 욕심이요, 눈에 보이지 않는 다음의 세상을 모르며, 눈에 보이는 세상에 눈에 보이는 것만 귀하고 소중한 것이니, 육의 세상의 육의 생각을 버리지 못하여 그러하니라.

11,680 번째 하나님 말씀

2004년 6월 21일 08시 36분

1 사랑하는 나의 아들아!
2 "네, 아버님! 말씀하옵소서."
3 오늘의 믿음이요, 그 종교 집단이 나의 피조물 만백성을 지옥으로 이끌어 가는 그와 같은 행위가 어디 있느냐?
4 한번 간 예수가 다시 올 리가 없느니라.
5 그러니 너희들이 예수가 다시 오기만 바라보며 하늘만 쳐다보고 성대한 방법으로써 올 것이라, 그리하여 너희들이 구원을 받고 못 받을 것이라 하며 오로지 그것만 기다리고 있는 것이 아니더냐?
6 나의 아들 예수를 찾으며 나를 경배한다는 자 너희들이 기다리는 예수가 다시 와 너희들을 구원하고 안 한다 그리 생각하느니, 그것이 너희들의 믿음의 골자가 아니더냐?
7 나는 나의 아들을 통하여 새로운 성경에 기록하여 너희들에게 전하니, 한번 간 예수가 다시 올 리가 없다는 것을 알라.
8 너희들은 주인이 오는 것이, 또는 하늘에서 예수가 오는 것이 도적같이 언제 올지 모르며 그러하기 때문에 기다리라 그리하느니라.
9 그러나 그와 같이 오는 것이 아니니라.
10 언제 너희들이 나 여호와로부터 생각지도 않은 깨달음을 얻을 것인가, 이와 같은 것을 기다리는 것이니라.
11 언제 올지 모르는 너희들이 얻을 수 있는 그 지혜, 그 지혜를 너희들이 받아들일 수 있도록 준비하고 있어야 한다는 것이 나의 뜻임을 알아야 될 것이니라.
12 생각지도 않는 것에서, 깨달음이 없는

것에서 갑자기 너희들에게 하늘의 지
혜와 깨달음이 내려왔을 때,
13 내가 너희들에게 깨달음이요, 그 지혜
를 주고자 해도, 마음의 준비가 되지
아니한 자는 갑자기 찾아오는 그 기회
를 놓치게 되며, 나의 성령이 너희들
에게 임하지 못하는 것이니라.
14 그러니 와도 어떤 것이 진리요, 나 여
호와가 내리는 것인지, 내가 너희들에
게 베푸는 사랑인지 알지 못함이니라.
15 내가 수시로 너희들에게 이를 내려보
내며 깨달음을 내려보낼 때, 너희들은
이를 받을 수 있도록 마음의 준비를
하고 있어야 하니, 그 마음의 준비는
무엇이더냐?
16 천사와 같은 삶을 살아가고자 너희들
이 노력하는 것이니라.
17 그러니 나 여호와의 뜻을 알고도 준비
하지 아니하며, 내가 그와 같이 역사
한다는 걸 알면서도 행하지 않는 자
너희들은 내 뜻대로 하지 않는 백성이
요, 내 뜻에 의하여 역사하지 않는 백
성이니,
18 너희들은 나로부터 체벌을 받게 되어
있으며 대가를 받게 되어 있음을 알아
야 될 것이니라.
19 나 여호와가 너희들에게 지혜를 내리
며 내 뜻을 너희들에게 심어 천 년에
걸쳐서 하늘에서 이루어진 것같이 이
지상에 낙원을 이루고자 하는 그 대명
을 받은 백성 너희들이 준비되지 아니
하여 내가 내리는 것을 받지 못하며,
20 내가 너희들이 받아야 할 지혜를 내려
보내니 너희들이 준비가 되지 아니하
여 받지 못할 때, 너희들은 그 대가를
치러야 된다는 것을 알아야 될 것이니
라.
21 지금 바로 무엇이더냐?
22 모든 종교 집단의 지도자들이 나에게
오르는 길이라 하며 구원의 길이라 하
고, 또 너희들이 나를 알며 나의 아들
예수를 알며 입으로 부르고 찾으면서,
23 너희들은 내 뜻대로 내가 주관하는 대
로 행하지 아니함이니,
24 그게 바로 알면서 거역하는 죄요, 그
리하여 그 죄가 무거워 너희들은 용서
받지 못한다 함이 여기 있음을 알라
그리 전하라.

11,681 번째 하나님 말씀

2004년 6월 21일 08시 44분

1 사랑하는 나의 아들아!
2 **"네, 아버님! 말씀하옵소서."**
3 지금의 믿음의 길을 가는 백성은 나의
뜻에 의하여 산다 하느니라.
4 그리고 저희들은 절대적으로 내 뜻에
의하여 살며 하늘의 뜻에 의하여 살
며, 내 뜻에 조금도 어긋나지 않는 그
와 같은 삶을 산다 그리 말하느니라.
5 그러나 그들은 나를 찾지 아니하며 나
의 모두를 믿지 않는 백성, 내가 존재
함을 의식하지 아니하고 사는 백성보
다도 더 잘못된 자요, 죄의 노예가 되
어 있음을 알고 있느냐?
6 너희들은 지금 구원이라는 헛된 욕망
과 예수의 보혈로써 너희들의 죄에 대
한 모두를 다 용서받았으며, 어떠한
죄를 지어도 죄가 아니며 너희들 후손
까지도 모두 다 표백된 것이라는 착각

속에서 살아가느니라.
7 그 모두가 다 무엇인 줄 알겠느냐?
8 너희들의 욕심과 욕망에 의한 것임을
알아야 될 것이니라.
9 너희들은 환상과 착각 속에 살아가는
자들이요, 각종 종교 집단의 지도자,
그리고 지금 믿어서 구원을 받았다는
백성, 너희들은 지금 모르나 죄의 노
예가 되었으며 사탄의 노예가 되었음
을 알아야 될 것이니라.
10 나는 너희들에게 묻노라.
11 너희들이 정녕 만백성에게 빛이 되며
만백성을 위하는 삶을 살며 다른 백성
들과 차별화되는 삶을 살았더라면,
12 너희들이 입이 닳도록 말하는 빛과 소
금의 역할을 하며 살았더라면, 과연
지금의 종교 집단의 지도자 너희들보
고 위선자요, 거짓된 자라 지탄을 하
겠는가?
13 지금 이 세상에서 가장 지탄을 받는
지탄의 대상이 무엇인 줄 알겠느냐?
14 나의 뜻대로 살며 나의 뜻에 의해 역
사하여 사는 백성이요, 그리하여 만백
성을 구원한다, 복음을 전한다,
15 '예수를 믿지 않는 자는 지옥이요, 예
수를 믿는 자는 천국이요, 우리는 빛
과 소금의 역할을 하는 자들이라' 그
리 말하는 자,
16 단상에 서서 호화찬란하게 역사하는
자가 위선자요, 거짓된 자라는 지탄을
받고 있음을 너희들은 알아야 될 것이
니라.
17 너희들은 말하느니라.
18 예수의 삶과 같은 그 삶을 살아야 되
는 것이며, 그와 같은 삶을 사는 것으
로써 너희들이 구원을 받는 것이라 하
며, 하늘로부터 나 여호와의 정녕 만
백성의 종이라 하니,
19 너희들이 단상에서 걸치고 입는 옷,
단상에 서 있는 호화찬란한 너희들의
그 형태, 그리고 네가 걸치고 입는 것,
네가 생활하고 있는 것, 과연 그것이
낮은 자인가 그것부터 깨닫고 고치지
아니하면 아니 되느니라.
20 나를 믿지 않는 그 백성들은 부모 형
제의 사랑이 있으며, 서로 나누는 소
중함이 있으며,
21 그들은 백성들 앞에 잘 보이기 위하여
너희처럼 호화로운 복장이요, 울긋불
긋한 그 괴상망측한 옷 같은 것을 만
들어 몸에 걸치고 남을 깨우친다며 남
을 다스린다 그리하지 않느니라.
22 그러니 너희들이 울긋불긋한 것, 그저
괴상망측한 것, 그 흉측스러운 옷들을
꾸며 입고서 단상에 서서 나의 백성들
에게 '나는 하늘의 종이요, 만백성의
종이요, 그리고 예수와 같은 삶을 산
다.' 말하는 너희들은 그 옷부터 벗으
라.
23 그리고 너희들의 그 속에 있는 삶부터
모두를 다 공개하라.
24 그렇지 않으면 너희들이 남을 심판할
수 없으며, 남을 이끌어 갈 수 없으며,
지도할 수 있는 자들이 아님을 알라,
사랑하는 나의 아들딸들아!

11,682 번째 하나님 말씀

2004년 6월 21일 08시 55분

1 사랑하는 나의 아들아!

2 "네, 아버님! 말씀하옵소서."
3 나의 뜻대로 살아가는 백성 너희들은 많이 가지고 있는 자는 많은 백성에게 나누어 주며, 많이 가지고 있는 자가 많이 베푸는 그것이 나 여호와의 뜻이요, 하늘의 가르침이라는 것을 알아야 될 것이니라.
4 이를 행하지 아니할 때, 너희들은 결코 나를 볼 수 없으며 나에게 오를 수 없음이니라.
5 이제 내가 마지막 나의 피조물 만백성, 오늘의 종교 집단의 지도자요, 너희들에게 나의 새로운 성경에 기록하여 경고함이니라.
6 모든 종교 집단 너희들이 갖은 방법과 수단으로써 거둬들인 그 많은 것들을, 많이 거둬들인 집단이면 집단일수록 그 모두를 다 돌려주는 그와 같은 역사를 시작하지 아니하면 아니 됨이니라.
7 모든 종교 집단의 지도자들이 이리 걷고 저리 걷어 거둬들인 것, 너희들이 쌓아 놓은 것, 궁궐 같은 교회요, 성전이요, 성막이라는 것을 모두 다 지금 되돌려 주는 그와 같은 역사를 하지 아니하면, 너희들은 결코 나를 볼 수 없으며 너희들은 그 대가가 무서운 줄 알 것이니라.
8 나의 새로운 성경을 정독하고 정독하라.
9 그리고 160권의 이 모두를 읽어 종교 지도자 너희들이 가야 할 길을 뽑아서 너희들 것으로 만들어 그대로 행하라.
10 그러면 너희들이 영광된 백성이 될 것이니라.
11 그렇지 못한다면 너희들은 죽어서 나에게 올 때 너희들이 그리 악착같이 모은 것, 그리고 수단과 방법을 가리지 않고 백 년도 안 되는 삶 속에서 긁어모은 것, 그 모든 재산을 너희들이 과연 짊어지고 이고 올 수 있느냐?
12 하나도 가지고 오지 못하듯이, 너희들이 죽어 나에게 올 때 하나도 가지고 오지 못하는 재물처럼 너희들은 나로부터 상을 받을 것이 하나도 없다는 그 엄연한 사실을 알라.
13 바로 그 형국이니라.
14 너희들이 백 년도 안 되는 삶을 가지고 나의 피조물 만백성에게 갈취하여 모아들이고 거둬들인 그 많은 재산을 다 풀어서 돌려주라.
15 그렇지 아니하면 너희들은 용서받지 못할 것이니라.
16 너희들이 그와 같이 거둬들인 것을 죽을 때 가지고 올 수 있다면 내가 말하지 않겠으나, 그러나 너희들은 그를 가지고 올 필요가 없으며 가지고 오지 못하느니라.
17 그와 마찬가지이니라.
18 그러니 너희들이 나에게 와 받을 상이 하나도 없다는 그 이치를 깨달으면 될 것이니라.
19 그 대가를 치르는 고통만이 남았으며, 영원히 사는 그 세월 속에서 견디지 못할 시련만이 너희들을 기다리고 있으며,
20 사탄들이 너희들을 쇠사슬로 묶어 끌고 가기 위해 기다리고 있는 것이 너희들의 오늘의 삶이라는 것을 알라.
21 너희들이 죽는 그 순간에 그리 끌려가

는 것이니, 그 애통하고 분함을 어찌
하겠는가?
22 그를 너희 백성들에게 전하며 너희들
이 잘못된 종교 지도자에게 전하고자
하나 전할 길도 없음이니,
23 이는 너희들이 회개하고 반성할 수 있
는 시간이 없으며, 그 시간을 주지 아
니한다는 것을 알아야 될 것이니라.
24 많은 자가 많이 베푸는 것이 빛과 소
금이 되는 것이요, 말로써 빛과 소금
이 되는 것이 아니니라.
25 많이 베풀고 많이 나눠 주는 것이 곧
빛과 소금이 되는 것이요, 만백성을
구원하는 자가 된다는 것을 알라.
26 사랑하는 나의 아들아!
27 "네, 아버님! 말씀하옵소서."
28 비진리의 길을 가는 백성은 절대 나눌
수가 없음이니라.
29 그리고 가지고 있는 것을 베풀 수 없
음이니라.
30 제 창고에 더 쌓아 놓기 위하여 발버
둥치는 자요, 몇천 년, 몇만 년을 사는
것처럼 영원히 살 것처럼 착각 속에서
허덕이니, 그러니 그들은 빛과 소금의
역할을 하지 못함이니라.
31 많이 가지고 있는 자, 많이 소유한 자
가 베풀고 나누는 것이 이 세상에 빛
과 소금의 역할이요, 그 삶이라 하였
거늘,
32 할 수 있는 자들이 모두를 다 막아 놨
으며 성곽의 문을 닫아 버린 자들과
같으니라.
33 제 창고의 문을 닫은 자와 같음이니라.
34 적이 공격하면 성을 지키듯이 그리 지
키니, 빛과 소금이라는 말이 이 세상
에 어디 있으며 그 역사가 어디 있을
수 있단 말이더냐?
35 사랑하는 나의 아들을 따르는 제자 너
희들은 들으라.
36 내가 너희들에게 내리는 새로운 성경
160권을 읽지 아니하며 정독하지 아
니하며 이를 접하지 아니하는 백성은
구원을 받을 수 없다는 뜻이 무엇인
줄 알겠느냐?
37 참진리의 길을 가지 않는 백성들이 그
와 같이 빛과 소금이 될 수 없느니라.
38 참진리의 길을 가는 백성, 그리고 나
의 새로운 성경을 정독하고 읽어서 깨
우친 백성, 너희들은 많이 가진 자가
주저 없이 그저 돌려줄 수 있으며, 많
은 자는 베풀어 줄 수 있는 것이 너희
들이기 때문이니라.
39 이것이 모든 백성들과 지금의 잘못 가
는 종교 집단과 나의 아들을 따르는
제자들이요, 나의 새로운 성경을 읽고
깨우친 너희들과의 그 차이점이니라.
40 너희들은 이미 머릿속에 너희도 모르
는 지혜를 얻었음이니라.
41 육의 세상의 삶이라는 것은 너무 짧으
며, 그 삶을 위하여 몸부림치고 사는
것이 얼마나 어리석고 아둔한 것인가
를 너희들은 이미 머릿속에 기억하고
있음이니, 그것이 너희들이 변함이요,
나로부터 받은 은혜요, 상임을 알라.
42 그러니 너희들만이 그를 할 수 있느니
라.
43 보이지 않는 너희들의 마음속에 이미
가지고 있다면 베풀며 나눠 주겠다는
그 용기와 자신이 거기에 벌써 뿌리를
잡기 시작하니, 너희들밖에 없다 함이

니라.
44 사랑하는 나의 아들딸들아!
45 그러기에 나의 새로운 성경을 읽고 너
의 제자들처럼 변하지 않는 백성은 아
무것도 역사할 수 없으며 베풀고 나눌
수 없으며 만백성들의 빛과 소금이 될
수 없기에,
46 나의 새로운 성경을 접하지 아니하고
읽지 않는 자는 구원을 받지 못한다는
그 무서운 말이 여기에 있음을 알라.

11,683 번째 하나님 말씀

2004년 6월 21일 09시 05분

1 사랑하는 나의 아들아!
2 "네, 아버님! 말씀하옵소서."
3 너를 따르는 제자들과 그리고 나의 새
로운 성경을 읽고 깨우친 만백성 너희
들이 알고 가야 할 가장 중요한 것이
있음이니라.
4 너희들이 믿음과 사랑이요, 그 모두의
역사하는 것, 이것을 인간 생활이요,
인간의 삶을 벗어나지 못하며 인간의
생각을 뛰어넘지 못하고 모두를 이루
면 아니 됨이니라.
5 오늘의 모든 믿음의 길을 가는 종교
집단의 지도자들이 나의 성경을 이해
하지 못하며 나의 뜻을 이해하지 못하
며 나의 계명을 지킬 수 없다 말하는
것이 무엇인 줄 알겠느냐?
6 인간의 믿음이요, 인간의 사랑이요,
인간의 생활의 한계를 벗어나지 못하
며 하늘의 뜻이요, 하늘의 역사하는
것을 모르기 때문이니라.
7 구약과 신약이요, 그리고 제3의 시대
에 나의 새로운 성경 그 모두는 하늘
의 뜻이요, 하늘의 가르침이라 하였음
이니라.
8 하늘의 뜻이요, 하늘의 가르침을 너희
들이 인간의 생각으로써 해석하고 가
려다 보니 모두가 맞지 아니하며 어긋
남이니라.
9 그러니 너희들이 지금 새로운 진리요,
새로운 뜻을 받아들이는 것은 참진리
요, 나 여호와의 뜻에 그 토양 위에 바
로 심고 성장하지 못하였기 때문에,
10 하늘의 뜻을 알지 못하며 바른 씨앗이
되지 못했으며 바로 성장한 나무가 되
지 못하여 그 열매를 거두지 못하게
되는 형국이 되었음이니라.
11 그러니 무엇보다도 너희들이 육의 생
각이요, 육의 모든 것을 접해서 성경
을 공부하고 성경을 깨우치려 하는 그
와 같은 방법이기에 너희들이 그 뜻을
하나도 알지 못함이니라.
12 그러니 나의 아들을 따르는 제자들이
요, 너희들은 인간의 그 한계를 넘어,
제3의 시대에 새로운 성경을 내리는
것은 하늘의 뜻이요, 하늘의 의미지,
지상의 가르침이요, 지상의 뜻이 아니
라는 그것을 알아야 될 것이니라.
13 내가 성서에 일찍이 기록하여 너희들
에 전했느니라.
14 '지혜 있고 진실한 청지기가 되어 주
인에게 그 집 종들을 맡아 때를 따라
양식을 나누어 줄 자가 누구냐? 그러
니 주인이 이를 때에 그 종이 이렇게
하는 것을 보면 그 종이 복이 있으리
라.'
15 이게 바로 무엇이더냐?

16 인간 세상에 너희들의 삶이 아니니라.
17 나로부터 명받은 지도자요, 그리고 만
백성을 구하는 지도자요, 빛과 소금의
역사를 할 선택된 백성들이 내 뜻에
따라 행하지 아니하며 내 뜻을 전하지
아니하고 그리했을 때, 과연 그 누가
전하며 누가 깨우치는 것이냐 함이니
라.
18 그리고 주인이 이를 때 그와 같이 역
사하고 안 하는 것, 나 여호와가 바라
볼 때 너희들이 내 뜻대로 행하고 행
하지 않는 것, 행하는 자는 복이 있으
며 행하지 아니하는 자는 복이 없는
것은 당연한 것이 아니더냐?
19 그러니 모든 종교 집단의 지도자들이
나의 뜻을 거역하는 것은 그들이 그
뜻을 거역하는 자들이니라.
20 지도자라 말하는 자들이 지금 어찌 말
하는가?
21 계명을 지킬 수 없으며 인간이기 때문
에 내 뜻대로 살아갈 수 없다 하여, 쉽
고 편안한 것은 저희들 것으로 만드
나, 어렵고 힘든 길을 가지 아니하려
하니,
22 그들이 아무것도 얻을 수 없으며 구할
수 없는 것이니라.
23 바로 지금 '주인이 이를 때에 그 종이
이렇게 하는 것을 보면 그 종이 복이
있으리라.' 이게 바로 너희들을 지칭
하는 것이니라.
24 너희들이야말로 이 뜻을 깊이 깨우쳐
내가 내리는 새로운 성경을 가지고 그
모두를 만백성에게 전하며 그들을 깨
우치는 데 최선을 다하도록 그리하라.
25 그리했을 때 너희들이 복이 있고 축복
이 있다는 그 의미가 여기 있음을 알
라.
26 이 모두를 재물을 가지고 인간 세상의
상식으로써 가르치고 이해하고 가려
하니 맞지 아니하며, 이와 같이 험악
한 세상이 되어 버렸으며,
27 개구리 울음소리만도 못한 것이요, 파
도 소리만도 못한 것이 오늘의 종교
집단의 지도자가 가르치고 이끌어 가
는 길이라 함이 여기 있음을 알라 그
리 전하라.

11,684 번째 하나님 말씀

2004년 6월 21일 09시 07분

1 사랑하는 나의 아들아!
2 성서에 내가 기록하여 전하기를, '내
가 참으로 너희에게 이르노니, 주인이
그 모든 소유를 저에게 맡기리라.'
3 이것이 인간 세상에 이루는 것, 너희
들이 재물을 잘 관리하며 주인의 재산
을 잘 관리하는 것으로써 그와 같은
역사를 이룬다 생각하지 말라.
4 이 모두가 나 여호와의 뜻대로 살아가
는 자요, 내가 원하는 길을 살아가는
참진리의 길을 가는 것을 원함이니라.
5 그러니 나의 참진리요, 나의 뜻대로
살아가는 너희들에게 모두를 다 맡길
것이라 하였음이니라.
6 지금의 모든 백성들이요, 종교 집단들
이 내 뜻을 거역하며, 내가 이루는 것
을 따르지 아니하며, 내 뜻에 따라 너
희들이 행하지 아니함이니라.
7 그러기에 내가 나의 아들을 통하여
160권의 새로운 성경을 내려보내며

이를 지키고 살라 그리 말함이니, 내
가 뭐라 말하였느냐?
8 너희들에게 심판의 권한을 주며 너희
들이 재판할 수 있는 권한을 나로부터
받을 것이라 그리하지 않았더냐?
9 바로 그와 같이 내가 새로운 성경에
기록하여 전한 의미를 안다면, 내가
성서에 기록하여 '내가 참으로 너희에
게 이르노니, 주인이 그 모든 소유를
그에게 맡기리라.' 한 그 의미를 알 것
이니라.
10 너희들은 재물을 맡기는 것이요, 재산
을 맡기는 것으로 믿는 것이 아니라,
너희들이 나 여호와의 뜻대로 어렵고
힘든 길을 갈 때 너희들에게 모두를
다 내가 내려 줌이니라.
11 그러니 바로 나의 새로운 성경을 읽고
깨우친 백성 너희들은 누가 뭐라 해도
나 여호와의 뜻대로 살아가라.
12 구약과 신약의 성서를 지키며, 그리고
십계명을 지키며, 지금 나의 아들을
통하여 내리는 새로운 성경을 지키라.
13 그러면 모든 소유를 너희들에게 맡기
리니, 그게 바로 너희들이 주인이 됨
이니 그리 알라, 사랑하는 나의 아들
딸들아!

11,685 번째 하나님 말씀

2004년 6월 21일 09시 09분

1 사랑하는 나의 아들아!
2 "네, 아버님! 말씀하옵소서."
3 나의 아들 예수를 세상에 내려보내어
바른 지도자요, 바로 가르치는 선생이
세상을 다스려 만백성을 역사하고자
하였음이니라.
4 그러나 너희들은 그를 받아들이지 아
니하며 거짓된 자들이 진실을 묻어 버
렸으며 그를 죽게 하지 아니하였더냐?
5 그러니 나의 아들 예수가 성경에 기록
하여 내가 너희들에게 전한 대목을 다
시 한 번 기억하라.
6 '만일 그 종이 마음에 생각하기를 주
인이 더디 오리라 하여 동무를 때리며
먹고 마시고 취하게 되면 생각지 않은
날, 알지 못하는 시각에 종의 주인이
이르러 엄히 때리고 다스릴 것이라'
그와 같이 기록됨을 알아야 될 것이니
라.
7 지금 내가 모든 권한을 주었던 모든
종교 집단의 지도자 너희들이 지금 너
희들의 생각대로 재물을 거둬들이며
나의 피조물 만백성을 우롱함이니,
8 너희들은 나 여호와의 두려움을 모르
며 나의 무서움을 모르며 지금 취하고
마시고 향락에 젖어 있는 그와 같은
삶을 사는 자, 결국 너희들을 지칭하
는 것이니라.
9 그리하여 어느 날 갑자기 주인이 와서
엄히 너희들을 때리고 다스릴 것이라
하였느니라.
10 그리고 신실하지 않은 자들이 받는 법
에 의하여 처리될 것이라는 걸 알고
있었을 것이니라.
11 그러니 바로 너희들이 마시고 취하고
이와 같은 삶을 살았기에 지금 도적같
이 나의 아들을 통하여 내가 160권의
새로운 심판의 성령을 내려보내 너희
들을 다스리고자 함이니라.
12 그러니 이가 세상을 덮었을 때, 곧 주

인으로부터 너희들이 잘못 살아왔으
며 주인이 언제 올 것인가 항상 긴장
하며 아름다운 마음으로 최선을 다하
는 삶을 살지 아니하는 자,
13 진실된 믿음의 길을 가지 아니하고 비
진리로 편하게 욕심이요, 욕망을 채우
기 위하여 살아가는 자, 너희들을 다
유황불에 던져 버리는 그 역사가 이루
어진다는 것을 기록하였음이니,
14 오늘의 그 뜻이 이루어짐을 너희들은
알아야 될 것이니라.

11,686 번째 하나님 말씀

2004년 6월 21일 12시 06분

1 사랑하는 나의 아들아!
2 **"네, 아버님! 말씀하옵소서."**
3 내가 너에게 명하여 말하기를, 모든
종파들은 옷을 갈아입은 그와 같은 형
국이라 내가 하지 아니하였더냐?
4 그러니 오늘의 믿음의 길을 가는 모든
종파의 지도자들이요, 그 신도들이 옷
색깔을 보고 그리 행하는 것이니라.
5 옷 색깔을 보고 너희들이 아버지라 부
를 수 있으며 부를 수 없다 그와 같이
심판하는 오만한 자들이 아니더냐?
6 너희들이 생명을 받아 가지고 세상에
나가니, 나의 아들딸로서 나가지 않은
사람이 없음이니라.
7 그러니 나의 아들딸로 나간 너희들이
육의 세상에 살면서 형편에 따라서 옷
을 걸치며, 또 형편에 따라 색깔이 다
른 옷을 걸칠 수 있지 않더냐?
8 그러니 그 옷을 걸친 것을 보고 나를
찾을 수 있다 없다 하는 것이 바로 오
늘의 종교 집단의 지도자들이 하고 있
는 그 우매한 짓이니라.
9 빨간 옷을 입은 자는 나를 아버지라
부를 수 없으며, 검정 옷을 입은 자는
나를 아버지라 부를 수 없으며, 흰옷
입은 자만 나를 아버지라 부르라, 노
란 옷을 입은 자는 아니 된다, 너희들
이 그와 같은 시시비비를 하는 것과
똑같은 행위니라.
10 너희들이 나의 아들딸로 세상에 나가
살아가면서 나를 아버지라 부르며 하
나님을 찾는 것, 너희들이 하나님을
찾게 되면 나 여호와를 찾는 것이 아
니더냐?
11 그러니 모든 백성들이 하나님을 찾을
수 있으며 나를 찾을 수 있는 것이거
늘,
12 어찌하여 저희들만이 나를 찾으며 다
른 백성들이 찾는 것은 하나님을 찾는
것이 아니요, 사탄을 찾는 것이라 너
희들이 그리 말하느냐?
13 이것이 오늘의 종교 집단 너희들이 가
관인 것이니라.
14 그러니 너희들이 사랑도 모르며 베푸
는 것도 모르고 오로지 욕심, 저만 잘
되는 이기주의요, 저밖에 모르는 어리
석고 사악한 백성 너희들이 그와 같은
문제를 만들고 있음이니라.
15 어떠한 백성이 어디에 가 있든 그가
아버지를 부르는 것, 하나님을 부르고
아버지를 부른다는 것, 무엇으로 너희
들이 부를 자격이 있다 없다 그리 말
한단 말이더냐?
16 누구든 나를 찾는 것, 하나님을 찾는
것, 아버지를 부르는 것, 그것은 자식

이요, 아들딸로서 나를 찾는 것이거늘,
17 아무나 부를 수 없다 말하며, 부를 자
격이 없다 있다 너희들이 어찌 그리하
는가?
18 그러니 바로 옷의 색깔을 가지고 너희
들이 하나님이요, 아버지를 찾을 수
있고 찾지 못한다며 제가 걸친 검정
옷만이 나를 찾을 수 있다 말하느니,
19 그 검정 옷이야말로 나를 찾는 자가
아니요, 내가 싫어하는 자요, 내가 사
탄이 입는 옷이라 생각한다면 어찌하
겠느냐?
20 사탄이 즐겨 입는 옷이기에 내가 그
옷을 싫어한다면 어찌하겠는가?
21 그러니 너희들은 그와 같은 어리석은
짓을 하지 말라.
22 모든 백성들이 어떠한 일을 하든, 어
떠한 삶을 살든 너희들은 나로부터 아
들딸로서 세상에 나간 그것이 중요한
것이지, 어떠한 색깔을 가지고 입느냐
하는 것은 중요하지 아니함이니라.
23 그러니 그 색깔을 가지고 나를 찾을
수 있으며 부를 수 있으며, 그와 같이
찾지 못하고 찾는 것을 심판하며 너희
들이 그게 나의 아들딸이 아니다 맞다
그리 말하지 말라.
24 그 어리석은 깨달음에서 벗어나야 너
희들의 실체를 알 것이며 너희들의 본
체를 알 것이니라.
25 내가 너희들에게 전함이니, 너희들이
바로 잘못 가는 자요, 너희들의 그 죄
가 무겁다는 것을 알아야 될 것이니라.

11,687 번째 하나님 말씀

2004년 6월 21일 12시 10분

1 사랑하는 나의 아들아!
2 "네, 아버님! 말씀하옵소서."
3 나 여호와가 성경에 기록하여 나의 아
들 예수가 그리 전했느니라.
4 '주인의 뜻을 알고도 예비치 아니하고
그 뜻대로 행하지 아니하는 종은 많이
맞을 것이라' 내가 그리 전한 내용들
을 너의 제자들에게 깨우쳐 주라.
5 그 의미가 과연 무엇이더냐?
6 지금 모든 종교 집단이요, 믿음의 길
을 가는 것, 그리고 구원의 길이라 하
는 신도 너희들, 나를 알며 아버지라
부르면서 너희들이 하는 행위는 내 뜻
을 거역하며,
7 내 뜻을 역사하는 것이 아니라, 인간
이 만든 교리로써 모두를 이끌어 감이
니,
8 과연 누가 지금 예비치 않은 백성이라
말할 수 있느냐?
9 지금 나의 아들을 따르는 제자들이요,
새로운 성경을 읽고 깨우친 백성, 그
들은 무엇이더냐?
10 나 여호와의 뜻인 계명을 지키려 하
며, 내가 직접 나의 아들을 통하여 내
린 성령의 그 뜻을 지키고 행하는 것,
그것이 하늘에 오르는 길이라 그리 말
하느니라.
11 그리고 참진리의 길이요, 창조주 아버
지께서 역사했다는 사랑이요, 본체인
사랑, 그것을 지키기 위하여 나의 백
성들은 지금 노력하지 않느냐?
12 더욱이 그것은 인간의 육의 세상의 사

랑을 실천하며, 육의 세상의 사랑보다도 나 여호와가 베푸는 하늘의 사랑의 그 의미요, 그 뜻을 알고자 몸부림치며 노력하는 그와 같은 백성들이 오늘 나의 아들을 따르는 제자들이요, 선택된 백성들이니라.

13 그러나 지금의 종교 집단 너희들은 과연 어떠하더냐?

14 나를 안다 하며 나에게 부름을 받았다 하는 자들이 나의 뜻을 알면서도 거역하는 것이니,

15 너희들은 그 대가를 치러야 될 것이며, 그에 대한 응분의 대가를 받아야 되는 것이 너희들의 운명임을 알라.

16 사탄의 종이 된 것, 사탄의 앞잡이가 된 너희들이 그 대가를 치르는 그 시점에 왔음이니라.

17 너희들이 그 대가를 치를 때 사탄의 뿌리가 무너지며 사탄의 집단이 거꾸로 모두 다 붕괴되니, 그것을 막기 위하여 지금 발악을 하고 있는 것이 사탄들이 하고 있는 짓이니,

18 그게 바로 사탄의 앞잡이기에 너희들이 나의 새로운 성경을 태워 버리고 찢어 버리며 이단이요, 사탄이라 목숨을 걸고 핍박하는 그와 같은 현상이 이루어진다 함이니, 너희들은 그와 같은 앞잡이 역할을 하지 말라.

19 내가 너희들에게 말했듯이, 예비치 아니하고 그 뜻대로 행하지 아니하는 자, 너희들이 알면서도 행하지 않는 자, 많은 매를 맞음이니,

20 너희들이 바로 그 고통이요, 그 대가를 치르는 것이 무섭다는 의미임을 안다면, 이제라도 바로 보고 바로 깨우쳐 하늘에 오르는 길을 봐 구원을 받도록 그리하라.

21 이 세상의 모두는 너희들이 말하듯이, 나 여호와의 뜻에 의한 것이라 하였으니, 새로운 성경이요, 이 대장정의 역사함을 들여다보고 너희들이 한 번 읽는 그 기회를 갖는 것이 무엇이 잘못이더냐?

22 그를 읽음으로 너희들이 지옥으로 가는 것이요, 그를 읽음으로 너희들이 육신의 어디가 떨어져 나가며 그를 읽음으로 너희들의 생명이 떨어져 나가는가?

23 너희들이 남들이 쓴 책을 읽는 것처럼 가벼운 마음으로 한번 들여다보고 읽어 보라.

24 그러면 너희들이 지금까지 깨우치지 못했던 하늘의 지혜요, 그 은혜를 얻게 될 것이거늘, 그 영광된 것을 저버리는 어리석은 백성이니,

25 더 이상 어리석은 아집을 피우지 말며 더 이상 고집을 피우지 말라.

26 주인의 뜻을 알면서 그 뜻에 역사하지 아니하고 반대의 길을 가는 백성이 어떤 것이며, 그 역사함을 거꾸로 악용하고 이용하는 집단이요, 지도자가 누구인가 한번 너희들 스스로 판단하고 이제 알 수 있을 때가 되었음이니, 내가 나의 새로운 성경에 이 뜻을 깨우쳐 전함이니라.

부 록

【하나님께서 가르쳐 주신 운동】

천재지변이 일어날 때, 동물이나 미물들은 미리 알고 대피하지만, 인간은 알지 못하고 큰 화를 당합니다. 하나님께서 인간에게 가장 높은 지혜를 주시고 완벽하게 창조해 주셨기에 동물들보다 더 잘 알 수 있지만, 욕심으로 마음이 혼탁해져서 한 치 앞을 보지 못하는 것입니다.

마찬가지로, 인간은 누구나 스스로 필요한 운동을 해서 건강을 지킬 수 있도록 하나님께서 만들어 주셨습니다. 우리의 머리에서 우리 몸에 필요한 동작을 해 달라고 끊임없이 신호를 보내지만, 인간이 혼탁하게 살아서 그 신호를 알아채지 못합니다. 그러니 자연스럽게 자기 몸이 원하는 그 신호를 따라서 운동하는 것이 하나님께서 가르쳐 주신 운동 방법입니다. 바로, 우리의 영이 육을 이끄는 운동입니다.

▶ 하나님 운동법

1. 눈을 감고, 발을 어깨너비로 벌리고 바르게 선다.
2. 몸에 힘을 풀고, 허리를 숙이면서 손과 머리를 아래로 내린다.
3. 허리를 펴고 싶을 때, 천천히 펴면서 하고 싶은 동작을 하면 운동이 시작된다. (사람마다 다르다.)
4. 멈추지 말고, 어떤 동작이든지 자기 몸의 느낌대로 계속 이어서 한다.

▶ 참고 사항

① 눈을 감은 상태로 아무 생각 하지 않고, 자기 몸의 느낌대로 움직입니다.
② 마음을 비우고, 욕심을 버리고, 지난날의 잘못을 반성하면서 몇 차례 시도하다 보면, 자기도 모르게 하고 싶은 동작이 끊임없이 생깁니다.
③ 운동 장소는 방 안이든 운동장이든 관계없으며, 걷거나 달리고 싶을 때는 눈을 떠도 됩니다.
④ 매일 40분 이상, 주 4회 이상, 3개월 이상 하면 음식 조절에 들어갑니다.
- 음식으로 생긴 병은 음식으로 치료하게 되며, 어떤 음식을 먹어야 하는지 스스로 알게 됩니다.
(자기 몸에 필요한 음식만 먹고 싶어집니다.)
⑤ 사랑하는 사람과 함께 운동하면 서로 치료해 주기도 합니다.
⑥ 운동을 하다가 몸의 어느 한 부분을 계속 손으로 자극한다면 그쪽에 이상이 있는 것이니, 의사에게 상담을 받고 적절한 치료를 받으면 됩니다.
⑦ 다이어트 및 기타 건강관리에 효과적입니다.
⑧ 꾸준히 운동하여 영이 맑아지면, 자신의 과거와 미래를 스스로 보게 됩니다.

누구나 스스로 하실 수 있습니다.

간행사

《새로운 성경》은:

· 새로운 성경은, 하나님께서 선량하고 선한 자를 선택하여 십계명을 암송하도록 하시고, 십계명을 암송한 다음에 음성으로써 들려주시는 말씀을 듣고 그대로 카세트테이프에 녹음해서 받아쓴 책입니다.

· 90분짜리 녹음테이프 700여 개에 달하는 말씀으로, 1999년 8월부터 2004년 7월까지 총 160권(권당 288쪽)을 완성하였으며, 그 이후에도 현재까지 계속 말씀을 내려 주고 계십니다.

· 새로운 성경은 "하늘을 두루마리 삼고 바닷물을 먹물 삼아 쓰고 써도 다 못 쓴다"는, 끝없이 방대한 하나님의 말씀이 두루마리로 직접 내려오는 것입니다. 이러한 새로운 성경은 구약과 신약을 폐하려는 것이 아니라 "인봉된 성서의 비유의 뜻"을 상세히 설명하여 완성하고자 하나님께서 직접 내려 주신 말씀입니다.

《새로운 성경》의 구성:

· 제 목: 2013년, 160권 모음집을 발간하면서, 본 도서의 제목을 "하나님! 말씀하옵소서"에서 《새로운 성경》으로 명해 주셨습니다.

· 단행본: 각 권당 288쪽(신국판) 책이 160권까지 시리즈로 출판됩니다.
(모음집은 단행본을 16권씩 묶어서, 총 10부로 구성됩니다.)

《새로운 성경》의 성경적 근거:

· 신약 성경 [요한복음] 16장 13절에 "진리의 성령이 오시면 그가 너희를 모든 진리 가운데로 인도하시리니 그가 자의로 말하지 않고, 오직 듣는 것만을 말하며" 하신 말씀처럼 하나님의 음성을 들은 것만 기록하였으며,

· "장래 일을 너희에게 알리시리라" 하신 말씀과 같이 개인, 나라, 인류의 "장래"일을 하나님께서 알려 주시는 것만 기록하여 책으로 만들었습니다.

《새로운 성경》의 기록 방법:

- 1999년 8월부터 하나님께서 저에게 들려주시는 음성을 기록하였습니다. 처음에는 제가 들은 말씀을 불러 주면 저의 아내가 기록하여, 2000년 1월 29일에 1권 초판이 세상에 나왔습니다. 2000년 4월부터는 주시는 말씀을 받아 녹음기에 기록하기 시작하였습니다.

- 녹음을 시작하면서 하나님의 말씀을 받는 데 가속도가 붙었고, 2001년 5월 3일에 1부(1~16권까지)를 인쇄하여 출판하였으며, 2004년 7월까지 총 160권 분량의 말씀을 받아 기록하였습니다.

하나님께서 저에게 주신 것은:

- 첫째, 만백성을 상대로 내려 주시는 "기도", 둘째, 수시로 내려 주시는 "묵상", 셋째, 개인의 과거, 현재, 미래를 알려 주시는 "개인 기도", 넷째, 개인의 건강을 위해서 내려 주시는 "음식 처방", 다섯째, 하나님께서 가르쳐 주신 "운동"등이 있습니다. 이 중에 첫 번째, "기도"를 책으로 편찬하였습니다. 사람의 생사, 개인의 미래에 관한 천기는 수록하지 말라 하셨습니다.

강론 안내:

- 하나님께서는 지금도 매일 저에게 새로운 하늘의 비밀의 말씀을 내려 주고 계십니다. 수시로 내려 주시는 말씀을 정리해서 제자를 육성하라는 말씀에 따라 매주 강론을 하고 있습니다. 누구나 무료로 들으실 수 있습니다. (book160.com)

《새로운 성경》을 읽는 분들에게 드리는 선물:

- 개인 기도: 개인의 과거, 현재, 미래에 관하여 말씀을 내려 주십니다.

- 음식 처방: 사람은 음식을 먹고살다가 건강을 잃으니, 음식과 운동으로 건강을 되찾는 방법을 알려 드립니다. 단, 하나님이 계심을 믿고, 십계명을 지키겠다고 진실로 서약하는 분들께 알려드립니다.

《새로운 성경》의 은혜와 기적:

- 새로운 성경 전160권은 16권씩 묶어서 총 10부의 모음집으로 구성됩니다. 모음집 한 부를 읽고 깨우치는 자에게 하나님께서 다음과 같은 기적이 있다고 하셨습니다.

· "첫째, 그가 죽어 하늘에 갔을 때 그의 죄를 묻지 아니하며, 구원을 받는 위대한 은혜가 있으며, 둘째, 그의 소원과 소망이 이루어지고, 셋째, 죽은 자(부모, 형제, 자식, 사랑하고 은혜 입은 분)의 이름으로 구입한 책을 읽고 누군가 한 사람이 깨우칠 때, 그 죽은 자가 지옥에서 천국으로 구원을 받게 되며, 넷째, 유산, 중절 수술 등으로 태어나지 못한 아이를 위하여 구입한 책을 보고 한 명이 깨우쳤을 때, 그 아이가 사람으로 다시 한 번 태어나는 은혜를 받는다."

· "새로운 성경"을 3회 이상 정성을 다해 정독하는 자, 성서의 비밀을 알게 되고, 세상의 이치를 알게 되며, 세상을 지배하고 통제할 수 있는 지혜를 다 얻게 된다고 하셨습니다. 이 책은 만백성이 정독하고 이웃에게 전하여, 평생 가슴에 묻은 슬픔과 고통의 짐을 벗고 미래를 위한 힘찬 삶을 살아가도록 하는 책입니다.

끝으로

· 하나님께서는 흰 눈이 세상을 덮듯이 새로운 성경을 온 세상에 전하라고 하셨습니다. 《새로운 성경》 을 각국어로 번역해서 온 인류에게 구원의 길을 깨우쳐 주고, 그 수익으로 가난하고 어려운 백성을 구제하여, 만백성의 영과 육을 함께 구원하는 선지자의 임무를 수행하라고 저에게 명하셨습니다.

· 하늘에서 내려 주신 말씀의 보화를 만백성에게 나누어 주는 것이 선지자의 임무라고 하셨습니다. 새로운 성경을 통해서 얻는 재물을 사용할 곳도 하나님께서 일일이 명해 주십니다. 모든 재물은 저의 자의로 쓸 수 없고, 하나님께서 명하시는 대로만 쓰여집니다.

· 어떤 명분으로든 십일조나 각종 헌금을 거두어들이지 말라 하셨으며, 국내뿐 아니라 각국에 성전과 단독 서점을 운영하며, 한국의 많은 젊은이들을 전 세계에 지도자로 내보내라고 하셨습니다.

· 우리는 세계적으로 새로운 성경을 보급하며 어려운 이들을 돕는 역사를 해 나갈 것입니다. 지금까지 비록 몇 명 안 되는 제자들과 함께 이러한 일을 역사했지만, 앞으로도 계속 하나님께서 기뻐하시는 일들을 해 나갈 것입니다. 부족한 저희에게 여러분들의 지혜와 성원을 보내 주시기를 바랍니다. 많은 분들의 참여와 도움을 간절히 기다립니다. 감사합니다.

한국어로 내려온 《새로운 성경》 단행본을 출간하며
2016년 4월 10일

발행인 **김 용 철**

한국어로 내려온

새로운 **성 경** · 10부 · 제153권

지은이 하나님 말씀
대역자 김용철

초판인쇄 1쇄 2017년 2월 1일
2쇄 2017년 6월 21일

펴낸 곳 도서출판 하얀마음
등록번호 제 10-2107호 (2001년 2월 14일)
주소 서울시 노원구 덕릉로86길 5, 2층
전화번호 02) 313-1114
팩스 02) 393-5554
전자우편 book160@hanmail.net
편집위원 조나영 김미향 이석교
제작지원 김서영 이상빈

도서상담 1600-7527
ISBN 978-89-5875-253-0 (04230)
978-89-5875-100-7 (세 트)

값 10,000원
잘못된 책은 구입하신 곳에서 바꾸어 드립니다.

※이 책은 10부로 제작되며, 각 부 16권씩 총160권으로 구성됩니다.※

1부	2부	3부	4부	5부	6부	7부	8부	9부	10부
1권	17권	33권	49권	65권	81권	97권	113권	129권	145권
2권	18권	34권	50권	66권	82권	98권	114권	130권	146권
3권	19권	35권	51권	67권	83권	99권	115권	131권	147권
4권	20권	36권	52권	68권	84권	100권	116권	132권	148권
5권	21권	37권	53권	69권	85권	101권	117권	133권	149권
6권	22권	38권	54권	70권	86권	102권	118권	134권	150권
7권	23권	39권	55권	71권	87권	103권	119권	135권	151권
8권	24권	40권	56권	72권	88권	104권	120권	136권	152권
9권	25권	41권	57권	73권	89권	105권	121권	137권	153권
10권	26권	42권	58권	74권	90권	106권	122권	138권	154권
11권	27권	43권	59권	75권	91권	107권	123권	139권	155권
12권	28권	44권	60권	76권	92권	108권	124권	140권	156권
13권	29권	45권	61권	77권	93권	109권	125권	141권	157권
14권	30권	46권	62권	78권	94권	110권	126권	142권	158권
15권	31권	47권	63권	79권	95권	111권	127권	143권	159권
16권	32권	48권	64권	80권	96권	112권	128권	144권	160권